建筑产业转型升级专题培训教材

建筑业企业资质申报指南
（第三版）

尤 完　郭中华　编著

中国建筑工业出版社

图书在版编目（CIP）数据

建筑业企业资质申报指南 / 尤完，郭中华编著．
3 版．－－北京：中国建筑工业出版社，2024.8．
（建筑产业转型升级专题培训教材）．－－ISBN 978-7
-112-30202-4

Ⅰ．F426.9-62

中国国家版本馆 CIP 数据核字第 2024SM5170 号

责任编辑：李　慧
责任校对：赵　力

建筑产业转型升级专题培训教材
建筑业企业资质申报指南
（第三版）
尤　完　郭中华　编著
*
中国建筑工业出版社出版、发行（北京海淀三里河路 9 号）
各地新华书店、建筑书店经销
北京红光制版公司制版
北京同文印刷有限责任公司印刷
*

开本：787 毫米×1092 毫米　1/16　印张：16½　字数：410 千字
2024 年 9 月第三版　　2024 年 9 月第一次印刷
定价：59.00 元
ISBN 978-7-112-30202-4
（43564）

版权所有　翻印必究
如有内容及印装质量问题，请与本社读者服务中心联系
电话：（010）58337283　QQ：2885381756
（地址：北京海淀三里河路 9 号中国建筑工业出版社 604 室　邮政编码：100037）

前　言

党的十八大以来，建筑业呈现持续健康稳定的发展态势，建筑业的支柱产业、民生产业、基础产业地位日益巩固，为社会经济发展、推动城乡建设、提高人民生活水平做出了重要贡献。党的二十大报告指出："高质量发展是全面建设社会主义现代化国家的首要任务。必须完整、准确、全面贯彻新发展理念，坚持社会主义市场经济改革方向，坚持高水平对外开放，加快构建以国内大循环为主体、国内国际双循环相互促进的新发展格局。"目前，我国正处在转变发展方式、优化经济结构、转换增长动力的攻关期。今后相当长时期，建设现代化经济体系、碳达峰碳中和目标、乡村振兴战略、新型城镇化将成为我国现代化建设的历史任务和经济持续稳定发展与扩大内需的最大潜力所在，推进好房子、好小区、好社区、好城区建设以及保障性住房建设、"平急两用"公共基础设施建设、城中村改造"三大工程"全面启动为建筑业的持续健康和高质量发展提供了更为广阔的上升空间。

建设工程企业资质管理制度是我国工程建设领域重要的行政许可管理制度。根据我国工程建设领域的实际状况，加强和完善企业资质管理制度，对于发挥市场准入制度的功能和作用具有非常重要的现实意义。首先，建筑工程不同于一般商品，价值巨大，专业性强，营造过程复杂，直接关系到广大人民群众的生命财产安全，本着对人民、对社会高度负责的态度，政府对建筑业企业实行资质管理很有必要。其次，根据建筑产业生产方式的特点，建设单位购买的只是建筑企业的建造能力。因此，在市场运行还不规范的情况下，通过实施资质准入制度，能够较好地反映建筑企业是否具有相应的建造能力。再次，在目前我国建筑市场大量失信行为依然存在的情形下，还必须实行企业资质管理，这个"底线"不能丢。最后，资质管理的导向作用力很大，是政府调控市场、引导行业发展的重要手段。自20世纪80年代以来，建筑业企业资质标准和管理规定先后经历过四次较大的内容调整。建筑业企业资质管理制度对引导建筑业企业的健康发展，维护我国建筑市场正常运行秩序，提高工程质量和安全生产管理水平，增强企业竞争力，发挥了极其重要的作用。

建筑业企业资质的申请、升级、增项和换证是一项政策性、系统性、专业性很强的工作，涉及对标准和规定的理解，以及申报填表、指标计算等操作中的众多实际问题。为了帮助建筑业企业顺利开展企业资质的申请、升级、增项、换证以及监管过程中的准备工作，我们编写了《建筑业企业资质申报指南（第三版）》，该书保留了2014版《建筑业企业资质标准》的内容，对2014版建筑业企业资质标准、管理规定中相关的名词术语、申报填表注意事项等进行了解释，对告知承诺制背景下如何填写企业资质申报表进行了详尽的讲解和案例示范，并介绍了建筑业企业资质的日常监管方式，有助于建筑业企业配合建设主管部门做好企业资质的动态监管工作。

本书适用于建筑业企业从事资质管理的领导以及资质业务主管部门负责人、工作人员阅读，也可作为高等院校、培训机构的师生学习建筑业资质管理制度的参考资料。

本书在编写过程中得到了中国建筑业协会建筑业高质量发展研究院、中国建设文化艺术协会产业文化与企业文化委员会、北京工程管理科学学会、北京建筑大学、华胥智源（北京）管理咨询有限公司、中国建筑出版传媒有限公司以及部分省市建筑业协会、行业建设协会等单位学者和专家的大力支持，在此深表谢意！

本书部分内容引用了国内学者的观点和研究成果，在此一并致谢！对书中的缺点和错误，敬请各位读者、专家批评指正！

编者

二〇二四年六月

目 录

第1章 建设工程企业资质管理概论 ··· 1
 第1节 建设工程企业资质管理制度及其法律依据 ····································· 1
 第2节 建设工程企业资质管理制度的变迁 ··· 5
 第3节 放管服背景下建设工程企业资质制度改革方案 ······························ 8
 第4节 建设工程企业资质改革政策动态要点 ·· 12

第2章 2014版《建筑业企业资质标准》术语解释 ······················ 16
 第1节 人员相关术语 ·· 16
 第2节 工程相关术语 ·· 18
 第3节 财务指标相关术语 ·· 24
 第4节 职称人员专业分类 ·· 25

第3章 2014版《建筑业企业资质标准》内容 ······························ 35
 第1节 建筑业企业资质标准概述 ·· 35
 第2节 施工总承包序列企业资质标准 ·· 36
 第3节 专业承包序列资质标准 ·· 60
 第4节 施工劳务序列企业资质标准 ·· 108

第4章 建筑业企业资质申报事项 ·· 109
 第1节 《建筑业企业资质申请表》填报注意事项 ······························· 109
 第2节 企业资质申报常见问题解析 ··· 119
 第3节 建筑业企业资质资料审查常见问题 ····································· 133
 第4节 建筑业企业资质审核案例 ·· 136

第5章 建设工程企业资质审批制度 ··· 139
 第1节 告知承诺制概述 ·· 139
 第2节 建筑业企业资质审批告知承诺制 ·· 140
 第3节 告知承诺制资质申请表填写说明 ·· 159
 第4节 建设工程企业资质申请无纸化受理 ····································· 162
 第5节 建筑业企业资质审批权限与分工 ·· 162

第6章 建筑业企业资质动态监管 ·· 169
 第1节 建筑业企业资质制度的作用 ·· 169
 第2节 建筑业企业资质监管的新规定 ··· 170
 第3节 建筑业企业资质的动态监管 ·· 172
 第4节 建筑业企业资质数字化监管 ·· 174

附录1　建筑业企业资质管理规定（住房城乡建设部第 22 号令）··················183

附录2　住房城乡建设部关于印发《建筑业企业资质管理规定和资质标准实施意见》
　　　　的通知（建市〔2015〕20 号）················191
　附件 2-1-1　建筑业企业资质申请表··················201
　附件 2-1-2　建筑业企业资质证书变更、遗失补办申请审核表··················221
　附件 2-2　建筑业企业资质申报材料清单··················222
　附件 2-3　技术负责人（或注册人员）基本情况及业绩表··················228
　附件 2-4-1　工程设计资质与施工总承包资质类别对照表··················229
　附件 2-4-2　国务院国有资产管理部门直接监管的建筑企业名单··················230
　附件 2-5　新版建筑业企业资质证书编码规则··················231

附录3　住房城乡建设部办公厅关于换发新版建筑业企业资质证书的通知
　　　　（建办市函〔2015〕870 号）··················232

附录4　住房城乡建设部关于建筑业企业资质管理有关问题的通知
　　　　（建市〔2015〕154 号）··················234

附录5　关于印发建设工程企业资质申报弄虚作假行为处理办法的通知
　　　　（建市〔2011〕200 号）··················236
　附件　建设工程企业资质申报弄虚作假行为处理办法··················237

附录6　住房和城乡建设部关于印发建设工程企业资质管理制度改革方案的通知
　　　　（建市〔2020〕94 号）··················239
　附件　建设工程企业资质管理制度改革方案··················240
　附件 6-1　建设工程企业资质改革措施表··················243
　附件 6-2　改革后建设工程企业资质分类分级表··················251

附录7　住房和城乡建设部关于进一步加强建设工程企业资质审批管理工作的通知
　　　　（建市规〔2023〕3 号）··················255

参考文献··················257

第1章 建设工程企业资质管理概论

第1节 建设工程企业资质管理制度及其法律依据

一、建筑业与建设工程企业

由国家统计局主导编制的《国民经济行业分类》GB/T 4754—2017，把国民经济行业划分为20个门类（编号A—T），97个大类，473个中类，1381个小类。其中，建筑业的范畴包括房屋建筑业、土木工程建筑业、建筑安装业、建筑装饰、装修和其他建筑业。

在当代中国，建筑业具有国民经济支柱产业、民生产业和基础产业的重要地位。

1. 作为支柱产业而言，党的十八大以来，我国建筑业企业生产和经营规模不断扩大，建筑业总产值持续增长，2023年达到315911.85亿元，同比增长5.77%。建筑业增加值占国内生产总值的比例为6.80%，在20个行业门类中名列第五位。近10年建筑业总产值和增速情况如图1-1所示，近10年建筑业增加值情况如图1-2所示。

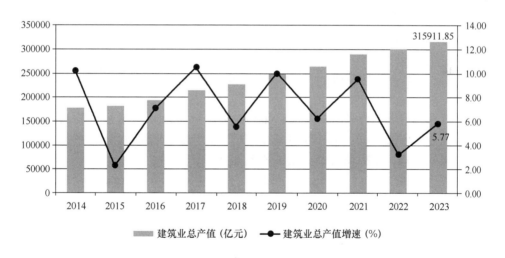

图1-1 近10年建筑业总产值和增速情况

2. 作为民生产业而言，人民群众日常生活、工作所必不可少的住房、交通等无一不是建筑业的劳动成果。2023年，建筑业提供了5253.75万个建筑产业工人的就业机会。2010年以来，全国建筑业农民工数量统计表如表1-1所示。

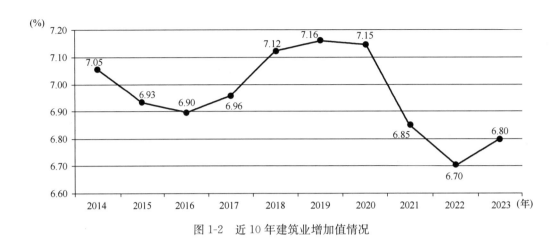

图1-2 近10年建筑业增加值情况

全国建筑业农民工数量统计表（万人）　　表1-1

年份	2010	2011	2012	2013	2014	2015	2016	2017	2018	2019	2020	2021	2022	2023
全国	24223	25278	26261	26894	27395	27747	28171	28652	28836	29077	28560	29251	29562	29753
建筑业	3900	4474	4832	6024	6109	5855	5550	5415	5363	5437	5526	5558	5232	4582
比例（%）	16.1	17.7	18.4	22.4	22.3	21.1	19.7	18.9	18.6	18.7	18.3	19.0	17.7	15.4

3. 作为基础产业而言，建筑业对国民经济关联产业的带动作用大，建筑产品的生产促进了建材、冶金、有色、化工、轻工、机械、仪表、纺织、电子、运输等50多个相关产业的发展。建筑业与国民经济相关产业关系密切，建筑业能够消耗吸收国民经济各部门大量的物质产品，在整个国民经济中，没有一个部门不需要建筑产品，而几乎所有的部门也都向建筑业提供不同的材料、设备、生活资料、知识或各种服务。据统计，仅房屋建筑工程所需要的建筑材料就有76大类、2500多个规格、1800多个品种。因此，建筑业能够拉动经济增长，建造关乎国计民生的基础设施，改善城乡环境，促进劳动力就业，提高人民的生活质量。

在建筑行业管理中，普遍采取广义建筑业的概念，即建筑产品生产的全过程及参与该过程的各个产业和各类活动，包括建设规划、勘察、设计、建筑构配件生产、施工及安装、建成环境的运营、维护及管理，以及相关的技术、管理、商务、法律咨询和中介服务、相关的教育科研培训等。其产品不仅包括实体的建筑产品，也包括了大量服务和知识产权。广义建筑业的概念反映了建筑业真实的经济活动空间所涉及的相关主体。通常，建设工程类企业与建筑业企业是有区别的。

建设工程类企业一般包括建设项目的建设单位和参与工程建设活动的勘察、设计、施工、监理、招标代理、造价咨询、检测试验、施工图审查等九类企业或单位。建筑业企业通常是指其中的建筑施工企业。截至2023年底，全国共有建筑业企业157929个，比上年增加10.51%。其中，国有及国有控股建筑业企业10060个，占建筑业企业总数的6.37%。近10年建筑业企业数量情况如图1-3所示。

在"建筑业企业资质管理规定"中所称建筑业企业，是指从事土木工程、建筑工程、线路管道设备安装工程的新建、扩建、改建等施工活动的企业。因而，建筑业企业资质也可称之为施工资质。

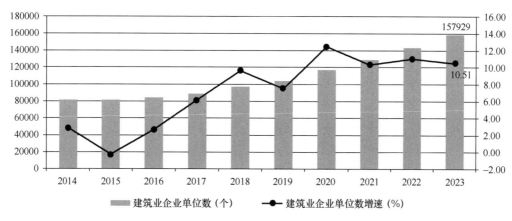

图1-3 近10年建筑业企业数量情况

二、建设工程企业资质制度及人员执业资格制度的本质

建设工程企业资质管理制度和相关人员执业资格制度的本质是市场准入制度。市场准入制度是国家对市场主体资格的确立、审核、认可制定和实行的法律制度，包括市场主体资格的实体条件和取得主体资格的程序条件。市场准入制度是国家对市场进行干预的基本制度，它作为政府管理的第一环节，既是政府管理市场的起点，又是一系列现代市场经济条件下的一项基础性的、极为重要的经济法律制度。其表现是国家通过立法，规定市场主体资格的条件及取得程序，并通过审批和登记程序执行。市场准入制度，是有关国家和政府准许公民和法人进入市场，从事商品生产经营活动的条件和程序规则的各种制度和规范的总称。

在工程建设领域，最常见的市场准入制度的具体形式表现为企业市场准入制度和人员市场准入制度。

（一）企业市场准入制度

企业市场准入制度是指政府对企业或投资者进入某些经营领域从事业务活动施加限制或禁止，对企业的设立和经营活动范围实行审批或特许经营的有关规定。在工程建设领域，企业登记注册管理、企业资质管理是最基本的市场准入的实现方式。

（二）人员市场准入制度

国家职业资格制度是典型的人员市场准入制度。国家职业资格是对从事某一职业所必备的学识、技术和能力的基本要求。国家职业资格包括从业资格和执业资格。从业资格是指从事某一专业（职业）学识、技术和能力的起点标准。执业资格是指政府对某些责任较大、社会通用性强、关系公共利益的专业（职业）实行市场准入控制，是依法独立开业或从事某一特定专业（职业）学识、技术和能力的必备标准。在工程建设领域，人员市场准入制度的具体形式较多，例如，建造师执业资格制度、特种作业人员持证上岗制度等。

三、建设工程企业资质管理制度的法律依据

（一）《中华人民共和国建筑法》等相关法律法规对企业资质的规定

《中华人民共和国建筑法》第十三条规定，从事建筑活动的建筑施工企业、勘察单位、

设计单位和工程监理单位，按照其拥有的注册资本、专业技术人员、技术装备和已完成的建筑工程业绩等资质条件，划分为不同的资质等级，经资质审查合格，取得相应等级的资质证书后，方可在其资质等级许可的范围内从事建筑活动。该条规定表明，必须取得资质证书的企业范围主要涉及建筑施工企业、勘察单位、设计单位和工程监理单位这四类企业。同时，该条规定也界定了资质标准的条件指标包括注册资本、专业技术人员、技术装备和已完成的建筑工程业绩等。实质上，现有的建设工程企业资质管理制度的核心内容是依据《建筑法》第十三条等相关规定而建立起来的。

此外，《建设工程安全生产管理条例》第二十条规定，施工单位从事建设工程的新建、扩建、改建和拆除等活动，应当具备国家规定的注册资本、专业技术人员、技术装备和安全生产等条件，依法取得相应等级的资质证书，并在其资质等级许可的范围内承揽工程。

《安全生产许可证条例》第二条规定，国家对矿山企业、建筑施工企业和危险化学品、烟花爆竹、民用爆破器材生产企业实行安全生产许可制度。第四条规定，省、自治区、直辖市人民政府建设主管部门负责建筑施工企业安全生产许可证的颁发和管理，并接受国务院建设主管部门的指导和监督。安全生产许可证制度也是建筑施工企业的市场准入制度。

（二）《中华人民共和国建筑法》等相关法律法规对人员资格的规定

《中华人民共和国建筑法》第十四条规定，从事建筑活动的专业技术人员，应当依法取得相应的执业资格证书，并在执业资格证书许可的范围内从事建筑活动。

《注册建造师管理规定》（建设部令第153号）第三条规定，未取得注册证书和执业印章的，不得担任大中型建设工程项目的施工单位项目负责人，不得以注册建造师的名义从事相关活动。第七条规定，取得一级建造师资格证书并受聘于一个工程建设单位的人员，应当通过聘用单位向单位工商注册所在地的省级建设主管部门提出注册申请，省级建设主管部门受理后提出初审意见，并将初审意见和全部申报材料报国务院建设主管部门审批，符合条件的，由国务院建设主管部门核发《中华人民共和国一级建造师注册证书》，并核定执业印章编号。《注册建造师管理规定》第九条规定，取得二级建造师资格证书的人员申请注册，由省、自治区、直辖市人民政府建设主管部门负责受理和审批，具体审批程序由省、自治区、直辖市人民政府建设主管部门依法确定。

《安全生产法》第二十四条规定，危险物品的生产、经营、储存单位及矿山、金属冶炼、建筑施工、道路运输单位的主要负责人和安全生产管理人员，应当由主管的负有安全生产监督管理职责的部门对其安全生产知识和管理能力考核合格。《建设工程安全生产管理条例》第三十六条规定，施工单位的主要负责人、项目负责人、专职安全生产管理人员应当经建设行政主管部门或者其他有关部门考核合格后方可任职。

《安全生产法》第三十条规定，生产经营单位的特种作业人员必须按照国家有关规定经专门的安全作业培训，取得特种作业相应资格，方可上岗作业。《建设工程安全生产管理条例》第二十五条规定，垂直运输机械作业人员、安装拆卸工、爆破作业人员、起重信号工、登高架设作业人员等特种作业人员，必须按照国家有关规定经过专门的安全作业培训，并取得特种作业操作资格证书后，方可上岗作业。《建筑起重机械安全监督管理规定》第二十五条规定，建筑起重机械安装拆卸工、起重信号工、起重司机、司索工等特种作业人员应当经建设主管部门考核合格，并取得特种作业操作资格证书后，方可上岗作业。省、自治区、直辖市人民政府建设主管部门负责组织实施建筑施工企业特种作业人员的考核。

(三)《中华人民共和国行政许可法》对企业资质的相关规定

行政许可是指行政机关根据公民、法人或其他组织的申请,经依法审查,准予其从事特定活动的行为。行政许可事项是指行政机关及法律、法规授权的具有管理公共事务职能的组织根据公民、法人或者其他组织的申请,经依法审查,准予其从事特定活动的事项。

广义的行政许可包括行政机关的一般许可、特许、认可、核准、登记、批准、证明、检验、审核、备案等在内的所有行为,范围比较广泛。狭义的行政许可则只是指在法律一般禁止的情况下,行政主体根据行政相对人的申请,通过颁发许可证或者执照等形式,依法赋予特定的行政相对人从事某种活动或者实施某种行为的权利或者资格的行政行为。

《中华人民共和国行政许可法》(2019年)第十二条对下列事项可以设定行政许可:

(1) 直接涉及国家安全、公共安全、经济宏观调控、生态环境保护以及直接关系人身健康、生命财产安全等特定活动,需要按照法定条件予以批准的事项;

(2) 有限自然资源开发利用、公共资源配置以及直接关系公共利益的特定行业的市场准入等,需要赋予特定权利的事项;

(3) 提供公众服务并且直接关系公共利益的职业、行业,需要确定具备特殊信誉、特殊条件或者特殊技能等资格、资质的事项;

(4) 直接关系公共安全、人身健康、生命财产安全的重要设备、设施、产品、物品,需要按照技术标准、技术规范,通过检验、检测、检疫等方式进行审定的事项;

(5) 企业或者其他组织的设立等,需要确定主体资格的事项;

(6) 法律、行政法规规定可以设定行政许可的其他事项。

(四) 建设工程企业资质核准的属性

建设工程企业资质核准属于行政许可事项。《建筑法》第六条规定,国务院建设行政主管部门对全国的建筑活动实施统一监督管理。

自2004年《行政许可法》实施以来,经国务院批准,建设部负责实施的建设行政许可项目60项、建设行政审批项目11项。其中,建设工程企业资质核准纳入建设行政许可事项。

为贯彻落实《行政许可法》,建设部在建设工程企业资质核准方面整合行政资源,规范审批程序,完善工作制度,统一受理窗口,改变审查方式,下放管理权限,提高行政效率,进一步满足了市场和企业的需求。各级建设行政主管部门普遍建立和实行了统一受理、社会公示、服务承诺、限时办事、档案管理、责任追究、投诉举报等行政许可或审批程序。

第2节 建设工程企业资质管理制度的变迁

我国建设工程企业资质管理制度诞生于20世纪80年代,主要参照苏联、日本等国家的管理模式,对建设工程企业设定资本金、人员、设备、工程业绩等方面的约束条件,达到条件的企业可以被授予相应级别的资质,不具有资质的企业不能进入建筑市场。建设工程企业资质管理制度是政府调控建筑市场、引导建筑业健康发展的重要手段,同时又是规范建筑市场的主要措施。建设工程企业资质可以使各市场主体以合格者身份参与建筑市场活动，维护建筑市场秩序，确保市场运行质量。因此，资质是建筑市场各方主体进入市场的准入证。

一、企业注册管理制度阶段

中华人民共和国成立之后直至改革开放之前的三十年间，建筑业被认定为国民经济的消费部门而不是生产部门。我国对施工企业实行注册管理制度，只需要办理工商注册手续，确定企业经营的合法性，对企业所拥有的资产、业绩、技术水平、经营实力没有具体的规定和要求。

二、资质管理制度创设阶段

20世纪80年代初期，建筑业作为城市改革的突破口，率先进行了工程建设管理体制的改革，初步建立了建筑市场及其运行机制。邓小平同中央负责人谈长期规划问题时提出：建筑业是重要的物质生产部门，是国民经济的支柱产业。此后，国家对建筑业、建设投资管理体制等方面实施了一系列重要的改革举措，其中之一是对建筑业企业实行资质管理和经营等级制度。为了加强对建筑活动的监督管理，从1984年起，住房和城乡建设部先后出台建筑施工和设计勘察企业资质管理制度。

1984年，《建筑企业营业管理条例》的出台，对建筑企业的登记、变更、等级和营业范围作出了明确的规定，并设立了监督管理和奖惩办法。按照专业性质，建筑企业被划分为从事房屋建筑、土木工程的企业和从事设备安装、机械化施工的企业两大类；按照企业技术资质和规模，两类企业又被分别划分为不同的等级。《建筑企业营业管理条例》规定各等级企业必须按规定范围营业，不得越级承担任务。这是我国对建筑企业资质管理的初步尝试，尽管此次资质管理的范围仅包括城乡建设国营建筑企业和集体建筑企业，仍然初步形成了建筑业企业的层次结构。

三、资质管理制度改进阶段

1989年6月《施工企业资质管理规定》的出台，标志着全国建筑施工企业资质管理工作的全面展开。建设部分别于1990年、1995年，对建筑业企业资质等级和管理规定进行了两次调整，从覆盖范围和影响力看，改进后资质管理的水平和深度逐步提高。

首先，扩大了资质管理的范围。首轮资质管理的对象是全民所有制和集体所有制建筑企业，经过调整，放开了申请资质企业的所有制限制，扩大到一切从事土木工程、建筑工程、线路管道设备安装工程、装修工程的新建、扩建、改建活动的企业。扩大了资质管理的覆盖面，提高了对建筑业结构的引导能力，增强了对建筑市场的监管能力。

其次，专业类别的划分经历了由粗到细再到趋于合理的三个阶段。1990年，制定了房屋建筑、铁道、交通等20个大类、41个专业的资质等级标准，并对全国建筑施工企业进行了资质复查认证。1995年，建设部出台《建筑业企业资质管理规定》及修订了等级标准，划分施工总承包、施工承包、专项分包，提高了资质管理的导向性作用，明确了企业的发展目标，但专业类别划分过细提高了行业壁垒，限制了建筑企业跨行业施工的能力。

四、资质管理制度完善阶段

为优化调整施工企业组织结构，根据形势发展的需要，2001年重新修订了《建筑业企业资质等级标准》和《建筑业企业资质管理规定》，形成施工总承包、专业承包、劳务分包三大序列，将施工总承包企业划分了12个专业类别，专业承包企业划分为60个资质类别，劳务分包企业划分为13个资质类别，并且允许企业申请主项以外的资质，更加符合市场的竞争结构，有利于企业竞争能力的提高。增加了特级资质等级，并大范围地开展了建筑施工企业资质就位重新认证活动，使资质管理在全国范围内形成高度统一。2001年的资质条件还增加了对专业技术人员执业资格的考核，提高了个人执业资格管理的地位。

从资质条件的设置上看，2001版资质标准逐步提高了对建筑业企业综合实力的要求。随着国家经济发展和政府管理方式的转变，原来的等级标准对建筑业的导向作用会逐渐下降，重新修订资质条件对建筑业企业的建设业绩、人员素质、管理水平、资产和承包能力等要求与以前相比有了很大提高。2001年的资质管理制度还完善了监督办法和处罚规定。在晋级、增项等资质申请条款中，将建筑业企业的一系列违规行为设为否决条件，并实行资质年检制度，实现了建筑业企业资质的动态监管。对违反《建筑业企业资质管理规定》的行为作出处罚规定，转让、出借资质证书、转包或违法分包、工程存在质量问题的企业必须接受罚款和降低资质的处罚。

2001版《建筑业企业资质标准》一直沿用至2014版的正式出台。应当给予充分肯定的是，2001年版企业资质标准奠定了现有企业资质标准的基本构架，在建筑行业企业资质制度发展史上是具有里程碑意义。

2007年，建设部出台了新的《建筑业企业资质管理规定》（建设部令第159号），根据行政许可法减少了审批环节，取消了对企业资质的年检。

2007年3月，建设部为了完善施工资质标准体系，发布了《施工总承包企业特级资质标准》，改变了原来单一的财务指标，增加了银行授信额度和营业税指标，完善了对资信能力的考核；提高了对专业技术人员的执业资格和对设计能力的要求；提出了对科技进步和自主创新能力的要求；调整了企业的承包范围，在一定程度上打破行业壁垒，同时设定了单项合同额的下限。在建设主管部门的推动下，全行业于2012年完成了特级资质企业的延续就位工作。

2012年9月，住房和城乡建设部启动《建筑业企业资质管理规定》和《建筑业企业资质标准》的修订工作。

2013年10月印发《建筑业企业资质管理规定（征求意见稿）》。

2014年11月，经过两年多时间修订的《建筑业企业资质标准》（2014版）正式出台。2015年1月，《建筑业企业资质管理规定》《建筑业企业资质管理规定和资质标准实施意见》正式印发并实施，并计划用两年进行新旧资质证书的更换。

总体上说，通过实施资质管理制度的引导，全国建筑施工企业组织结构优化调整初见成效，基本形成以施工总承包为主体，以专业分包、劳务分包为依托的三个层次的产业组织结构形式。

五、资质管理制度创新阶段

在 2014 版《建筑业企业资质标准》实施过程中，由于许多企业的反响和意见，促使建设主管部门对资质政策及其实施进行调整。

2015 年 7 月 14 日，取消建筑智能化、消防设施、建筑装饰装修、建筑幕墙 4 个设计施工一体化资质。

2015 年 10 月 9 日，住房和城乡建设部发布《关于建筑业企业资质管理有关问题的通知》（建市〔2015〕154 号），对 2014 版资质就位调整为简单换证，取消对企业"资产、主要人员、技术装备"指标的考核。同时，取消《施工总承包企业特级资质标准》中关于国家级工法、专利、国家级科技进步奖项、工程建设国家或行业标准等考核指标要求，对于申请施工总承包特级资质的企业，不再考核上述指标。

2016 年 10 月，简化建筑业企业资质标准，住房和城乡建设部印发《关于简化建筑业企业资质标准部分指标的通知》（建市〔2016〕226 号），取消（除各类别最低等级外）注册建造师、中级以上职称人员、持有岗位证书的现场管理人员、技术工人的指标考核。

2017 年 4 月，正式取消园林绿化资质。

2017 年 9 月，取消工程咨询、物业管理、地质勘查等资质。

2017 年 11 月 7 日，住房和城乡建设部印发《关于培育新时期建筑产业工人队伍的指导意见（征求意见稿）》（建办市函〔2017〕763 号），拟取消建筑施工劳务资质审批，设立专业作业企业资质。并在河南、四川、江苏、山东、陕西等多个省份试点。

2018 年 3 月 8 日，住房和城乡建设部废止《工程建设项目招标代理机构资格认定办法》（建设部令第 154 号）。

2018 年 11 月 5 日，住房和城乡建设部办公厅印发《关于取消建筑业企业最低等级资质标准现场管理人员指标考核的通知》（建办市〔2018〕53 号），决定进一步简化《建筑业企业资质标准》（建市〔2014〕159 号）部分指标，取消建筑业企业最低等级资质标准中关于持有岗位证书现场管理人员的指标考核。

在这一阶段，住房和城乡建设部对工程建设领域相关的企业资质类型进行了较大的调整，形成了"简单换证、事后监管"的做法，这种做法实际上是资质审批制度的一项重大改革措施和创新。由此也开启了谱写"以资质制度创新促进建筑业高质量发展"的新篇章。

第 3 节　放管服背景下建设工程企业资质制度改革方案

一、放管服改革对建设工程企业资质制度的导向

放管服是简政放权、放管结合、优化服务的简称。"放"即简政放权，降低准入门槛；"管"即创新监管，促进公平竞争；"服"即高效服务，营造便利环境。这是党的十八大后深化行政体制改革、推动政府职能转变的一项重大举措。2015 年 5 月 12 日，国务院召开全国推进简政放权、放管结合职能转变工作电视电话会议，首次提出了"放管服"改革的

概念。

2019年6月25日和2020年11月10日，国务院办公厅分别印发《全国深化"放管服"改革优化营商环境电视电话会议重点任务分工方案》（国办发〔2019〕39号和国办发〔2020〕43号），部署进一步深化"放管服"改革，加快打造市场化法治化国际化营商环境，不断激发市场主体活力和发展内生动力。改革创新审批方式，深化"证照分离"改革，在生产许可、项目投资审批、证明事项等领域，广泛推行承诺制，实现政府定标准、企业或个人作承诺、过程强监管、失信严惩戒，大幅度提高核准审批效率。全面推行证明事项和涉企经营许可事项告知承诺制，明确实行告知承诺制的事项范围、适用对象、工作流程和监管措施等。对具备条件的建设工程企业资质审批实行告知承诺管理。

2017年2月21日，国务院办公厅在印发的《关于促进建筑业持续健康发展的意见》（国办发〔2017〕19号）中要求，牢固树立和贯彻落实创新、协调、绿色、开放、共享的发展理念，按照适用、经济、安全、绿色、美观的要求，深化建筑业"放管服"改革，完善监管体制机制，优化市场环境，提升工程质量安全水平，强化队伍建设，增强企业核心竞争力，打造"中国建造"品牌。同时强调，进一步简化工程建设企业资质类别和等级设置，减少不必要的资质认定。选择部分地区开展试点，对信用良好、具有相关专业技术能力、能够提供足额担保的企业，在其资质类别内放宽承揽业务范围限制，同时，加快完善信用体系、工程担保及个人执业资格等相关配套制度，加强事中事后监管。

以上这些政策导向，更加明晰了建筑业企业资质制度改革的基本框架。国务院印发的国办发〔2017〕19号文件确定了企业资质改革内容的总体结构，国务院优化营商环境重点任务分工方案提出了企业资质审批的具体方式。

二、建设工程企业资质管理制度改革方案解读

2020年11月30日，住房和城乡建设部在印发的《关于〈建设工程企业资质管理制度改革方案〉的通知》（建市〔2020〕94号）中指出，为贯彻落实2019年全国深化"放管服"改革优化营商环境电视电话会议精神，按照《国务院办公厅关于印发全国深化"放管服"改革优化营商环境电视电话会议重点任务分工方案的通知》（国办发〔2019〕39号）要求，深化建筑业"放管服"改革，做好建设工程企业资质（包括工程勘察、设计、施工、监理企业资质，以下统称企业资质）认定事项压减工作，现制定以下改革方案。要进一步放宽建筑市场准入限制，优化审批服务，激发市场主体活力。同时，坚持放管结合，加大事中事后监管力度，切实保障建设工程质量安全。

（一）企业资质制度改革的思路

（1）为保持资质管理政策的稳定性和连续性，避免对企业正常生产经营造成干扰，保障工程质量安全，在维持工程勘察、工程设计、施工、工程监理等资质标准框架基本不变的同时，按照"能减则减、能并则并"的原则，大幅压减企业资质类别和等级。

（2）对可由市场自主选择、行业自律进行调节的企业资质类别予以取消。

（3）对部分专业划分过细、业务范围相近、市场需求较小的企业资质类别予以合并。

（4）对部分设置过多的资质等级进行归并，减少资质层级。

（二）企业资质制度改革方案的主要内容

1. 指导思想

以习近平新时代中国特色社会主义思想为指导，贯彻落实党的十九大和十九届二中、三中、四中、五中全会精神，充分发挥市场在资源配置中的决定性作用，更好发挥政府作用，坚持以推进建筑业供给侧结构性改革为主线，按照国务院深化"放管服"改革部署要求，持续优化营商环境，大力精简企业资质类别，归并等级设置，简化资质标准，优化审批方式，进一步放宽建筑市场准入限制，降低制度性交易成本，破除制约企业发展的不合理束缚，持续激发市场主体活力，促进就业创业，加快推动建筑业转型升级，实现高质量发展。

2. 主要内容

（1）精简资质类别，归并等级设置。

为在疫情防控常态化条件下做好"六稳"工作、落实"六保"任务，进一步优化建筑市场营商环境，确保新旧资质平稳过渡，保障工程质量安全，按照稳中求进的原则，积极稳妥推进建设工程企业资质管理制度改革。对部分专业划分过细、业务范围相近、市场需求较小的企业资质类别予以合并，对层级过多的资质等级进行归并。

改革后，工程勘察资质分为综合资质和专业资质，工程设计资质分为综合资质、行业资质、专业和事务所资质，施工资质分为综合资质、施工总承包资质、专业承包资质和专业作业资质，工程监理资质分为综合资质和专业资质。资质等级原则上压减为甲、乙两级（部分资质只设甲级或不分等级），资质等级压减后，中小企业承揽业务范围将进一步放宽，有利于促进中小企业发展。具体压减情况如下：

工程勘察资质：保留综合资质；将4类专业资质及劳务资质整合为岩土工程、工程测量、勘探测试等3类专业资质。综合资质不分等级，专业资质等级压减为甲、乙两级。

工程设计资质：保留综合资质；将21类行业资质整合为14类行业资质；将151类专业资质、8类专项资质、3类事务所资质整合为70类专业和事务所资质。综合资质、事务所资质不分等级；行业资质、专业资质等级原则上压减为甲、乙两级（部分资质只设甲级）。

施工资质：将10类施工总承包企业特级资质调整为施工综合资质，可承担各行业、各等级施工总承包业务；保留12类施工总承包资质；将民航工程的专业承包资质整合为施工总承包资质；将36类专业承包资质整合为18类；将施工劳务企业资质改为专业作业资质，由审批制改为备案制。综合资质和专业作业资质不分等级；施工总承包资质、专业承包资质等级原则上压减为甲、乙两级（部分专业承包资质不分等级），其中，施工总承包甲级资质在本行业内承揽业务规模不受限制。

工程监理资质：保留综合资质；取消专业资质中的水利水电工程、公路工程、港口与航道工程、农林工程资质，保留其余10类专业资质；取消事务所资质。综合资质不分等级，专业资质等级压减为甲、乙两级。

（2）放宽准入限制，激发企业活力。

住房和城乡建设部会同国务院有关主管部门制定统一的企业资质标准，大幅精简审批条件，放宽对企业资金、主要人员、工程业绩和技术装备等的考核要求。

适当放宽部分资质承揽业务规模上限，多个资质合并的，新资质承揽业务范围相应扩大至整合前各资质许可范围内的业务，尽量减少政府对建筑市场微观活动的直接干预，充分发挥市场在资源配置中的决定性作用。

(3) 下放审批权限，方便企业办事。

进一步加大放权力度，选择工作基础较好的地方和部分资质类别，开展企业资质审批权下放试点，将除综合资质外的其他等级资质，下放至省级及以下有关主管部门审批（其中，涉及公路、水运、水利、通信、铁路、民航等资质的审批权限由国务院住房和城乡建设主管部门会同国务院有关部门根据实际情况决定），方便企业就近办理。

试点地方要明确专门机构、专业人员负责企业资质审批工作，并制定企业资质审批相关管理规定，确保资质审批权下放后地方能够接得住、管得好。

企业资质全国通用，严禁各行业、各地区设置限制性措施，严厉查处变相设置市场准入壁垒，违规限制企业跨地区、跨行业承揽业务等行为，维护统一规范的建筑市场。

(4) 优化审批服务，推行告知承诺制。

深化"互联网＋政务服务"，加快推动企业资质审批事项线上办理，实行全程网上申报和审批，逐步推行电子资质证书，实现企业资质审批"一网通办"，并在全国建筑市场监管公共服务平台公开发布企业资质信息。

简化各类证明事项，凡是通过政府部门间信息共享可以获取的证明材料，一律不再要求企业提供。

加快推行企业资质审批告知承诺制，进一步扩大告知承诺制使用范围，明确审批标准，逐步提升企业资质审批的规范化和便利化水平。

(5) 加强事中事后监管，保障工程质量安全。

坚持放管结合，加大资质审批后的动态监管力度，创新监管方式和手段，全面推行"双随机、一公开"监管方式和"互联网＋监管"模式，强化工程建设各方主体责任落实，加大对转包、违法分包、资质挂靠等违法违规行为查处力度，强化事后责任追究，对负有工程质量安全事故责任的企业、人员依法严厉追究法律责任。

3. 保障措施

(1) 完善工程招标投标制度，引导建设单位合理选择企业。

持续深化工程招标投标制度改革，完善工程招标资格审查制度，优化调整工程项目招标条件设置，引导建设单位更多从企业实力、技术力量、管理经验等方面进行综合考察，自主选择符合工程建设要求的企业。积极培育全过程工程咨询服务机构，为业主选择合格企业提供专业化服务。大力推行工程总承包，引导企业依法自主分包。

(2) 完善职业资格管理制度，落实注册人员责任。

加快修订完善注册人员职业资格管理制度，进一步明确注册人员在工程建设活动中的权利、义务和责任，推动建立个人执业责任保险制度，持续规范执业行为，落实工程质量终身责任制，为提升工程品质、保障安全生产提供有力支撑。

(3) 加强监督指导，确保改革措施落地。

制定建设工程企业资质标准指标说明，进一步细化审批标准和要求，加强对地方审批人员的培训，提升资质审批服务能力和水平。

不定期对地方资质审批工作进行抽查，对违规审批行为严肃处理，公开曝光，情节严重的，取消企业资质审批权下放试点资格。

(4) 健全信用体系，发挥市场机制作用。

进一步完善建筑市场信用体系，强化信用信息在工程建设各环节的应用，完善"黑名单"制度，加大对失信行为的惩戒力度。

加快推行工程担保和保险制度，进一步发挥市场机制作用，规范工程建设各方主体行为，有效控制工程风险。

（5）做好资质标准修订和换证工作，确保平稳过渡。

开展建设工程企业资质管理规定、标准等修订工作，合理调整企业资质考核指标。

设置1年过渡期，到期后实行简单换证，即按照新旧资质对应关系直接换发新资质证书，不再重新核定资质。

（6）加强政策宣传解读，合理引导公众预期。

加大改革政策宣传解读力度，及时释疑解惑，让市场主体全面了解压减资质类别和等级的各项改革措施，提高政策透明度。加强舆论引导，主动回应市场主体反映的热点问题，营造良好舆论环境。

（三）改革后建设工程企业资质体系构架
1. 工程勘察资质分为综合资质和专业资质
2. 工程设计资质分为综合资质、行业资质、专业资质和事务所资质
3. 施工资质分为综合资质、施工总承包资质、专业承包资质和专业作业资质
4. 工程监理资质分为综合资质和专业资质

第4节 建设工程企业资质改革政策动态要点

一、出台资质管理规定和资质标准征求意见稿

2022年，建设工程企业资质改革走向基本上按照"放管服"的思路，继续推进住房和城乡建设部印发的《建设工程企业资质管理制度改革方案》（建市〔2020〕94号）的落地，为此，印发了两个重要文件的征求意见稿。

一是为落实建设工程企业资质管理制度改革要求，住房和城乡建设部拟修改《建筑业企业资质管理规定》《工程监理企业资质管理规定》《建设工程勘察设计资质管理规定》，起草了《住房和城乡建设部关于修改〈建筑业企业资质管理规定〉等三部规章的决定（征求意见稿）》，向社会公开征求意见。住房和城乡建设部于2022年1月26日印发关于修改《建筑业企业资质管理规定》等三部规章的决定（征求意见稿）。

二是为落实建设工程企业资质管理制度改革要求，住房和城乡建设部会同国务院有关部门起草了《建筑业企业资质标准（征求意见稿）》《工程勘察资质标准（征求意见稿）》《工程设计资质标准（征求意见稿）》《工程监理企业资质标准（征求意见稿）》，向社会公开征求意见。住房和城乡建设部办公厅于2022年2月23日印发关于《建筑业企业资质标准（征求意见稿）》等4项资质标准公开征求意见的通知。

此外，为认真落实《国务院关于深化"证照分离"改革进一步激发市场主体发展活力的通知》（国发〔2021〕7号）要求，进一步优化建筑市场营商环境，减轻企业负担，激发市场主体活力，住房和城乡建设部办公厅于2022年10月28日印发《关于建设工程企业资质有关事宜的通知》（建办市函〔2022〕361号），主要内容如下：1. 住房和城乡建设

部核发的工程勘察、工程设计、建筑业企业、工程监理企业资质，资质证书有效期于2023年12月30日前期满的，统一延期至2023年12月31日。上述资质有效期将在全国建筑市场监管公共服务平台自动延期，企业无需换领资质证书，原资质证书仍可用于工程招标投标等活动。企业通过合并、跨省变更事项取得有效期1年资质证书的，不适用上款规定，企业应在1年资质证书有效期届满前，按相关规定申请重新核定。地方各级住房和城乡建设主管部门核发的工程勘察、工程设计、建筑业企业、工程监理企业资质，资质延续有关政策由各省级住房和城乡建设主管部门确定，相关企业资质证书信息应及时报送至全国建筑市场监管公共服务平台。2. 具有法人资格的企业可直接申请施工总承包、专业承包二级资质。企业按照新申请或增项提交相关材料，企业资产、技术负责人需满足《建筑业企业资质标准》（建市〔2014〕159号）规定的相应类别二级资质标准要求，其他指标需满足相应类别三级资质标准要求。持有施工总承包、专业承包三级资质的企业，可按照现行二级资质标准要求申请升级，也可按照上述要求直接申请二级资质。

二、加强建设工程企业资质审批管理

为深入贯彻落实党的二十大精神，扎实推进建筑业高质量发展，切实保证工程质量安全和人民生命财产安全，规范市场秩序，激发企业活力，住房和城乡建设部于2023年9月6日印发《关于进一步加强建设工程企业资质审批管理工作的通知》（建市规〔2023〕3号），就进一步加强建设工程企业资质审批管理工作提出10个方面的要求。

1. 提高资质审批效率。住房城乡建设主管部门和有关专业部门要积极完善企业资质审批机制，提高企业资质审查信息化水平，提升审批效率，确保按时作出审批决定。住房和城乡建设部负责审批的企业资质，2个月内完成专家评审、公示审查结果，企业可登录住房和城乡建设部政务服务门户，点击"申请事项办理进度查询（受理发证信息查询）"栏目查询审批进度和结果。

2. 统一全国资质审批权限。自本通知施行之日起，企业资质审批权限下放试点地区不再受理试点资质申请事项，统一由住房和城乡建设部实施。试点地区已受理的申请事项应在规定时间内审批办结。试点期间颁发的资质，在资质证书有效期届满前继续有效，对企业依法处以停业整顿、降低资质等级、吊销或撤销资质证书的，由试点地区住房城乡建设主管部门实施。

3. 加强企业重组分立及合并资质核定。企业因发生重组分立申请资质核定的，须对原企业和资质承继企业按资质标准进行考核。企业因发生合并申请资质核定的，须对企业资产、人员及相关法律关系等情况进行考核。

4. 完善业绩认定方式。申请由住房和城乡建设部负责审批的企业资质，其企业业绩应当是在全国建筑市场监管公共服务平台（以下简称全国建筑市场平台）上满足资质标准要求的A级工程项目，专业技术人员个人业绩应当是在全国建筑市场平台上满足资质标准要求的A级或B级工程项目。业绩未录入全国建筑市场平台的，申请企业需在提交资质申请前由业绩项目所在地省级住房城乡建设主管部门确认业绩指标真实性。自2024年1月1日起，申请资质企业的业绩应当录入全国建筑市场平台。申请由有关专业部门配合实施审查的企业资质，相关业绩由有关专业部门负责确认。

5. 加大企业资质动态核查力度。住房城乡建设主管部门要完善信息化手段，对企业注册人员等开展动态核查，及时公开核查信息。经核查，企业不满足资质标准要求的，在全国建筑市场平台上标注资质异常，并限期整改。企业整改后满足资质标准要求的，取消标注。标注期间，企业不得申请办理企业资质许可事项。

6. 强化建筑业企业资质注册人员考核要求。申请施工总承包一级资质、专业承包一级资质的企业，应当满足《建筑业企业资质标准》（建市〔2014〕159号）要求的注册建造师人数等指标要求。

7. 加强信用管理。对存在资质申请弄虚作假行为、发生工程质量安全责任事故、拖欠农民工工资等违反法律法规和工程建设强制性标准的企业和从业人员，住房城乡建设主管部门要加大惩戒力度，依法依规限制或禁止从业，并列入信用记录。企业在申请资质时，应当对法定代表人、实际控制人、技术负责人、项目负责人、注册人员等申报材料的真实性进行承诺，并授权住房城乡建设主管部门核查社保、纳税等信息。

8. 建立函询制度。住房城乡建设主管部门可就资质申请相关投诉举报、申报材料等问题向企业发函问询，被函询的企业应如实对有关问题进行说明。经函询，企业承认在资质申请中填报内容不实的，按不予许可办结。

9. 强化平台数据监管责任。住房城乡建设主管部门要加强对全国建筑市场平台数据的监管，落实平台数据录入审核人员责任，加强对项目和人员业绩信息的核实。全国建筑市场平台项目信息数据不得擅自变更、删除，数据变化记录永久保存。住房和城乡建设部将以实地核查、遥感卫星监测等方式抽查复核项目信息，加大对虚假信息的处理力度，并按有关规定追究责任。

10. 加强党风廉政建设。住房城乡建设主管部门要完善企业资质审批权力运行和制约监督机制，严格审批程序，强化对审批工作人员、资质审查专家的廉政教育和监督管理，建立健全追责机制。推进企业资质智能化审批，实现审批工作全程留痕，切实防止发生企业资质审批违法违纪违规行为。

该通知自2023年9月15日起施行。《住房城乡建设部关于建设工程企业发生重组、合并、分立等情况资质核定有关问题的通知》（建市〔2014〕79号）、《住房和城乡建设部办公厅关于开展建设工程企业资质审批权限下放试点的通知》（建办市函〔2020〕654号）和《住房和城乡建设部办公厅关于扩大建设工程企业资质审批权限下放试点范围的通知》（建办市函〔2021〕93号）同时废止。《住房城乡建设部关于简化建筑业企业资质标准部分指标的通知》（建市〔2016〕226号）、《住房和城乡建设部办公厅关于做好建筑业"证照分离"改革衔接有关工作的通知》（建办市〔2021〕30号）与本通知规定不一致的，以本通知为准。

三、启动建设工程企业资质证书有效期延续工作

为统筹做好建设工程企业资质证书有效期到期延续工作，住房和城乡建设部建筑市场监管司于2023年10月16日印发《关于建设工程企业资质延续有关事项的通知》（建司局函市〔2023〕116号），主要内容如下：

1. 住房和城乡建设部核发的工程勘察、工程设计、建筑业企业、工程监理企业资质（以下简称企业资质），资质证书有效期于2023年12月31日前届满的，即日起可向住房和城乡建设部申请资质证书有效期延续。企业资质有效期于2023年12月31日后届满的，

按照有关资质管理规定向住房和城乡建设部申请资质证书有效期延续。企业于资质证书有效期届满后再申请资质证书有效期延续的,不予受理。

2.资质延续申请企业按照有关资质管理规定及资质标准有关要求提交申请,对材料真实性、合法性作出承诺,并对承诺内容负责,承担全部法律责任。收到企业资质延续申请后,住房和城乡建设部按照资质标准对企业注册人员等内容进行核查,经核查合格的,准予延续。

住房和城乡建设部建司局函市〔2023〕116号通知印发后,全国各省(自治区、直辖市)建设主管部门也先后启动本行政区域内建设工程企业资质证书有效期延续工作。

第2章 2014版《建筑业企业资质标准》术语解释

第1节 人员相关术语

一、注册建造师

注册建造师是指从事建设工程项目总承包和施工管理关键岗位的执业注册人员。建造师注册受聘后，可以建造师的名义担任建设工程项目施工的项目经理、从事其他施工活动的管理、从事法律、行政法规或国务院建设行政主管部门规定的其他业务。建造师的职责是根据企业法定代表人的授权，对工程项目自开工准备至竣工验收，实施全面的组织管理。

建造师分为一级注册建造师和二级注册建造师。英文分别译为：Constructor 和 Associate Constructor。一级建造师具有较高的标准、较高的素质和管理水平，有利于在国际交往中互认。考虑到我国建设工程项目面广量大，工程项目的规模差异悬殊，各地区经济、文化和社会发展水平有较大差异，以及不同工程项目对管理人员的要求也不尽相同，因此设立了二级建造师，以适应施工管理的实际需求。

建造师分为不同的专业。不同类型、不同性质的工程项目的建设，有着各自的专业性和技术性要求，对建造师实行分专业管理，不仅能适应不同类型和性质的工程项目对建造师的专业技术要求，也有利于与现行建设工程管理体制相衔接，充分发挥各有关专业部门的作用。一级建造师设置10个专业，即建筑工程、公路工程、铁路工程、民航机场工程、港口与航道工程、水利水电工程、矿业工程、市政公用工程、通信与广电工程、机电工程专业。二级建造师设置6个专业，即建筑工程、公路工程、水利水电工程、矿业工程、市政公用工程、机电工程专业。

二、中级及以上的职称人员

职称（Professional Title）最初源于职务名称，理论上职称是指专业技术人员的专业技术水平、能力，以及成就的等级称号，反映专业技术人员的技术水平、工作能力。就学术而言，它具有学术的性质；就专业技术水平而言，它具有岗位的性质。专业技术人员拥有何种专业技术职称，表明他具有何种学术水平或从事何种工作岗位，象征着一定的身份。在企业资质标准中，只涉及高级和中级职称。一般而言，职称主管部门对职称条件有专门的规定，除了学历等基本条件外，还有工作业绩方面的条件要求。以下仅简略说明高级、中级职称对学历方面的基本要求。

1. 正高级工程师

（1）一般应具备大学本科及以上学历或学士以上学位，取得高级工程师职称后，从事技术工作满5年。

(2) 技工院校毕业生按国家有关规定申报。

凡符合上述申报条件的人员，还必须遵纪守法，具有良好职业道德，能认真履行岗位职责，在专业岗位上做出显著成绩，具备相应的专业理论水平和实际工作能力。

2. 高级工程师

(1) 具备博士学位，取得工程师职称后，从事技术工作满2年。

(2) 或具备硕士学位，或第二学士学位，或大学本科学历，或学士学位，取得工程师职称后，从事技术工作满5年。

(3) 技工院校毕业生按国家有关规定申报。

(4) 不具备前项规定的学历、年限要求，业绩突出、作出重要贡献的，可由2名本专业或相近专业正高级工程师推荐破格申报，具体办法由各地、各有关部门和单位制定。

3. 工程师

(1) 具备博士学位。

(2) 或具备硕士学位或第二学士学位，取得助理工程师职称后，从事技术工作满2年。

(3) 或具备大学本科学历或学士学位，取得助理工程师职称后，从事技术工作满4年。

(4) 或具备大学专科学历，取得助理工程师职称后，从事技术工作满4年。

(5) 技工院校毕业生按国家有关规定申报。

三、现场管理人员

现场管理人员是指按规定取得省级住房城乡建设主管部门或有关部门颁发的相应岗位证书的人员，以及住房城乡建设部或国务院有关部门认可的行业协会颁发的相应岗位证书的人员。

1. 施工员：从事施工组织策划、施工技术与管理，以及施工进度、成本、质量和安全控制等工作的专业管理人员。

2. 造价员：是指通过造价员资格考试，取得《全国建设工程造价员资格证书》，并经登记注册取得从业印章，从事工程造价活动的专业管理人员。国发〔2016〕5号文件取消建设工程造价员职业资格后按相关规定执行。

3. 质量员：从事施工质量策划、过程控制、检查、监督、验收等工作的专业管理人员。

4. 劳务员：从事劳务管理计划、劳务人员资格审查与培训、劳动合同与工资管理、劳务纠纷处理等工作的专业管理人员。

5. 安全员：从事施工安全策划、检查监督等工作的专业管理人员。

6. 测量员：从事工程方面测量和管理的测量专业工作人员。

7. 机械员：从事施工机械的计划、安全使用监督检查、成本统计核算等工作的专业管理人员。

8. 试验员：从事工程试验工作的专业人员。

9. 资料员：从事施工信息资料的收集、整理、保管、归档、移交等工作的专业管理人员。

10. 标准员：从事工程建设标准实施组织、监督、效果评价等工作的专业管理人员。

11. 材料员：从事施工材料计划、采购、检查、统计、核算等工作的专业管理人员。

四、技术工人

技术工人是指取得住房城乡建设部、国务院有关部门、省级住房城乡建设主管部门或有关部门认可的机构或建筑业企业颁发的职业培训合格证书或职业技能等级证书的人员。包括线务员、机务员、电工、焊接工等特种作业人员，以及具有计算机等级证书的工人。

自有技术工人：第一，自有技术骨干工人应当由总承包企业招收所需专业的技工学校毕业生或在城镇或农村招收合同制工人组成；第二，自有工人由总承包企业直接签订劳动合同，享有和企业员工完全相同的社会保险待遇；第三，总承包企业基本只限于在关键技能岗位招收自有工人，非关键技能岗位仍以使用外包劳务工人为主；企业要结合现状和发展方向，研究哪些岗位需要自有工人，哪些专业班组必须是为企业自有；第四，总承包企业有责任对自有工人进行持续的技能培训，将他们培养为中高级技工和技师，引导他们走高技能人才之路。

第2节 工程相关术语

一、施工总承包类工程

1. 建筑工程是指各类结构形式的民用建筑工程、工业建筑工程、构筑物工程以及相配套的道路、通信、管网管线等设施工程。工程内容包括地基与基础、主体结构、建筑屋面、装修装饰、建筑幕墙、附建人防工程以及给水排水及供暖、通风与空调、电气、消防、防雷等配套工程。

2. 房屋建筑工程是指工业、民用与公共建筑（建筑物、构筑物）工程。工程内容包括地基与基础工程，土石方工程，结构工程，屋面工程，内、外部的装修装饰工程，上下水、供暖、电器、卫生洁具、通风、照明、消防、防雷等安装工程。

3. 公路工程包括公路（含厂矿和林业专用公路）及其桥梁、隧道和沿线设施工程。

4. 铁路工程包括与铁路有关的轨道、路基、桥梁、隧道、站场和信号等工程。参见《铁路工程基本术语标准》GB/T 50262—2013。

5. 水利水电工程是指以防洪、灌溉、发电、供水、治涝、水环境治理等为目的的各类工程（包括配套与附属工程），主要工程内容包括：水工建筑物（坝、堤、水闸、溢洪道、水工隧洞、涵洞与涵管、取水建筑物、河道整治建筑物、渠系建筑物、通航、过木、过鱼建筑物、地基处理）建设、水电站建设、水泵站建设、水力机械安装、水工金属结构制造及安装、电气设备安装、自动化信息系统、环境保护工程建设、水土保持工程建设、土地整治工程建设，以及与防汛抗旱有关的道路、桥梁、通信、水文、凿井等工程建设，与上述工程相关的管理用房附属工程建设等，详见《水利水电工程技术术语》SL 26—2012。

6. 电力工程是指与电能的生产、输送及分配有关的工程。包括火力发电、水力发电、核能发电、风电、太阳能及其他能源发电、输配电等工程及其配套工程。电力工程包括火电站、核电站、风力电站、太阳能电站工程，送变电工程。根据企业施工业绩，对承包工程范围相应加以限制。

7. 矿山工程包括矿井工程（井工开采）、露天矿工程、洗（选）矿工程、尾矿工程、井下机电设备安装及其他地面生产系统和矿区配套工程。其他地面生产系统是指转载点、原料仓（产品仓）、装车仓（站）以及相互连接的皮带输送机栈桥的土建及相对应的设备安装工程。矿区配套工程是指矿内专用铁路工程、公路工程、送变电工程、通信工程、环保工程、绿化工程等。

8. 冶金工程包括冶金、有色、建材工业的主体工程、配套工程及生产辅助附属工程。

9. 石油化工工程是指油气田地面、油气储运（管道、储库等）、石油化工、化工、煤化工等主体工程，配套工程及生产辅助附属工程。

石油化工工程大、中型项目划分标准如下。

大型石油化工工程是指：

（1）30万吨/年以上生产能力的油（气）田主体配套建设工程；

（2）50万立方米/日以上的气体处理工程；

（3）300万吨/年以上原油、成品油，80亿立方米/年以上输气等管道输送工程及配套建设工程；

（4）单罐10万立方米以上、总库容30万立方米以上的原油储库，单罐2万立方米以上、总库容8万立方米以上的成品油库，单罐5000立方米以上、总库容1.5万立方米以上的天然气储库，单罐400立方米以上、总库容2000立方米以上的液化气及轻烃储库，单罐3万立方米以上、总库容12万立方米以上的液化天然气储库，单罐5亿立方米以上的地下储气库，以及以上储库的配套建设工程；

（5）800万吨/年以上的炼油工程，或者与其配套的常减压、脱硫、催化、重整、制氢、加氢、气分、焦化等生产装置和相关公用工程、辅助设施；

（6）60万吨/年以上的乙烯工程，或者与其配套的对二甲苯（PX）、甲醇、精对苯二甲酸（PTA）、丁二烯、己内酰胺、乙二醇、苯乙烯、醋酸、醋酸乙烯、环氧乙烷/乙二醇（EO/EG）、丁辛醇、聚酯、聚乙烯、聚丙烯、ABS等生产装置和相关公用工程、辅助设施；

（7）30万吨/年以上的合成氨工程或相应的主生产装置；

（8）24万吨/年以上磷铵工程或相应的主生产装置；

（9）32万吨/年以上硫酸工程或相应的主生产装置；

（10）50万吨/年以上纯碱工程、10万吨/年以上烧碱工程或相应的主生产装置；

（11）4万吨/年以上合成橡胶、合成树脂及塑料和化纤工程或相应的主生产装置；

（12）项目投资额6亿元以上的有机原料、染料、中间体、农药、助剂、试剂等工程或相应的主生产装置；

（13）30万套/年以上的轮胎工程或相应的主生产装置；

（14）10亿标立方米/年以上煤气化、20亿立方米/年以上煤制天然气、60万吨/年以上煤制甲醇、100万吨/年以上煤制油、20万吨/年以上煤基烯烃等煤化工工程或相应的主生产装置。

中型石油化工工程是指：

（1）10万吨/年以上生产能力的油（气）田主体配套建设工程；

（2）20万立方米/日以上气体处理工程；

（3）100万吨/年以上原油、成品油，20亿立方米/年及以上输气等管道输送工程及配套建设工程；

（4）单罐5万立方米以上、总库容10万立方米以上的原油储库，单罐5000立方米以上、总库容3万立方米以上的成品油库，单罐2000立方米以上、总库容1万立方米以上的天然气储库，单罐200立方米以上、总库容1000立方米以上的液化气及轻烃储库，单罐2万立方米以上、总库容6万立方米以上的液化天然气储库，单罐1亿立方米以上的地下储气库，以及以上储库的配套建设工程；

（5）500万吨/年以上的炼油工程，或者与其配套的常减压、脱硫、催化、重整、制氢、加氢、气分、焦化等生产装置和相关公用工程、辅助设施；

（6）30万吨/年以上的乙烯工程，或者与其配套的对二甲苯（PX）、甲醇、精对苯二甲酸（PTA）、丁二烯、己内酰胺、乙二醇、苯乙烯、醋酸、醋酸乙烯、环氧乙烷/乙二醇（EO/EG）、丁辛醇、聚酯、聚乙烯、聚丙烯、ABS等生产装置和相关公用工程、辅助设施；

（7）15万吨/年以上的合成氨工程或相应的主生产装置；

（8）12万吨/年以上磷铵工程或相应的主生产装置；

（9）16万吨/年以上硫酸工程或相应的主生产装置；

（10）30万吨/年以上纯碱工程、5万吨/年以上烧碱工程或相应的主生产装置；

（11）2万吨/年以上合成橡胶、合成树脂及塑料和化纤工程或相应的主生产装置；

（12）项目投资额2亿元以上的有机原料、染料、中间体、农药、助剂、试剂等工程或相应的主生产装置；

（13）20万套/年以上的轮胎工程或相应的主生产装置；

（14）4亿标立方米/年以上煤气化、5亿立方米/年以上煤制天然气、20万吨/年以上煤制甲醇、16万吨/年以上煤制油、10万吨/年以上煤基烯烃等煤化工工程或相应的主生产装置。

10. 市政公用工程包括给水工程、排水工程、燃气工程、热力工程、道路工程、桥梁工程、城市隧道工程（含城市规划区内的穿山过江隧道、地铁隧道、地下交通工程、地下过街通道）、公共交通工程、轨道交通工程、环境卫生工程、照明工程、绿化工程。

11. 市政综合工程是指包括城市道路和桥梁、供水、排水、中水、燃气、热力、电力、通信、照明等中的任意两类以上的工程。

12. 机电工程是指未列入港口与航道、水利水电、电力、矿山、冶金、石油化工、通信工程的机械、电子、轻工、纺织、航天航空、船舶、兵器等其他工业工程的机电安装工程。

13. 一般工业机电安装工程是指未列入港口与航道、水利水电、电力、矿山、冶炼、化工石油、通信工程的机械、电子、轻工、纺织及其他工业机电安装工程。

二、专业施工承包类工程

1. 建筑智能化工程：智能化集成系统及信息化应用系统；建筑设备管理系统；安全

技术防范系统；智能卡应用系统；通信系统；卫星接收及有线电视系统；停车场管理系统；综合布线系统；计算机网络系统；广播系统；会议系统；信息导引及发布系统；智能小区管理系统；视频会议系统；大屏幕显示系统；智能灯光、音响控制及舞台设施系统；火灾报警系统；机房工程等相关系统。

建筑智能化工程包括：
(1) 计算机管理系统工程；
(2) 楼宇设备自控系统工程；
(3) 保安监控及防盗报警系统工程；
(4) 智能卡系统工程；
(5) 通信系统工程；
(6) 卫星及公用电视系统工程；
(7) 车库管理系统工程；
(8) 综合布线系统工程；
(9) 计算机网络系统工程；
(10) 广播系统工程；
(11) 会议系统工程；
(12) 视频点播系统工程；
(13) 智能化小区综合物业管理系统工程；
(14) 可视会议系统工程；
(15) 大屏幕显示系统工程；
(16) 智能灯光、音响控制系统工程；
(17) 火灾报警系统工程；
(18) 计算机机房工程。

2. 电子系统工程：
(1) 雷达、导航与测控系统工程；
(2) 计算机网络工程；
(3) 信息综合业务网络工程；
(4) 监控系统工程；
(5) 自动化控制系统；
(6) 电子声像工程；
(7) 数据中心电子机房工程。

大型电子工程：单位工程造价 2000 万元以上或国家政治、经济、安全等要害部门的电子工程；

中型电子工程：单位工程造价 200 万元～2000 万元的电子工程；

小型电子工程：单位工程造价 200 万元及以下的电子工程。

3. 电子工业制造设备安装工程：电子整机产品、电子基础产品、电子材料及其他电子产品制造设备的安装工程。

电子工业环境工程：电子整机产品、电子基础产品、电子材料及其他电子产品制造所需配备的洁净、防微振、微波暗室、电磁兼容、防静电、纯水系统、废水废气处理系统、大宗气体纯化系统、特种气体系统、化学品配送系统等工程。

电子系统工程：雷达、导航及天线系统工程；计算机网络工程；信息综合业务网络工程；监控系统工程；自动化控制系统；安全技术防范系统；智能化系统工程；应急指挥系统；射频识别应用系统；智能卡系统；收费系统；电子声像工程；数据中心、电子机房工程；其他电子系统工程。

4. 钢结构工程：建筑物或构筑物的主体承重梁、柱等均以钢为主要材料，并以工厂制作、现场安装的方式完成的建筑工程。

5. 与装修工程直接配套的其他工程：在不改变主体结构的前提下的水、暖、电及非承重墙的改造工程。

6. 仿古建筑工程：以传统结构为主（木结构、砖石结构）利用传统建筑材料（砖、木、石、土、瓦等）建造的房屋建筑工程、构筑物（含亭、台、塔等）工程，以及部分利用传统建筑材料建造的建筑工程。

7. 古建筑修缮工程：利用传统建筑材料和现代建筑材料，在特定范围内对古建筑的复原、加固及修补工程。

8. 机场场道工程：飞行区土石方、地基处理、基础、道面、排水、桥梁、涵隧、消防管网、管沟（廊）、服务车道、巡场路、围界、场道维修等飞行区相关工程及其附属配套工程。

9. 民航空管工程：区域、终端区（进近）、塔台等管制中心；空管自动化、地空通信、自动转报、卫星地面站、机场有线通信、移动通信等通信系统；雷达、自动相关监视、仪表着陆系统、航线导航台等导航系统；航行情报系统；常规气象观测系统；自动气象观测系统；气象雷达、气象网络、卫星云图接收等航空气象工程、空管设施防雷工程、供配电工程等。

10. 机场弱电系统工程：航站楼弱电系统和飞行区、货运区及生产办公区域弱电系统。其中，航站楼弱电系统包括：

（1）信息集成系统：机场运营数据库，地面运行信息系统、资源管理系统、运营监控管理系统（或生产指挥调度系统）、信息查询系统以及集成信息转发系统（含信息集成平台，消息中间件，中央智能消息管理系统等）等；

（2）航班信息显示系统；

（3）离港控制系统；

（4）泊位引导系统；

（5）安检信息管理系统；

（6）标识引导系统；

（7）行李处理系统；

（8）安全检查系统；

（9）值机引导系统；

（10）登机门显示系统；

（11）旅客问讯系统；

（12）网络交换系统；

（13）公共广播系统；

(14) 安全防范系统（含闭路电视监控系统、门禁管理系统、电子巡更系统和报警系统）；

(15) 主时钟系统；

(16) 内部通信系统；

(17) 呼叫中心（含电话自动问讯系统）；

(18) 综合布线系统；

(19) 楼宇自控系统；

(20) 消防监控系统；

(21) 不间断供电电源系统；

(22) 机房及功能中心；

(23) 无线通信室内覆盖系统；

(24) 视频监控系统。

11. 机场目视助航工程：近灯光系统，目视坡度指示系统，跑道、滑行道、站坪灯光系统，机场灯标等助航灯光系统，标记牌、道面标志、标志物、泊位引导系统等，助航灯光监控系统，助航灯光变电站、飞行区供电工程以及目视助航辅助设施等。

12. 水上交通管制工程：水上船舶交通管理系统工程（VTS系统）、船舶自动识别系统工程（AIS系统）、水上视频监控系统工程（CCTV系统）、海上通信导航工程（海岸电台、甚高频电台、海事卫星通信、海上遇险与安全系统等）、内河通信导航工程（长途干线、江岸电台、甚高频电台等）等。

13. 环保工程主要指水污染防治工程、大气污染防治工程、固体废物处理处置工程、物理污染防治工程和污染修复工程等，其中，水污染防治工程：工业废水防治工程、城镇污水污染防治工程（不含市政管网、泵站以及厂内办公楼等公共建筑物）、污废水回用工程及医院、畜禽养殖业、垃圾渗滤液等特种行业废水污染防治工程；大气污染防治工程：烟尘、粉尘、气态及气溶胶、室内空气等污染防治工程；固体废物处理处置工程：生活垃圾（不含办公楼等公共建筑物）、一般工业固体废物、危险固体废物及其他固体废物处理处置工程；物理污染防治工程：交通噪声、建筑施工噪声、工业噪声、室内噪声、电磁及振动等污染防治工程；污染修复工程：污染本体、污染土壤、矿山及其他生态修复或恢复工程。环保工程规模划分表，见表2-1。

环保工程规模划分表　　　　　　　　表2-1

环保工程类别		单位	大型	中型	小型	备注
水污染防治工程	工业废水治理	废水量：吨/日	≥5000	1000～5000	<1000	
		COD负荷：公斤/日	≥10000	4000～10000	<4000	
	城镇污水处理	污水量：吨/日	≥20000	8000～20000	<8000	
	污（废）水回用	污（废）水量：吨/日	≥10000	2000～10000	<2000	
大气污染防治工程	工业蒸汽锅炉烟气治理	单台装机容量：蒸吨/小时	≥65	35～65	<35	
	发电锅炉烟气治理	单台装机容量：兆瓦	≥100	25～100	<25	
	工业炉窑烟气治理	废气量：万立方米/小时	≥20	6～20	<6	
	其他工业废气治理	废气量：万立方米/小时	≥10	3～10	<3	

续表

环保工程类别		单位	大型	中型	小型	备注
固体废物处理处置工程	一般工业固体物处理与利用	投资额：万元	≥2000	500～2000	<500	
	危险废物处理处置（其中医疗废物处理）	处理量：吨/日	≥20 (≥10)	10～20 (5～10)	<10 (<5)	统称"生活垃圾处置工程"
	生活垃圾焚烧工程	处理量：吨/日	≥200	50～200	<50	
	生活垃圾卫生填埋工程	处理量：吨/日	≥500	200～500	<200	
	生活垃圾堆肥工程	处理量：吨/日	≥300	100～300	<100	
物理污染防治工程	噪声与振动治理	投资额：万元	≥150	50～150	<50	
	电磁污染防治	投资额：万元	≥400	100～400	<100	
污染修复工程	污染本体、土壤、矿山修复等工程	投资额：万元	≥3000	500～3000	<500	

14. 特种工程是指未单独设立的特殊专业工程，如建筑物纠偏和平移、结构补强、特殊设备起重吊装、特种防雷等工程。

第3节 财务指标相关术语

一、资产类术语

1. 净资产：又称所有者权益，指投资人对企业净资产的所有权。企业净资产等于企业全部资产减去全部负债后的余额。

2. 资产总额：指本企业拥有或控制的能以货币计量的经济资源，包括各种财产、债权和其他权利。

3. 固定资产：指本企业使用期超过一年的房屋及建筑物、机器、机械、运输工具以及其他与生产经营有关的设备、器具、工具等。

4. 流动资产：指本企业可以在一年或超过一年的一个营业周期内变现或耗用的资产。

5. 负债总额：指本企业全部资产总额中，所承担的能以货币计量、以资产或劳务的方式偿付的债务。

二、资本类术语

1. 国有资本：指有权代表国家投资的政府部门或者机构以国有资产投入企业形成的资本金。

2. 法人资本：指法人单位以其依法可以支配的资产投入企业形成的资本金。

3. 个人资本：指社会个人或者企业内部职工以个人合法财产投入企业形成的资本金。

4. 港澳台商资本：指我国香港、澳门和台湾地区投资者投入企业形成的资本金。

5. 外商资本：指外国投资者投入企业形成的资本金。

第4节 职称人员专业分类

一、施工总承包类资质职称分类

1. 建筑工程施工总承包资质

结构专业：土木工程、工民建、结构、建筑施工、建筑工程、土建、房建工程、土木建筑。

给水排水专业：给水排水、建筑水电、建筑环境与设备、环境工程、管道工程。

暖通专业：管道工程、建筑环境与设备、环境工程、暖通、供热通风与空调、制冷与空调、水暖、采暖通风、暖通空调、公用设备安装。

电气专业：名称中含有"电气""机电"或"电力"的，发电、输变电、供配电、工企自动化、自控、建筑环境与设备、计算机应用。

2. 公路工程施工总承包资质

公路工程相关专业：公路工程、桥梁工程、公路与桥梁工程、交通土建、隧道（地下结构）工程、交通工程、路桥、桥梁、桥隧、隧道、道路桥梁、公路与城市道路建设、土木工程（路桥方向）。

3. 铁路工程施工总承包资质

铁道工程相关专业：铁道工程、桥梁工程、隧道工程、铁路线路、站场、路基、轨道、名称中含有"铁路"或"铁道"的，路桥、桥隧、高速动车组检修技术、高速动车组驾驶、动车组技术、高速动车组驾驶与维修。

4. 港口与航道工程施工总承包资质

港口与航道专业：港口与航道、港口航道与海岸、港口海岸及治河、水工钢筋混凝土结构学、航道整治、港口规划与布置、港口水工建筑物、水运工程。

机械专业：名称中含有"机械"或"机电"的，汽车拖拉机运用与修理、焊接工艺与设备、汽车工程、材料成型及控制工程、工业设计、过程装备与控制工程、车辆工程、汽车服务工程、汽车运用工程、物流装备。

电气专业：名称中含有"电气""机电"或"电力"的，发电、输变电、供配电、工企自动化、自控、建筑环境与设备、计算机应用。

5. 水利水电工程施工总承包资质

水利水电工程相关专业：水利水电工程建筑、水利工程施工、农田水利工程、水电站动力设备、电力系统及自动化、水力学及河流动力学、水文与水资源、工程地质及水文地质、水利机械。

6. 电力工程施工总承包资质

电力工程相关专业：热能动力工程、水能动力工程、核电工程、风电、太阳能及其他能源工程、输配电及用电工程、电力系统及其自动化、发电、输变电、供配电、高压电与绝缘技术，名称中含有"电力"的。

7. 矿山工程施工总承包资质

矿山工程相关专业：矿建、结构、机电、地质、测量、通风安全。

结构专业：土木工程、工民建、结构、建筑施工、建筑工程、土建、房建工程、土木建筑。

机电专业：暖通、给水排水、电气、机械设备、焊接、自动化控制、建筑环境与设备，名称中含有"机电""电气"或"机械"的。

地质专业：名称中含有"地质"或"地下"的，探矿工程、物探、化探、水工、岩土与地基、采矿煤工程、采矿。

测量专业：名称中含有"测量"或"测绘"的，工程序列各职称专业。

通风安全专业：通风、管道工程、建筑环境与设备、环境工程、暖通、供热通风与空调、制冷与空调、水暖、采暖通风、暖通空调、爆破。

8. 冶金工程施工总承包资质

冶金工程相关专业：冶金工程、金属冶炼、金属材料、焦化、耐火材料、采矿、选矿、机械、建筑材料、结构、电气、暖通、给水排水、动力、测量。

结构专业：土木工程、工民建、结构、建筑施工、建筑工程、土建、房建工程、土木建筑。

电气专业：名称中含有"电气""机电"或"电力"的，发电、输变电、供配电、工企自动化、自控、建筑环境与设备、计算机应用。

给水排水专业：给水排水、建筑水电、建筑环境与设备、环境工程、管道工程。

动力专业：名称中含有"机械"或"机电"的，汽车拖拉机运用与修理、焊接工艺与设备、汽车工程、材料成型及控制工程专业、工业设计专业、过程装备与控制工程专业、车辆工程专业、汽车服务工程、汽车运用工程、物流装备。

暖通专业：管道工程、建筑环境与设备、环境工程、暖通、供热通风与空调、制冷与空调、水暖、采暖通风、暖通空调、公用设备安装。

测量专业：名称中含有"测量"或"测绘"的，工程序列各职称专业。

9. 石油化工工程施工总承包资质

结构专业：土木工程、工民建、结构、建筑施工、建筑工程、土建、房建工程、土木建筑。

电气专业：名称中含有"电气""机电"或"电力"的，发电、输变电、供配电、工企自动化、自控、建筑环境与设备、计算机应用。

机械专业：名称中含有"机械"或"机电"的，汽车拖拉机运用与修理、焊接工艺与设备、汽车工程、材料成型及控制工程、工业设计、过程装备与控制工程、车辆工程、汽车服务工程、汽车运用工程、物流装备。

自动控制专业：电气工程与智能控制、机械自动化、电气自动化、计算机应用、电子、仪表、自动控制、自动化、生产过程自动化、电力系统自动化、机电一体化。

10. 市政公用工程施工总承包资质

市政工程相关专业：道路与桥梁、给水排水、结构、机电、燃气。

道路与桥梁专业：道路与桥梁、桥梁与隧道工程、道路桥梁与渡河工程、公路工程、交通土建、公路与城市道路、道路与铁道工程、隧道、市政工程。

给水排水专业：给水排水、建筑水电、建筑环境与设备、环境工程、管道工程。

结构专业：土木工程、工民建、结构、建筑施工、建筑工程、土建、房建工程、土木建筑。

机电专业：暖通、给水排水、电气、机械设备、焊接、自动化控制、建筑环境与设备，名称中含有"机电""电气"或"机械"的。

燃气专业：燃气工程、燃气储配与应用、城市燃气输配、建筑环境与设备工程、石油天然气储运。

11. 通信工程施工总承包资质

通信工程专业：通信工程、有线通信、无线通信、电话交换、移动通信、卫星通信、数据通信、光纤通信、计算机通信、计算机、电子信息、软件、电子工程、信息工程、网络工程、自动化、信号、计算机应用、数据及多媒体、电磁场与微波技术。

12. 机电工程施工总承包资质

机电工程相关专业：暖通、给水排水、电气、机械设备、焊接、自动化控制、建筑环境与设备，名称中含有"机电""电气"或"机械"的。

暖通专业：管道工程、建筑环境与设备、环境工程、暖通、供热通风与空调、制冷与空调、水暖、采暖通风、暖通空调、公用设备安装。

给水排水专业：给水排水、建筑水电、建筑环境与设备、环境工程、管道工程。

电气专业：名称中含有"电气""机电"或"电力"的，发电、输变电、供配电、工企自动化、自控、建筑环境与设备、计算机应用。

机械设备专业：名称中含有"机械"或"机电"的，汽车拖拉机运用与修理、焊接工艺与设备、汽车工程、材料成型及控制工程、工业设计、过程装备与控制工程、车辆工程、汽车服务工程、汽车运用工程、物流装备。

焊接专业：焊接技术与工程、材料成型及控制工程（焊接方向）、焊接工艺与设备、焊接技术、焊接施工、机械焊接，名称中含有"机械""金属""汽车"或"船舶"的。

自动化控制专业：电气工程与智能控制、机械自动化、电气自动化、计算机应用、电子、仪表、自动控制、自动化、生产过程自动化、电力系统自动化、机电一体化。

二、专业承包类资质职称分类

1. 地基基础工程专业承包资质

结构专业：土木工程、工民建、结构、建筑施工、建筑工程、土建、房建工程、土木建筑。

岩土专业：岩土工程、地下建筑、隧道及地下建筑工程、地基与基础工程、工程地质和水文地质、勘察地球地理、工程地质、探矿工程、勘察技术与工程、地质勘查、水文地质、工程地质、放射地质、地质测绘、矿产地质与勘探、煤用地质勘查、岩土与地基。

机械专业：名称中含有"机械"或"机电"的，汽车拖拉机运用与修理、焊接工艺与设备、汽车工程、材料成型及控制工程、工业设计、过程装备与控制工程、车辆工程、汽车服务工程、汽车运用工程、物流装备。

测量专业：测量专业：名称中含有"测量"或"测绘"的，工程序列各职称专业。

2. 起重设备安装工程专业承包资质

机械专业：名称中含有"机械"或"机电"的，汽车拖拉机运用与修理、焊接工艺与设备、汽车工程、材料成型及控制工程、工业设计、过程装备与控制工程、车辆工程、汽车服务工程、汽车运用工程、物流装备。

电气专业：名称中含有"电气""机电"或"电力"的，发电、输变电、供配电、工企自动化、自控、建筑环境与设备、计算机应用。

3. 预拌混凝土专业承包资质

结构专业：土木工程、工民建、结构、建筑施工、建筑工程、土建、房建工程、土木建筑。

机械专业：名称中含有"机械"或"机电"的，汽车拖拉机运用与修理、焊接工艺与设备、汽车工程、材料成型及控制工程、工业设计、过程装备与控制工程、车辆工程、汽车服务工程、汽车运用工程、物流装备。

材料专业：化工材料、建筑材料，名称中含有"材料"的。

化工专业：名称中含有"化工"或"化学"的。

4. 电子与智能化工程专业承包资质

计算机专业：名称中含有"电子""计算机""信息""网络""数字""智能"或"软件"文字的，物联网工程，通过计算机技术与软件专业技术资格（水平）考试的。

电子专业：名称中含有"电子""计算机""信息""网络""数字""智能"或"软件"文字的，物联网工程，通过计算机技术与软件专业技术资格（水平）考试的。

通信专业：通信工程、有线通信、无线通信、电话交换、移动通信、卫星通信、数据通信、光纤通信、计算机通信、计算机、电子信息、软件、电子工程、信息工程、网络工程、自动化、信号、计算机应用、数据及多媒体、电磁场与微波技术。

自动化专业：电气工程与智能控制、机械自动化、电气自动化、计算机应用、电子、仪表、自动控制、自动化、生产过程自动化、电力系统自动化、机电一体化。

电气专业：名称中含有"电气""机电"或"电力"的，发电、输变电、供配电、工企自动化、自控、建筑环境与设备、计算机应用。

5. 消防设施工程专业承包资质

暖通专业：管道工程、建筑环境与设备、环境工程、暖通、供热通风与空调、制冷与空调、水暖、采暖通风、暖通空调、公用设备安装。

给水排水专业：给水排水、建筑水电、建筑环境与设备、环境工程、管道工程。

电气专业：名称中含有"电气""机电"或"电力"的，发电、输变电、供配电、工企自动化、自控、建筑环境与设备、计算机应用。

自动化专业：电气工程与智能控制、机械自动化、电气自动化、计算机应用、电子、仪表、自动控制、自动化、生产过程自动化、电力系统自动化、机电一体化。

6. 防水防腐保温工程专业承包资质

结构专业：土木工程、工民建、结构、建筑施工、建筑工程、土建、房建工程、土木建筑。

材料专业：化工材料、建筑材料，名称中含有"材料"的。

化工专业：名称中含有"化工"或"化学"的。

7. 桥梁工程专业承包资质

结构专业：土木工程、工民建、结构、建筑施工、建筑工程、土建、房建工程、土木建筑。

8. 隧道工程专业承包资质

地下工程专业：名称中含有"地下"的，水工、物探、岩土与地基、安全工程、爆炸技术及应用。

结构专业：土木工程、工民建、结构、建筑施工、建筑工程、土建、房建工程、土木建筑。

9. 钢结构工程专业承包资质

建筑工程相关专业：名称中含有"建筑""土木"的，工民建、结构、土建。

结构专业：土木工程、工民建、结构、建筑施工、建筑工程、土建、房建工程、土木建筑。

机械专业：名称中含有"机械"或"机电"的，汽车拖拉机运用与修理、焊接工艺与设备、汽车工程、材料成型及控制工程、工业设计、过程装备与控制工程、车辆工程、汽车服务工程、汽车运用工程、物流装备。

焊接专业：焊接技术与工程、材料成型及控制工程（焊接方向）、焊接工艺与设备、焊接技术、焊接施工、机械焊接，名称中含有"机械""金属""汽车"或"船舶"的。

10. 模板脚手架工程专业承包资质

结构专业：土木工程、工民建、结构、建筑施工、建筑工程、土建、房建工程、土木建筑。

机械专业：名称中含有"机械"或"机电"的，汽车拖拉机运用与修理、焊接工艺与设备、汽车工程、材料成型及控制工程、工业设计、过程装备与控制工程、车辆工程、汽车服务工程、汽车运用工程、物流装备。

电气专业：名称中含有"电气""机电"或"电力"的，发电、输变电、供配电、工企自动化、自控、建筑环境与设备、计算机应用。

11. 建筑装修装饰工程专业承包资质

建筑美术设计：建筑学、环境艺术、室内设计、装潢设计、舞美设计、工业设计、雕塑。

结构专业：土木工程、工民建、结构、建筑施工、建筑工程、土建、房建工程、土木建筑。

暖通专业：管道工程、建筑环境与设备、环境工程、暖通、供热通风与空调、制冷与空调、水暖、采暖通风、暖通空调、公用设备安装。

给水排水专业：给水排水、建筑水电、建筑环境与设备、环境工程、管道工程。

电气专业：名称中含有"电气""机电"或"电力"的，发电、输变电、供配电、工企自动化、自控、建筑环境与设备、计算机应用。

12. 建筑机电安装工程专业承包资质

机电工程相关专业：暖通、给水排水、电气、机械设备、焊接、自动化控制、建筑环境与设备，名称中含有"机电""电气"或"机械"的。

暖通专业：管道工程、建筑环境与设备、环境工程、暖通、供热通风与空调、制冷与空调、水暖、采暖通风、暖通空调、公用设备安装。

给水排水专业：给水排水、建筑水电、建筑环境与设备、环境工程、管道工程。

电气专业：名称中含有"电气""机电"或"电力"的，发电、输变电、供配电、工企自动化、自控、建筑环境与设备、计算机应用。

机械设备专业：名称中含有"机械"或"机电"的，汽车拖拉机运用与修理、焊接工艺与设备、汽车工程、材料成型及控制工程、工业设计、过程装备与控制工程、车辆工程、汽车服务工程、汽车运用工程、物流装备。

焊接专业：焊接技术与工程、材料成型及控制工程（焊接方向）、焊接工艺与设备、焊接技术、焊接施工、机械焊接，名称中含有"机械""金属""汽车"或"船舶"的。

自动化控制专业：电气工程与智能控制、机械自动化、电气自动化、计算机应用、电子、仪表、自动控制、自动化、生产过程自动化、电力系统自动化、机电一体化。

13. 建筑幕墙工程专业承包资质

结构专业：土木工程、工民建、结构、建筑施工、建筑工程、土建、房建工程、土木建筑。

机械专业：名称中含有"机械"或"机电"的，汽车拖拉机运用与修理、焊接工艺与设备、汽车工程、材料成型及控制工程、工业设计、过程装备与控制工程、车辆工程、汽车服务工程、汽车运用工程、物流装备。

14. 古建筑工程专业承包资质

结构专业：土木工程、工民建、结构、建筑施工、建筑工程、土建、房建工程、土木建筑。

风景园林专业：名称中含有"风景""园林"或"规划"的，景观学、建筑学、建筑设计。

15. 城市及道路照明工程专业承包资质

市政公用工程：市政公用工程施工总承包资质中的"市政工程相关专业"。

电气专业：名称中含有"电气""机电"或"电力"的，发电、输变电、供配电、工企自动化、自控、建筑环境与设备、计算机应用。

机电专业：电气工程与智能控制、机械自动化、电气自动化、计算机应用、电子、仪表、自动控制、自动化、生产过程自动化、电力系统自动化、机电一体化。

自动化专业：电气工程与智能控制、机械自动化、电气自动化、计算机应用、电子、仪表、自动控制、自动化、生产过程自动化、电力系统自动化、机电一体化。

光源与照明专业：光电子、照明、光源、气体放电、光辐射、真空物理、照明设计、灯具设计、电气、光源电器、光电技术。

园林景观专业：名称中含有"风景""园林"或"规划"的，景观学、建筑学、建筑设计。

结构专业：土木工程、工民建、结构、建筑施工、建筑工程、土建、房建工程、土木建筑。

16. 公路路面工程专业承包资质

公路工程相关专业：公路工程、桥梁工程、公路与桥梁工程、交通土建、隧道（地下结构）工程、交通工程、路桥、道路、桥梁、桥隧、隧道、道路桥梁、公路与城市道路建设、土木工程（路桥方向）。

17. 公路路基工程专业承包资质

公路工程相关专业：公路工程、桥梁工程、公路与桥梁工程、交通土建、隧道（地下结构）工程、交通工程、路桥、道路、桥梁、桥隧、隧道、道路桥梁、公路与城市道路建设、土木工程（路桥方向）。

18. 公路交通工程专业承包资质

公路工程相关专业：公路工程、桥梁工程、公路与桥梁工程、交通土建、隧道（地下结构）工程、交通工程、路桥、道路、桥梁、桥隧、隧道、道路桥梁、公路与城市道路建设、土木工程（路桥方向）。

机械专业：名称中含有"机械"或"机电"的，汽车拖拉机运用与修理、焊接工艺与设备、汽车工程、材料成型及控制工程、工业设计、过程装备与控制工程、车辆工程、汽车服务工程、汽车运用工程、物流装备。

工业自动化：自动化、自动控制、计算机、电子、智能化、交通信号、交通通信、交通工程、电气工程与智能控制、计算数学、机电一体化。

电子专业：名称中含有"电子""计算机""信息""网络""数字""智能"或"软件"文字的，物联网工程，通过计算机技术与软件专业技术资格（水平）考试的。

通信专业：通信工程、有线通信、无线通信、电话交换、移动通信、卫星通信、数据通信、光纤通信、计算机通信、计算机、电子信息、软件、电子工程、信息工程、网络工程、自动化、信号、计算机应用、数据及多媒体、电磁场与微波技术。

计算机专业：名称中含有"电子""计算机""信息""网络""数字""智能"或"软件"文字的，物联网工程，通过计算机技术与软件专业技术资格（水平）考试的。

19. 铁路电务工程专业承包资质

铁路通信、信号专业：通信工程、有线通信、无线通信、电话交换、移动通信、卫星通信、数据通信、光纤通信、计算机通信、计算机、电子信息、软件、电子工程、信息工程、网络工程、自动化、信号、计算机应用、数据及多媒体、电磁场与微波技术。

电力工程专业：热能动力工程、水能动力工程、核电工程、风电、太阳能及其他能源工程、输配电及用电工程、电力系统及其自动化、发电、输变电、供配电、高压电与绝缘技术，名称中含有"电力"的。

20. 铁路铺轨架梁工程专业承包资质

铁道工程相关专业：铁道工程、桥梁工程、隧道工程、铁路线路、站场、路基、轨道等专业。

21. 铁路电气化工程专业承包资质

铁路电气化工程相关专业：铁路电气化、供电、变配电、接触网、电气工程及其自动化、电力系统及其自动化、电力传动。

22. 机场场道工程专业承包资质

机场场道工程相关专业：机场工程、场道（或道路）、桥隧、岩土、排水、测量、检测。

23. 民航空管工程及机场弱电系统工程专业承包资质

民航空管工程及机场弱电系统工程相关专业：机场工程、电子、电气、通信、计算机、自动控制。

24. 机场目视助航工程专业承包资质

机场目视助航工程相关专业：机场工程、电力、电气、自动控制、计算机。

25. 港口与海岸工程专业承包资质

港口与航道专业：港口与航道、港口航道与海岸、港口海岸及治河、水工钢筋混凝土结构学、航道整治、港口规划与布置、港口水工建筑物、水运工程。

机械专业：名称中含有"机械"或"机电"的，汽车拖拉机运用与修理、焊接工艺与设备、汽车工程、材料成型及控制工程、工业设计、过程装备与控制工程、车辆工程、汽车服务工程、汽车运用工程、物流装备。

电气专业：名称中含有"电气""机电"或"电力"的，发电、输变电、供配电、工企自动化、自控、建筑环境与设备、计算机应用。

26. 航道工程专业承包资质

港口与航道专业：港口与航道、港口航道与海岸、港口海岸及治河、水工钢筋混凝土结构学、航道整治、港口规划与布置、港口水工建筑物、水运工程。

机械专业：名称中含有"机械"或"机电"的，汽车拖拉机运用与修理、焊接工艺与设备、汽车工程、材料成型及控制工程、工业设计、过程装备与控制工程、车辆工程、汽车服务工程、汽车运用工程、物流装备。

电气专业：名称中含有"电气""机电"或"电力"的，发电、输变电、供配电、工企自动化、自控、建筑环境与设备、计算机应用。

27. 通航建筑物工程专业承包资质

港口与航道专业：港口与航道、港口航道与海岸、港口海岸及治河、水工钢筋混凝土结构学、航道整治、港口规划与布置、港口水工建筑物、水运工程。

机械专业：名称中含有"机械"或"机电"的，汽车拖拉机运用与修理、焊接工艺与设备、汽车工程、材料成型及控制工程、工业设计、过程装备与控制工程、车辆工程、汽车服务工程、汽车运用工程、物流装备。

电气专业：名称中含有"电气""机电"或"电力"的，发电、输变电、供配电、工企自动化、自控、建筑环境与设备、计算机应用。

28. 港航设备安装及水上交管工程专业承包资质

机电专业：暖通、给水排水、电气、机械设备、焊接、自动化控制，名称中含有"机电""电气"或"机械"的，建筑环境与设备。

通信工程专业：通信工程、有线通信、无线通信、电话交换、移动通信、卫星通信、数据通信、光纤通信、计算机通信、计算机、电子信息、软件、电子工程、信息工程、网络工程、自动化、信号、计算机应用、数据及多媒体、电磁场与微波技术。

29. 水工金属结构制作与安装工程专业承包资质

水利水电工程相关专业：水利水电工程建筑、水利工程施工、农田水利工程、水电站动力设备、电力系统及自动化、水力学及河流动力学、水文与水资源、工程地质及水文地质、水利机械。

焊接专业：焊接技术与工程、材料成型及控制工程（焊接方向）、焊接工艺与设备、焊接技术、焊接施工、机械焊接，名称中含有"机械""金属""汽车"或"船舶"的。

30. 水利水电机电安装工程专业承包资质

水利水电工程相关专业：水利水电工程建筑、水利工程施工、农田水利工程、水电站动力设备、电力系统及自动化、水力学及河流动力学、水文与水资源、工程地质及水文地质、水利机械。

电气专业：名称中含有"电气""机电"或"电力"的，发电、输变电、供配电、工企自动化、自控、建筑环境与设备、计算机应用。

焊接专业：焊接技术与工程、材料成型及控制工程（焊接方向）、焊接工艺与设备、焊接技术、焊接施工、机械焊接，名称中含有"机械""金属""汽车"或"船舶"的。

调试专业：水轮机调试、水轮发电机调试。

31. 河湖整治工程专业承包资质

水利水电工程相关专业：水利水电工程建筑、水利工程施工、农田水利工程、水电站动力设备、电力系统及自动化、水力学及河流动力学、水文与水资源、工程地质及水文地质、水利机械。

治河专业：港口航道与治河工程、河务工程与管理、港口与航道、水利水电、水文与水资源。

船舶机械专业：轮机工程、船舶工程、船舶检验、船机制造与维修、船舶电气工程、船舶电子电气。

32. 输变电工程专业承包资质

电力工程专业：热能动力工程、水能动力工程、核电工程、风电、太阳能及其他能源工程、输配电及用电工程、电力系统及其自动化、发电、输变电、供配电、高压电与绝缘技术，名称中含有"电力"的。

33. 核工程专业承包资质

核工程与核技术专业：核能科学与工程、核燃料循环与材料、核技术及应用、核辐射防护与环境保护。

34. 海洋石油工程专业承包资质

结构专业：土木工程、工民建、结构、建筑施工、建筑工程、土建、房建工程、土木建筑。

电气专业：名称中含有"电气""机电"或"电力"的，发电、输变电、供配电、工企自动化、自控、建筑环境与设备、计算机应用。

机械专业：名称中含有"机械"或"机电"的，汽车拖拉机运用与修理、焊接工艺与设备、汽车工程、材料成型及控制工程、工业设计、过程装备与控制工程、车辆工程、汽车服务工程、汽车运用工程、物流装备。

自动控制专业：电气工程与智能控制、机械自动化、电气自动化、计算机应用、电子、仪表、自动控制、自动化、生产过程自动化、电力系统自动化、机电一体化。

安全环保专业：名称中含有"环保"或"环境"的，环境保护工程、环境生化与环境治理、环境质量监测、环境质量评估、环境规划与管理、环境工程、环境监测、环境宣传教育、环境保护、环境艺术设计、安全工程。

35. 环保工程专业承包资质

环保专业：名称中含有"环保"或"环境"的，环境保护工程、环境生化与环境治理、环境质量监测、环境质量评估、环境规划与管理、环境工程、环境监测、环境宣传教育、环境保护、环境艺术设计。

结构专业：土木工程、工民建、结构、建筑施工、建筑工程、土建、房建工程、土木建筑。

机械专业：名称中含有"机械"或"机电"的，汽车拖拉机运用与修理、焊接工艺与设备、汽车工程、材料成型及控制工程、工业设计、过程装备与控制工程、车辆工程、汽车服务工程、汽车运用工程、物流装备。

通风专业：通风、管道工程、建筑环境与设备、环境工程、暖通、供热通风与空调、制冷与空调、水暖、采暖通风、暖通空调、爆破。给水排水（水处理）：给水排水、建筑水电、建筑环境与设备、环境工程、管道工程。

电气控制专业：名称中含有"电气""机电"或"电力"的，发电、输变电、供配电、工企自动化、自控、建筑环境与设备、计算机应用。

36. 特种工程专业承包资质

结构专业：土木工程、工民建、结构、建筑施工、建筑工程、土建、房建工程、土木建筑。

岩土专业：岩土工程、地下建筑、隧道及地下建筑工程、地基与基础工程、工程地质和水文地质、勘察地球地理、工程地质、探矿工程、勘察技术与工程、地质勘查、水文地质、工程地质、放射地质、地质测绘、矿产地质与勘探、煤用地质勘察、岩土与地基。

机械专业：名称中含有"机械"或"机电"的，汽车拖拉机运用与修理、焊接工艺与设备、汽车工程、材料成型及控制工程、工业设计、过程装备与控制工程、车辆工程、汽车服务工程、汽车运用工程、物流装备。

第3章 2014版《建筑业企业资质标准》内容

第1节 建筑业企业资质标准概述

为规范建筑市场秩序，加强建筑活动监管，保证建设工程质量安全，促进建筑业科学发展，根据《中华人民共和国建筑法》《中华人民共和国行政许可法》《建设工程质量管理条例》和《建设工程安全生产管理条例》等法律、法规，2014年11月6日，住房和城乡建设部印发《建筑业企业资质等级标准》（建市〔2014〕159号），该标准自2015年1月1日起施行。

一、资质分类

建筑业企业资质分为施工总承包、专业承包和施工劳务三个序列。其中施工总承包序列设有12个类别，一般分为4个等级（特级、一级、二级、三级）；专业承包序列设有36个类别，一般分为3个等级（一级、二级、三级）；施工劳务序列不分类别和等级。本标准包括建筑业企业资质各个序列、类别和等级的资质标准。

二、基本条件

具有法人资格的企业申请建筑业企业资质应具备下列基本条件：
（一）具有满足本标准要求的资产；
（二）具有满足本标准要求的注册建造师及其他注册人员、工程技术人员、施工现场管理人员和技术工人；
（三）具有满足本标准要求的工程业绩；
（四）具有必要的技术装备。

三、业务范围

（一）施工总承包工程应由取得相应施工总承包资质的企业承担。取得施工总承包资质的企业可以对所承接的施工总承包工程内各专业工程全部自行施工，也可以将专业工程依法进行分包。对设有资质的专业工程进行分包时，应分包给具有相应专业承包资质的企业。施工总承包企业将劳务作业分包时，应分包给具有施工劳务资质的企业。

（二）设有专业承包资质的专业工程单独发包时，应由取得相应专业承包资质的企业承担。取得专业承包资质的企业可以承接具有施工总承包资质的企业依法分包的专业工程或建设单位依法发包的专业工程。取得专业承包资质的企业应对所承接的专业工程全部自行组织施工，劳务作业可以分包，但应分包给具有施工劳务资质的企业。

（三）取得施工劳务资质的企业可以承接具有施工总承包资质或专业承包资质的企业分包的劳务作业。

（四）取得施工总承包资质的企业，可以从事资质证书许可范围内的相应工程总承包、工程项目管理等业务。

四、有关说明

（一）本标准"注册建造师或其他注册人员"是指取得相应的注册证书并在申请资质企业注册的人员；"持有岗位证书的施工现场管理人员"是指持有国务院有关行业部门认可单位颁发的岗位（培训）证书的施工现场管理人员，或按照相关行业标准规定，通过有关部门或行业协会职业能力评价，取得职业能力评价合格证书的人员；"经考核或培训合格的技术工人"是指经国务院有关行业部门、地方有关部门以及行业协会考核或培训合格的技术工人。

（二）本标准"企业主要人员"年龄限60周岁以下。

（三）本标准要求的职称是指工程序列职称。

（四）施工总承包资质标准中的"技术工人"包括企业直接聘用的技术工人和企业全资或控股的劳务企业的技术工人。

（五）本标准要求的工程业绩是指申请资质企业依法承揽并独立完成的工程业绩。

（六）本标准"配套工程"含厂/矿区内的自备电站、道路、专用铁路、通信、各种管网管线和相应建筑物、构筑物等全部配套工程。

（七）本标准的"以上""以下""不少于""超过""不超过"均包含本数。

（八）施工总承包特级资质标准另行制定。

第2节 施工总承包序列企业资质标准

1. 建筑工程施工总承包资质标准（表3-1）

建筑工程施工总承包资质标准　　　　　　表3-1

指标	2014版
1.1 一级资质标准	
1.1.1 企业资产	净资产1亿元以上
1.1.2 企业主要人员	（1）建筑工程、机电工程专业一级注册建造师合计不少于12人，其中建筑工程专业一级注册建造师不少于9人。 （2）技术负责人具有10年以上从事工程施工技术管理工作经历，且具有结构专业高级职称；建筑工程相关专业中级以上职称人员不少于30人，且结构、给水排水、暖通、电气等专业齐全。 （3）持有岗位证书的施工现场管理人员不少于50人，且施工员、质量员、安全员、机械员、造价员、劳务员等人员齐全。 （4）经考核或培训合格的中级工以上技术工人不少于150人

续表

指标	2014 版
1.1.3 企业工程业绩	近 5 年承担过下列 4 类中的 2 类工程的施工总承包或主体工程承包，工程质量合格。 （1）地上 25 层以上的民用建筑工程 1 项或地上 18～24 层的民用建筑工程 2 项； （2）高度 100 米以上的构筑物工程 1 项或高度 80～100 米（不含）的构筑物工程 2 项； （3）建筑面积 12 万平方米以上的建筑工程 1 项或建筑面积 10 万平方米以上的建筑工程 2 项； （4）钢筋混凝土结构单跨 30 米以上（或钢结构单跨 36 米以上）的建筑工程 1 项或钢筋混凝土结构单跨 27～30 米（不含）[或钢结构单跨 30～36 米（不含）] 的建筑工程 2 项
1.1.4 承包工程范围	可承担下列建筑工程的施工： （1）高度 200 米以下的工业、民用建筑工程； （2）高度 240 米以下的构筑物工程
1.2 二级资质标准	
1.2.1 企业资产	净资产 4000 万元以上
1.2.2 企业主要人员	（1）建筑工程、机电工程专业注册建造师合计不少于 12 人，其中建筑工程专业注册建造师不少于 9 人。 （2）技术负责人具有 8 年以上从事工程施工技术管理工作经历，且具有结构专业高级职称或建筑工程专业一级注册建造师执业资格；建筑工程相关专业中级以上职称人员不少于 15 人，且结构、给水排水、暖通、电气等专业齐全。 （3）持有岗位证书的施工现场管理人员不少于 30 人，且施工员、质量员、安全员、机械员、造价员、劳务员等人员齐全。 （4）经考核或培训合格的中级工以上技术工人不少于 75 人
1.2.3 企业工程业绩	近 5 年承担过下列 4 类中的 2 类工程的施工总承包或主体工程承包，工程质量合格。 （1）地上 12 层以上的民用建筑工程 1 项或地上 8～11 层的民用建筑工程 2 项； （2）高度 50 米以上的构筑物工程 1 项或高度 35～50 米（不含）的构筑物工程 2 项； （3）建筑面积 6 万平方米以上的建筑工程 1 项或建筑面积 5 万平方米以上的建筑工程 2 项； （4）钢筋混凝土结构单跨 21 米以上（或钢结构单跨 24 米以上）的建筑工程 1 项或钢筋混凝土结构单跨 18～21 米（不含）[或钢结构单跨 21～24 米（不含）] 的建筑工程 2 项
1.2.4 承包工程范围	可承担下列建筑工程的施工： （1）高度 100 米以下的工业、民用建筑工程； （2）高度 120 米以下的构筑物工程； （3）建筑面积 15 万平方米以下的建筑工程； （4）单跨跨度 39 米以下的建筑工程

续表

指标	2014版
1.3 三级资质标准	
1.3.1 企业资产	净资产800万元以上
1.3.2 企业主要人员	（1）建筑工程、机电工程专业注册建造师合计不少于5人，其中建筑工程专业注册建造师不少于4人； （2）技术负责人具有5年以上从事工程施工技术管理工作经历，且具有结构专业中级以上职称或建筑工程专业注册建造师执业资格，建筑工程相关专业中级以上职称人员不少于6人，且结构、给水排水、电气等专业齐全； （3）持有岗位证书的施工现场管理人员不少于15人，且施工员、质量员、安全员、机械员、造价员、劳务员等人员齐全； （4）经考核或培训合格的中级工以上技术工人不少于30人； （5）技术负责人（或注册建造师）主持完成过本类别资质二级以上标准要求的工程业绩不少于2项
1.3.3 企业工程业绩	
1.3.4 承包工程范围	可承担下列建筑工程的施工： （1）高度50米以下的工业、民用建筑工程； （2）高度70米以下的构筑物工程； （3）建筑面积8万平方米以下的建筑工程； （4）单跨跨度27米以下的建筑工程

注：（1）建筑工程是指各类结构形式的民用建筑工程、工业建筑工程、构筑物工程以及相配套的道路、通信、管网管线等设施工程。工程内容包括地基与基础、主体结构、建筑屋面、装修装饰、建筑幕墙、附建人防工程以及给水排水及供暖、通风与空调、电气、消防、防雷等配套工程。
（2）建筑工程相关专业职称包括结构、给水排水、暖通、电气等专业职称。
（3）超出建筑工程施工总承包二级资质承包工程范围的建筑工程的施工，应由建筑工程施工总承包一级资质企业承担

2. 公路工程施工总承包资质标准（表3-2）

公路工程施工总承包资质标准　　表3-2

指标	2014版
1.1 一级资质标准	
1.1.1 企业资产	净资产1亿元以上
1.1.2 企业主要人员	（1）公路工程专业一级注册建造师不少于15人； （2）技术负责人具有15年以上从事工程施工技术管理工作经历，且具有公路工程相关专业高级职称；公路工程相关专业中级以上职称人员不少于75人； （3）持有岗位证书的施工现场管理人员不少于25人，且施工员、安全员、造价员等人员齐全； （4）经考核或培训合格的中级工以上技术工人不少于50人
1.1.3 企业工程业绩	近10年承担过下列4类中的3类工程的施工，工程质量合格。 （1）累计修建一级以上公路路基100公里以上； （2）累计修建二级以上等级公路路面（不少于2层且厚度10厘米以上沥青混凝土路面，或22厘米以上水泥混凝土路面）300万平方米以上； （3）累计修建单座桥长≥500米或单跨跨度≥100米的桥梁6座以上； （4）累计修建单座隧道长≥1000米的公路隧道2座以上，或单座隧道长≥500米的公路隧道3座以上

续表

指标		2014版
1.1.4	技术装备	具有下列机械设备： (1) 160吨/小时以上沥青混凝土拌和设备3台； (2) 120立方米/小时以上水泥混凝土拌和设备4台； (3) 300吨/小时以上稳定土拌和设备4台； (4) 摊铺宽度12米以上的沥青混凝土摊铺设备6台； (5) 各型压路机20台（其中沥青混凝土压实设备10台，大型土方振动压实设备10台）； (6) 扭矩200千牛·米以上的钻机2台； (7) 80吨以上自行式架桥机2套； (8) 水泥混凝土泵车4台； (9) 隧道掘进设备2台，水泥混凝土喷射泵4台，压浆设备2台
1.1.5	承包工程范围	可承担各级公路及其桥梁，长度3000米以下的隧道工程的施工
1.2 二级资质标准		
1.2.1	企业资产	净资产4000万元以上
1.2.2	企业主要人员	(1) 公路工程专业注册建造师不少于15人。 (2) 技术负责人具有8年以上从事工程施工技术管理工作经历，且具有公路工程相关专业高级职称或公路工程专业一级注册建造师执业资格；公路工程相关专业中级以上职称人员不少于50人。 (3) 持有岗位证书的施工现场管理人员不少于15人，且施工员、安全员、造价员等人员齐全。 (4) 经考核或培训合格的中级工以上技术工人不少于30人
1.2.3	企业工程业绩	近10年承担过下列3类工程的施工，工程质量合格。 (1) 累计修建三级以上公路路基200公里以上； (2) 累计修建四级以上公路路面（厚度5厘米以上沥青混凝土路面或20厘米以上水泥混凝土路面）200万平方米以上； (3) 累计修建单座桥长≥100米或单跨跨度≥40米的桥梁4座以上
1.2.4	技术装备	技术装备具有下列机械设备： (1) 120吨/小时以上沥青混凝土拌和设备2台； (2) 60立方米/小时以上水泥混凝土拌和设备2台； (3) 300吨/小时以上稳定土拌和设备2台； (4) 摊铺宽度8米以上的沥青混凝土摊铺设备2台； (5) 120千瓦以上平地机3台； (6) 1立方米以上挖掘机3台； (7) 100千瓦以上推土机3台； (8) 各型压路机10台（其中沥青混凝土压实设备4台，大型土方振动压实设备2台）； (9) 扭矩200千牛·米以上的钻机1台； (10) 80吨以上自行式架桥机1套； (11) 50吨以上吊车1台； (12) 水泥混凝土泵车2台； (13) 隧道掘进设备1台，水泥混凝土喷射泵2台，压浆设备1台

指标	2014版
	续表
1.2.5 承包工程范围	可承担一级以下公路，单座桥1000米以下、单跨跨度150米以下的桥梁，长度1000米以下的隧道工程的施工
1.3 三级资质标准	
1.3.1 企业资产	净资产800万元以上
1.3.2 企业主要人员	（1）公路工程专业注册建造师不少于8人。 （2）技术负责人具有6年以上从事工程施工技术管理工作经历，且具有公路工程相关专业中级以上职称或公路工程专业注册建造师执业资格；公路工程相关专业中级以上职称人员不少于15人。 （3）持有岗位证书的现场管理人员不少于8人，且施工员、安全员、造价员等人员齐全。 （4）企业具有经考核或培训合格的中级工以上技术工人不少于15人。 （5）技术负责人（或注册建造师）主持完成过本类别资质二级以上标准要求的工程业绩不少于2项
1.3.3 企业工程业绩	
1.3.4 技术装备	具有下列机械设备： （1）100吨/小时以上沥青混凝土拌和设备1台； （2）50立方米/小时以上水泥混凝土拌和设备1台； （3）摊铺宽度4.5米以上沥青混凝土摊铺设备2台； （4）8吨以上压路机5台； （5）1立方米以上挖掘机2台； （6）120千瓦以上平地机2台； （7）30吨以上吊车1台
1.3.5 承包工程范围	可承担二级以下公路，单座桥长500米以下、单跨跨度50米以下的桥梁工程的施工

注：公路工程相关专业职称包括公路工程、桥梁工程、公路与桥梁工程、交通土建、隧道（地下结构）工程、交通工程等专业职称

3. 铁路工程施工总承包资质标准（表3-3）

铁路工程施工总承包资质标准　　　　　　　　　　　　　　　　　　　表3-3

指标	2014版
1.1 一级资质标准	
1.1.1 企业资产	净资产1亿元以上
1.1.2 企业主要人员	（1）铁路工程专业一级注册建造师不少于15人。 （2）技术负责人具有10年以上从事铁路工程施工技术管理工作经历，且具有铁道工程（或桥梁工程或隧道工程）专业高级职称；铁道工程相关专业中级以上职称人员不少于75人。 （3）持有岗位证书的施工现场管理人员不少于50人，且施工员、测量员、质量员、安全员、试验员、材料员、标准员、机械员、劳务员、资料员齐全。 （4）经考核或培训合格的中级工以上技术工人不少于200人

续表

指标	2014版
1.1.3 企业工程业绩	近10年承担过下列5类中的3类工程的施工，其中至少有第1类所列工程，工程质量合格。 （1）累计150公里以上Ⅰ级铁路综合工程（不包括铁路电务、电气化和铺轨架梁工程）； （2）2座全长1000米以上铁路隧道； （3）3座单跨32米且桥长100米以上的铁路桥梁； （4）2个单项合同额5000万元以上新建或改建站场； （5）2个单项合同额1亿元以上的总承包铁路综合工程（不包括铁路电务、电气化和铺轨架梁工程）
1.1.4 承包工程范围	可承担新建、改建30公里以下Ⅰ级铁路工程施工，以及Ⅱ、Ⅲ、Ⅳ级铁路工程施工（不包括钢板梁桥和单跨大于64米的桥梁、全长3000米以上的隧道，以及铁路电务、电气化和铺轨架梁工程专业承包资质范围内的工程）
1.2 二级资质标准	
1.2.1 企业资产	净资产4000万元以上
1.2.2 企业主要人员	（1）铁路工程专业一级注册建造师不少于8人。 （2）技术负责人具有8年以上从事铁路工程施工技术管理工作经历，且具有铁道工程（或桥梁工程或隧道工程）专业高级职称；铁道工程相关专业中级以上职称人员不少于40人。 （3）持有岗位证书的施工现场管理人员不少于30人，且施工员、测量员、质量员、安全员、试验员、材料员、标准员、机械员、劳务员、资料员等人员齐全。 （4）经考核或培训合格的中级工以上技术工人不少于100人
1.2.3 企业工程业绩	近10年承担过下列5类中的3类工程的施工，其中至少有第1类所列工程，工程质量合格。 （1）累计60公里以上铁路综合工程（不包括铁路电务、电气化和铺轨架梁工程）； （2）3座全长100米以上铁路隧道； （3）8座单跨24米的铁路桥梁； （4）3座中间站； （5）2个单项合同额2000万元以上的总承包铁路综合工程（不包括铁路电务、电气化和铺轨架梁工程）
1.2.4 承包工程范围	可承担新建、改建15公里以下Ⅰ级铁路工程、30公里以下Ⅱ、Ⅲ、Ⅳ级铁路工程施工（不包括钢桁梁、钢板梁桥及单跨大于32米的桥梁、全长1200米以上的隧道，以及铁路电务、电气化和铺轨架梁工程专业承包资质范围内的工程）
1.3 三级资质标准	
1.3.1 企业资产	净资产800万元以上

续表

指标	2014版
1.3.2　企业主要人员	（1）铁路工程专业一级注册建造师不少于3人。 （2）技术负责人具有5年以上从事铁路工程施工技术管理工作经历，且具有铁道工程（或桥梁工程或隧道工程）专业中级以上职称；铁道工程相关专业中级以上职称人员不少于20人。 （3）持有岗位证书的施工现场管理人员不少于20人，且施工员、测量员、质量员、安全员、试验员、材料员、标准员、机械员、劳务员、资料员等人员齐全。 （4）经考核或培训合格的中级工以上技术工人不少于50人。 （5）技术负责人（或注册建造师）主持完成过本类别资质二级以上标准要求的工程业绩不少于2项
1.3.3　企业工程业绩	
1.3.4　承包工程范围	可承担新建、改建15公里以下Ⅲ、Ⅳ级铁路综合工程的施工（不包括钢桁梁、钢板梁桥及单跨大于24米的桥梁、全长200米以上的隧道，以及铁路电务、电气化和铺轨架梁工程专业承包资质范围内的工程）

注：铁道工程相关专业职称包括铁道工程、桥梁工程、隧道工程以及铁路线路、站场、路基、轨道等专业职称

4. 港口与航道工程施工总承包资质标准（表3-4）

港口与航道工程施工总承包资质标准　　　　　表3-4

指标	2014版
	1.1　一级资质标准
1.1.1　企业资产	净资产1亿元以上
1.1.2　企业主要人员	（1）港口与航道工程专业一级注册建造师不少于15人。 （2）技术负责人具有10年以上从事工程施工技术管理工作经历，且具有港口与航道工程专业高级职称；工程序列中级以上职称人员不少于60人，其中港口与航道工程、机械、电气等专业齐全。 （3）持有岗位证书的施工现场管理人员不少于25人，且质量员、安全员等人员齐全。 （4）经考核或培训合格的中级工以上技术工人（含施工船员）不少于75人
1.1.3　企业工程业绩	近5年承担过下列10类中的5类工程的施工，工程质量合格。 （1）沿海5万吨级或内河2000吨级以上码头工程； （2）5万吨级以上船坞工程； （3）水深大于5米的防波堤工程600米以上； （4）沿海5万吨级或内河1000吨级以上航道工程； （5）1000吨级以上船闸或300吨级以上升船机工程； （6）500万立方米以上疏浚工程； （7）400万立方米以上吹填造地工程； （8）沿海20万平方米或内河10万平方米以上港区堆场工程； （9）1000米以上围堤护岸工程； （10）5万立方米以上水下炸礁、清礁工程

续表

指标	2014版
1.1.4 技术装备	具有下列7项中的2项施工机械设备： （1）架高60米以上打桩船； （2）200吨以上起重船； （3）3000吨级以上半潜驳或100立方米/小时以上混凝土搅拌船； （4）排宽40米以上铺排船； （5）2000立方米以上舱容耙吸式挖泥船； （6）总装机功率5000千瓦以上绞吸式挖泥船； （7）8立方米以上斗容挖泥船
1.1.5 承包工程范围	可承担各类港口与航道工程的施工，包括码头、防波堤、护岸、围堰、堆场道路和陆域构筑物、筒仓、船坞、船台、滑道、船闸、升船机、水下地基及基础、土石方、海上灯塔、航标、栈桥、人工岛及平台、海上风电、海岸与近海工程、港口装卸设备机电安装、通航建筑设备机电安装、河海航道整治与渠化工程、疏浚与吹填造地、水下开挖与清障、水下炸礁清礁等工程
1.2 二级资质标准	
1.2.1 企业资产	净资产4000万元以上
1.2.2 企业主要人员	（1）港口与航道工程专业一级注册建造师不少于8人。 （2）技术负责人具有8年以上从事工程施工技术管理工作经历，且具有港口与航道工程专业高级职称或港口与航道工程专业一级注册建造师执业资格；工程序列中级以上职称人员不少于30人，其中港口与航道工程、机械、电气等专业齐全。 （3）持有岗位证书的施工现场管理人员不少于15人，且质量员、安全员等人员齐全。 （4）经考核或培训合格的中级工以上技术工人（含施工船员）不少于50人
1.2.3 企业工程业绩	近5年承担过下列10类中的5类工程的施工，工程质量合格。 （1）沿海1万吨级或内河1000吨级以上码头工程； （2）1万吨级以上船坞工程； （3）水深大于3米的防波堤工程300米以上； （4）沿海2万吨级或内河300吨级以上航道工程； （5）300吨级以上船闸或50吨级以上升船机工程； （6）200万立方米以上疏浚工程； （7）150万立方米以上吹填造地工程； （8）沿海10万平方米或内河5万平方米以上港区堆场工程； （9）500米以上围堤护岸工程； （10）3万立方米以上水下炸礁、清礁工程
1.2.4 技术装备	具有下列5项中的2项施工机械设备： （1）架高30米以上打桩船； （2）80吨以上起重船； （3）排宽20米以上铺排船； （4）总装机功率1600千瓦以上绞吸式挖泥船； （5）4立方米以上斗容挖泥船

续表

指标	2014版
1.2.5　承包工程范围	可承担下列港口与航道工程的施工，包括沿海5万吨级和内河5000吨级以下码头、水深小于7米的防波堤、5万吨级以下船坞船台和滑道工程、1000吨级以下船闸和300吨级以下升船机工程、沿海5万吨级和内河1000吨级以下航道工程、600万立方米以下疏浚工程或陆域吹填工程、沿海28万平方米或内河12万平方米以下堆场工程、1200米以下围堤护岸工程、6万立方米以下水下炸礁清礁工程，以及与其相对应的道路与陆域构筑物、筒仓、水下地基及基础、土石方、航标、栈桥、海岸与近海工程、港口装卸设备机电安装、通航建筑设备机电安装、水下开挖与清障等工程
\multicolumn{2}{c}{1.3　三级资质标准}
1.3.1　企业资产	净资产800万元以上
1.3.2　企业主要人员	(1) 港口与航道工程专业一级注册建造师不少于5人。 (2) 技术负责人具有5年以上从事工程施工技术管理工作经历，且具有港口与航道工程专业高级职称或港口与航道工程专业一级注册建造师执业资格；工程序列中级以上职称人员不少于10人，其中港口与航道工程、机械、电气等专业齐全。 (3) 持有岗位证书的施工现场管理人员不少于10人，且质量员、安全员等人员齐全。 (4) 经考核或培训合格的中级工以上技术工人（含施工船员）不少于30人。 (5) 技术负责人（或注册建造师）主持完成过本类别资质二级以上标准要求的工程业绩不少于2项
1.3.3　企业工程业绩	
1.3.4　技术装备	具有下列4项中的2项施工机械设备： (1) 打桩船； (2) 起重船； (3) 总装机功率1200千瓦以上挖泥船； (4) 2立方米以上斗容挖泥船
1.3.5　承包工程范围	可承担下列港口与航道工程的施工，包括沿海1万吨级和内河3000吨级以下码头、水深小于4米的防波堤、1万吨级以下船坞船台和滑道工程、300吨级以下船闸和50吨级以下升船机工程、沿海2万吨级和内河500吨级以下航道工程、300万立方米以下疏浚工程或陆域吹填工程、沿海12万平方米或内河7万平方米以下港区堆场工程、800米以下围堤护岸工程、4万立方米以下水下炸礁清礁工程，以及与其相对应的道路与陆域构筑物、筒仓、水下地基及基础、土石方、航标、栈桥、海岸与近海工程、港口装卸设备安装、通航建筑设备安装、水下开挖与清障等工程

5. 水利水电工程施工总承包资质标准（表 3-5）

水利水电工程施工总承包资质标准　　　　表 3-5

指标	2014 版
\multicolumn{2}{c}{1.1 一级资质标准}
1.1.1　企业资产	净资产 1 亿元以上
1.1.2　企业主要人员	（1）水利水电工程专业一级注册建造师不少于 15 人。 （2）技术负责人具有 10 年以上从事工程施工技术管理工作经历，且具有水利水电工程相关专业高级职称；水利水电工程相关专业中级以上职称人员不少于 60 人。 （3）持有岗位证书的施工现场管理人员不少于 50 人，且施工员、质量员、安全员、材料员、资料员等人员齐全。 （4）经考核或培训合格的中级工以上技术工人不少于 70 人
1.1.3　企业工程业绩	近 10 年承担过下列 7 类中的 3 类工程的施工总承包或主体工程承包，其中 1～2 类至少 1 类，3～5 类至少 1 类，工程质量合格。 （1）库容 5000 万立方米以上且坝高 15 米以上或库容 1000 万立方米以上且坝高 50 米以上的水库、水电站大坝 2 座； （2）过闸流量≥500 立方米/秒的水闸 4 座（不包括橡胶坝等）； （3）总装机容量 100 兆瓦以上水电站 2 座； （4）总装机容量 5 兆瓦（或流量≥25 立方米/秒）以上泵站 2 座； （5）洞径≥6 米（或断面积相等的其他型式）且长度≥500 米的水工隧洞 4 个； （6）年完成水工混凝土浇筑 50 万立方米以上或坝体土石方填筑 120 万立方米以上或灌浆 12 万米以上或防渗墙 8 万平方米以上； （7）单项合同额 1 亿元以上的水利水电工程
1.1.4　技术装备	
1.1.5　承包工程范围	可承担各类型水利水电工程的施工
\multicolumn{2}{c}{1.2 二级资质标准}
1.2.1　企业资产	净资产 4000 万元以上
1.2.2　企业主要人员	（1）水利水电工程专业注册建造师不少于 15 人，其中一级注册建造师不少于 6 人。 （2）技术负责人具有 8 年以上从事工程施工技术管理工作经历，且具有水利水电工程相关专业高级职称或水利水电工程专业一级注册建造师执业资格；水利水电工程相关专业中级以上职称人员不少于 30 人。 （3）持有岗位证书的施工现场管理人员不少于 30 人，且施工员、质量员、安全员、材料员、资料员等人员齐全。 （4）经考核或培训合格的中级工以上技术工人不少于 40 人
1.2.3　企业工程业绩	近 10 年承担过下列 7 类中的 3 类工程的施工总承包或主体工程承包，其中 1～2 类至少 1 类，3～5 类至少 1 类，工程质量合格。 （1）库容 500 万立方米以上且坝高 15 米以上或库容 10 万立方米以上且坝高 30 米以上的水库、水电站大坝 2 座； （2）过闸流量 60 立方米/秒的水闸 4 座（不包括橡胶坝等）； （3）总装机容量 10 兆瓦以上水电站 2 座； （4）总装机容量 500 千瓦（或流量≥8 立方米/秒）以上泵站 2 座； （5）洞径≥4 米（或断面积相等的其他型式）且长度≥200 米的水工隧洞 3 个； （6）年完成水工混凝土浇筑 20 万立方米以上或坝体土石方填筑 60 万立方米以上或灌浆 6 万米以上或防渗墙 4 万平方米以上； （7）单项合同额 5000 万元以上的水利水电工程

续表

指标	2014 版
1.2.4 技术装备	
1.2.5 承包工程范围	可承担工程规模中型以下水利水电工程和建筑物级别3级以下水工建筑物的施工，但下列工程规模限制在以下范围内：坝高70米以下、水电站总装机容量150兆瓦以下、水工隧洞洞径小于8米（或断面积相等的其他型式）且长度小于1000米、堤防级别2级以下
1.3 三级资质标准	
1.3.1 企业资产	净资产800万元以上
1.3.2 企业主要人员	（1）水利水电工程专业注册建造师不少于8人。 （2）技术负责人具有5年以上从事工程施工技术管理工作经历，且具有水利水电工程相关专业中级以上职称或水利水电工程专业注册建造师执业资格；水利水电工程相关专业中级以上职称人员不少于10人。 （3）持有岗位证书的施工现场管理人员不少于15人，且施工员、质量员、安全员、材料员、资料员等人员齐全。 （4）经考核或培训合格的中级工以上技术工人不少于20人。 （5）技术负责人（或注册建造师）主持完成过本类别资质二级以上标准要求的工程业绩不少于2项
1.3.3 企业工程业绩	
1.3.4 技术装备	
1.3.5 承包工程范围	可承担单项合同额6000万元以下的下列水利水电工程的施工：小型以下水利水电工程和建筑物级别4级以下水工建筑物的施工总承包，但下列工程限制在以下范围内：坝高40米以下、水电站总装机容量20兆瓦以下、泵站总装机容量800千瓦以下、水工隧洞洞径小于6米（或断面积相等的其他型式）且长度小于500米、堤防级别3级以下

注：（1）水利水电工程是指以防洪、灌溉、发电、供水、治涝、水环境治理等为目的的各类工程（包括配套与附属工程），主要工程内容包括：水工建筑物（坝、堤、水闸、溢洪道、水工隧洞、涵洞与涵管、取水建筑物、河道整治建筑物、渠系建筑物、通航、过木、过鱼建筑物、地基处理）建设、水电站建设、水泵站建设、水力机械安装、水工金属结构制造及安装、电气设备安装、自动化信息系统、环境保护工程建设、水土保持工程建设、土地整治工程建设以及与防汛抗旱有关的道路、桥梁、通信、水文、凿井等工程建设，与上述工程相关的管理用房附属工程建设等，详见《水利水电工程技术术语》SL 26—2012。
（2）水利水电工程等级按照《水利水电工程等级划分及洪水标准》SL 252—2000 确定。
（3）水利水电工程相关专业职称包括水利水电工程建筑、水利工程施工、农田水利工程、水电站动力设备、电力系统及自动化、水力学及河流动力学、水文与水资源、工程地质及水文地质、水利机械等水利水电类相关专业职称。

6. 电力工程施工总承包资质标准（表3-6）

电力工程施工总承包资质标准 表3-6

指标	2014 版
1.1 一级资质标准	
1.1.1 企业资产	净资产1亿元以上

续表

指标		2014 版
1.1.2	企业主要人员	(1) 机电工程专业一级注册建造师不少于 15 人。 (2) 技术负责人具有 10 年以上从事工程施工技术管理工作经历，且具有电力工程相关专业高级职称；电力工程相关专业中级以上职称人员不少于 60 人。 (3) 持有岗位证书的施工现场管理人员不少于 50 人，且施工员、质量员、安全员、造价员、资料员等人员齐全。 (4) 经考核或培训合格的中级工以上技术工人不少于 150 人
1.1.3	企业工程业绩	近 5 年承担过下列 5 类中的 2 类工程的施工，工程质量合格。 (1) 累计电站装机容量 180 万千瓦以上； (2) 单机容量 20 万千瓦机组累计 6 台； (3) 220 千伏送电线路累计 600 公里； (4) 220 千伏电压等级变电站累计 8 座； (5) 220 千伏电缆工程累计 100 公里
1.1.4	承包工程范围	可承担各类发电工程、各种电压等级送电线路和变电站工程的施工
		1.2 二级资质标准
1.2.1	企业资产	净资产 4000 万元以上
1.2.2	企业主要人员	(1) 机电工程专业注册建造师不少于 10 人。 (2) 技术负责人具有 8 年以上从事工程施工技术管理工作经历，且具有电力工程相关专业高级职称或机电工程专业一级注册建造师执业资格；电力工程相关专业中级以上职称人员不少于 30 人。 (3) 持有岗位证书的施工现场管理人员不少于 30 人，且施工员、质量员、安全员、资料员等人员齐全。 (4) 经考核或培训合格的中级工以上技术工人不少于 75 人
1.2.3	企业工程业绩	近 5 年承担过下列 5 类中的 2 类工程的施工，工程质量合格。 (1) 累计电站装机容量 100 万千瓦以上； (2) 单机容量 10 万千瓦机组累计 4 台； (3) 110 千伏送电线路累计 700 公里； (4) 110 千伏电压等级变电站累计 7 座； (5) 110 千伏电缆工程累计 200 公里
1.2.4	承包工程范围	可承担单机容量 20 万千瓦以下发电工程、220 千伏以下送电线路和相同电压等级变电站工程的施工
		1.3 三级资质标准
1.3.1	企业资产	净资产 800 万元以上
1.3.2	企业主要人员	(1) 机电工程专业注册建造师不少于 5 人。 (2) 技术负责人具有 5 年以上从事工程施工技术管理工作经历，且具有电力工程相关专业中级以上职称或机电工程专业注册建造师执业资格；电力工程相关专业中级以上职称人员不少于 10 人。 (3) 持有岗位证书的施工现场管理人员不少于 15 人，且施工员、质量员、安全员、资料员等人员齐全。 (4) 经考核或培训合格的中级工以上技术工人不少于 30 人。 (5) 技术负责人（或注册建造师）主持完成过本类别工程业绩不少于 2 项

续表

指标	2014版
1.3.3 企业工程业绩	
1.3.4 承包工程范围	可承担单机容量10万千瓦以下发电工程、110千伏以下送电线路和相同电压等级变电站工程的施工

注：（1）电力工程是指与电能的生产、输送及分配有关的工程。包括火力发电、水力发电、核能发电、风电、太阳能及其他能源发电、输配电等工程及其配套工程。
（2）电力工程相关专业职称包括热能动力工程、水能动力工程、核电工程、风电、太阳能及其他能源工程、输配电及用电工程、电力系统及其自动化等专业职称

7. 矿山工程施工总承包资质标准（表3-7）

矿山工程施工总承包资质标准　　表3-7

指标	2014版
1.1 一级资质标准	
1.1.1 企业资产	净资产1亿元以上
1.1.2 企业主要人员	（1）矿业工程专业一级注册建造师不少于12人，机电工程专业一级注册建造师不少于3人。 （2）技术负责人具有10年以上从事工程施工技术管理工作经历，且具有矿建工程专业高级职称；矿山工程相关专业中级以上职称人员不少于60人，且专业齐全。 （3）持有岗位证书的施工现场管理人员不少于50人，且施工员、质量员、安全员、机械员、造价员、劳务员等人员齐全。 （4）经考核或培训合格的中级工以上技术工人不少于150人
1.1.3 企业工程业绩	近10年承担过下列5类中的2类或某1类的3项工程的施工总承包或主体工程承包，工程质量合格。 （1）100万吨/年以上铁矿采、选工程； （2）100万吨/年以上有色砂矿或60万吨/年以上有色脉矿采、选工程； （3）120万吨/年以上煤矿工程或300万吨/年以上洗煤工程； （4）60万吨/年以上磷矿、硫铁矿或30万吨/年以上铀矿工程； （5）20万吨/年以上石膏矿、石英矿或70万吨/年以上石灰石矿等建材矿山工程
1.1.4 承包工程范围	可承担各类矿山工程的施工
1.2 二级资质标准	
1.2.1 企业资产	净资产4000万元以上
1.2.2 企业主要人员	（1）矿业工程专业注册建造师不少于10人，机电工程专业注册建造师不少于2人。 （2）技术负责人具有8年以上从事工程施工技术管理工作经历，且具有矿建工程专业高级职称或矿业工程专业一级注册建造师执业资格；矿山工程相关专业中级以上职称人员不少于25人，且专业齐全。 （3）持有岗位证书的施工现场管理人员不少于30人，且施工员、质量员、安全员、机械员、造价员、劳务员等人员齐全。 （4）经考核或培训合格的中级工以上技术工人不少于75人

续表

指标	2014版
1.2.3 企业工程业绩	近10年承担过下列5类中的2类或某1类的2项工程的施工总承包或主体工程承包，工程质量合格。 （1）60万吨/年以上铁矿采、选工程； （2）60万吨/年以上有色砂矿或30万吨/年以上有色脉矿采、选工程； （3）45万吨/年以上煤矿工程或150万吨/年以上洗煤工程； （4）30万吨/年以上磷矿、硫铁矿或20万吨/年以上铀矿工程； （5）10万吨/年以上石膏矿、石英矿或40万吨/年以上石灰石矿等建材矿山工程
1.2.4 承包工程范围	可承担下列矿山工程（不含矿山特殊法施工工程）的施工： （1）120万吨/年以下铁矿采、选工程； （2）120万吨/年以下有色砂矿或70万吨/年以下有色脉矿采、选工程； （3）150万吨/年以下煤矿矿井工程（不含高瓦斯及（煤）岩与瓦斯（二氧化碳）突出矿井、水文地质条件复杂以上的矿井、立井井深大于600米的工程项目）或360万吨/年以下洗煤工程； （4）70万吨/年以下磷矿、硫铁矿或36万吨/年以下铀矿工程； （5）24万吨/年以下石膏矿、石英矿或80万吨/年以下石灰石矿等建材矿山工程
	1.3 三级资质标准
1.3.1 企业资产	净资产800万元以上
1.3.2 企业主要人员	（1）矿业工程专业注册建造师不少于4人，机电工程专业注册建造师不少于1人。 （2）技术负责人具有5年以上从事工程施工技术管理工作经历，且具有矿建工程专业中级以上职称或矿业工程专业注册建造师执业资格；矿山工程相关专业中级以上职称人员不少于10人，且专业齐全。 （3）持有岗位证书的施工现场管理人员不少于15人，且施工员、质量员、安全员、机械员、造价员、劳务员等人员齐全。 （4）经考核或培训合格的中级工以上技术工人不少于30人。 （5）技术负责人（或注册建造师）主持完成过本类别资质二级以上标准要求的工程业绩不少于2项
1.3.3 企业工程业绩	
1.3.4 承包工程范围	可承担下列矿山工程（不含矿山特殊法施工工程）的施工： （1）70万吨/年以下铁矿采、选工程； （2）70万吨/年以下有色砂矿或36万吨/年以下有色脉矿采、选工程； （3）60万吨/年以下煤矿矿井工程（不含高瓦斯及（煤）岩与瓦斯（二氧化碳）突出矿井、水文地质条件复杂以上的矿井、立井井深大于600米）或180万吨/年以下洗煤工程； （4）36万吨/年以下磷矿、硫铁矿或24万吨/年以下铀矿工程； （5）12万吨/年以下石膏矿、石英矿或48万吨/年以下石灰石矿等建材矿山工程

注：（1）矿山工程包括矿井工程（井工开采）、露天矿工程、洗（选）矿工程、尾矿工程、井下机电设备安装及其他地面生产系统和矿区配套工程。其他地面生产系统是指转载点、原料仓（产品仓）、装车仓（站）以及相互连接的皮带输送机栈桥的土建及相对应的设备安装工程。矿区配套工程是指矿内专用铁路工程、公路工程、送变电工程、通信工程、环保工程、绿化工程等。
（2）矿山工程相关专业职称包括矿建、结构、机电、地质、测量、通风安全等专业职称

8. 冶金工程施工总承包资质标准（表3-8）

冶金工程施工总承包资质标准　　　　表3-8

指标	2014版
1.1　一级资质标准	
1.1.1　企业资产	净资产1亿元以上
1.1.2　企业主要人员	（1）机电工程、矿业工程专业一级注册建造师合计不少于15人，其中机电工程专业一级注册建造师不少于10人。 （2）技术负责人具有15年以上从事工程施工技术管理工作经历，且具有冶金工程相关专业高级职称；冶金工程相关专业中级以上职称人员不少于80人，且冶金工程（或金属冶炼或金属材料或焦化或耐火材料或建筑材料）、结构、电气、给水排水、动力、暖通、测量等专业齐全。 （3）持有岗位证书的施工现场管理人员不少于50人，且施工员、质量员、安全员、机械员、造价员等人员齐全。 （4）经考核或培训合格的中级工以上技术工人不少于150人
1.1.3　企业工程业绩	近10年承担过下列11类中的3类工程的施工总承包或主体工程承包，工程质量合格。 （1）年产100万吨以上炼钢或连铸工程（或单座容量120吨以上转炉或90吨以上电炉）； （2）年产80万吨以上的轧钢工程； （3）年产100万吨以上炼铁工程（或单座容积1200立方米以上高炉）或烧结机使用面积180平方米以上烧结工程； （4）年产90万吨以上炼焦工程（焦炉炭化室高度6米以上）； （5）小时制氧10000立方米以上制氧工程； （6）年产30万吨以上氧化铝加工工程； （7）年产15万吨以上铝或10万吨以上铜、铅、锌或2万吨以上镍等有色金属冶炼、电解工程； （8）年产5万吨以上有色金属加工工程或生产5000吨以上金属箔材工程； （9）日产2000吨以上新型干法水泥生产线工程； （10）日产2500吨以上新型干法水泥生产线预热器系统或水泥烧成系统工程； （11）日熔量400吨以上浮法玻璃工程或年产75万吨以上水泥粉磨工程
1.1.4　承包工程范围	可承担各类冶金工程的施工
1.2　二级资质标准	
1.2.1　企业资产	净资产4000万元以上
1.2.2　企业主要人员	（1）机电工程、矿业工程专业注册建造师合计不少于12人，其中机电工程专业注册建造师不少于8人。 （2）技术负责人具有10年以上从事工程施工技术管理工作经历，且具有冶金工程相关专业高级职称或机电工程专业一级注册建造师执业资格；冶金工程相关专业中级以上职称人员不少于50人，且冶金工程（或金属冶炼或金属材料或焦化或耐火材料或建筑材料）、结构、电气、给水排水、动力、暖通、测量等专业齐全。 （3）持有岗位证书的施工现场管理人员不少于30人，且施工员、质量员、安全员、机械员、造价员等人员齐全。 （4）经考核或培训合格的中级工以上技术工人不少于75人

续表

指标	2014 版
1.2.3 企业工程业绩	近 10 年承担过下列 10 类中的 3 类工程的施工总承包或主体工程承包，工程质量合格。 （1）年产 80 万吨以上炼钢或连铸工程； （2）年产 60 万吨以上的轧钢工程； （3）年产 70 万吨以上（或单座容积 1000 立方米以上高炉）炼铁工程； （4）年产 60 万吨以上炼焦工程（焦炉炭化室高度 6 米以上）； （5）年产 15 万吨以上氧化铝加工工程； （6）年产 10 万吨以上铝或 5 万吨以上铜、铅、锌或 1 万吨以上镍等有色金属冶炼、电解工程； （7）年产 3 万吨以上有色金属加工工程或生产 2500 吨以上金属箔材工程； （8）日产 1500 吨以上新型干法水泥生产线工程； （9）日产 2000 吨以上新型干法水泥生产线预热器系统或水泥烧成系统工程； （10）日熔量 300 吨以上浮法玻璃工程或年产 60 万吨以上水泥粉磨工程
1.2.4 承包工程范围	可承担下列冶金工程的施工： （1）年产 120 万吨以下炼钢或连铸工程； （2）年产 100 万吨以下的轧钢工程； （3）年产 120 万吨以下炼铁工程或烧结机使用面积 240 平方米以下烧结工程； （4）年产 120 万吨以下炼焦工程； （5）小时制氧 12000 立方米以下制氧工程； （6）年产 35 万吨以下氧化铝加工工程； （7）年产 20 万吨以下铝或 12 万吨以下铜、铅、锌或 2.2 万吨以下镍等有色金属冶炼、电解工程； （8）年产 6 万吨以下有色金属加工工程或生产 6000 吨以下金属箔材工程； （9）日产 4000 吨以下新型干法水泥生产线工程； （10）日产 6000 吨以下新型干法水泥生产线预热器系统或水泥烧成系统工程； （11）日熔量 550 吨以下浮法玻璃工程或年产 150 万吨以下水泥粉磨工程
1.3 三级资质标准	
1.3.1 企业资产	净资产 800 万元以上
1.3.2 企业主要人员	（1）机电工程、矿业工程专业注册建造师合计不少于 7 人，其中机电工程专业注册建造师不少于 5 人。 （2）技术负责人具有 5 年以上从事工程施工技术管理工作经历，且具有冶金工程相关专业中级以上职称或机电工程专业注册建造师执业资格；冶金工程相关专业中级以上职称人员不少于 15 人，且冶金工程（或金属冶炼或金属材料或焦化或耐火材料或建筑材料）、结构、电气、给水排水、动力、暖通、测量等专业齐全。 （3）持有岗位证书的施工现场管理人员不少于 15 人，且施工员、质量员、安全员、机械员、造价员等人员齐全。 （4）经考核或培训合格的中级工以上技术工人不少于 30 人。 （5）技术负责人（或注册建造师）主持完成过本类别资质二级以上标准要求的工程业绩不少于 2 项

续表

指标	2014版
1.3.3 企业工程业绩	
1.3.4 承包工程范围	可承担下列冶金工程的施工： (1) 年产100万吨以下炼钢或连铸工程； (2) 年产80万吨以下轧钢工程； (3) 年产100万吨以下炼铁工程； (4) 年产100万吨以下炼焦工程； (5) 年产20万吨以下氧化铝加工工程； (6) 年产15万吨以下铝或8万吨以下铜、铅、锌，或1.5万吨以下镍等有色金属冶炼、电解工程； (7) 年产4万吨以下有色金属加工工程或生产4000吨以下金属箔材工程； (8) 日产2500吨以下新型干法水泥生产线工程； (9) 日产3000吨以下新型干法水泥生产线预热器系统或水泥烧成系统工程； (10) 日熔量450吨以下浮法玻璃工程或年产80万吨以下水泥粉磨工程

注：(1) 冶金工程包括冶金、有色、建材工业的主体工程、配套工程及生产辅助附属工程。
（2）冶金工程相关专业职称包括冶金工程、金属冶炼、金属材料、焦化、耐火材料、采矿、选矿、机械、建筑材料、结构、电气、暖通、给水排水、动力、测量等专业职称

9. 石油化工工程施工总承包资质标准（表3-9）

石油化工工程施工总承包资质标准　　　　表3-9

指标	2014版
	1.1　一级资质标准
1.1.1　企业资产	净资产1亿元以上
1.1.2　企业主要人员	(1) 机电工程专业一级注册建造师不少于15人。 (2) 技术负责人具有10年以上从事工程施工技术管理工作经历，且具有工程序列高级职称；工程序列中级以上职称人员不少于80人，其中石油化工［或(油气田)地面建设或油气储运或石油炼制或化工工程或化工工艺或化工设备］、结构、电气、机械和自动控制等专业齐全。 (3) 持有岗位证书施工现场管理人员不少于25人，且质量员、安全员等人员齐全。 (4) 经考核或培训合格的中级工以上技术工人不少于150人
1.1.3　企业工程业绩	近5年承担过下列2类中的1类工程的施工，工程质量合格。 (1) 单项合同额1亿元以上的中型石油化工工程施工总承包或主体工程承包3项； (2) 单项合同额3500万元以上的石油化工主体装置（可含附属设施）检维修工程3项
1.1.4　承包工程范围	可承担各类型石油化工工程的施工和检维修

续表

指标	2014版
1.2 二级资质标准	
1.2.1 企业资产	净资产4000万元以上
1.2.2 企业主要人员	（1）机电工程专业注册建造师不少于12人。 （2）技术负责人具有8年以上从事工程施工技术管理工作经历，且具有工程序列高级职称或机电工程专业一级注册建造师执业资格；工程序列中级以上职称人员不少于40人，其中石油化工［或（油气田）地面建设或油气储运或石油炼制或化工工程或化工工艺或化工设备］、结构、电气、机械和自动控制等专业齐全。 （3）持有岗位证书的施工现场管理人员不少于15人，且质量员、安全员等人员齐全。 （4）经考核或培训合格的中级工以上技术工人不少于75人
1.2.3 企业工程业绩	近5年承担过下列2类中的1类工程的施工，工程质量合格。 （1）单项合同额3000万元以上的石油化工工程施工总承包或主体工程承包3项； （2）单项合同额2500万元以上的石油化工主体装置（可含附属设施）检维修工程3项
1.2.4 承包工程范围	可承担大型以外的石油化工工程的施工，各类型石油化工工程的检维修
1.3 三级资质标准	
1.3.1 企业资产	净资产1000万元以上
1.3.2 企业主要人员	（1）机电工程专业注册建造师不少于5人。 （2）技术负责人具有5年以上从事工程施工技术管理工作经历，且具有工程序列中级以上职称或机电工程专业注册建造师执业资格；工程序列中级以上职称人员不少于10人，且石油化工［或（油气田）地面建设或油气储运或石油炼制或化工工程或化工工艺或化工设备］、结构、电气、机械和自动控制等专业齐全。 （3）持有岗位证书的施工现场管理人员不少于8人，且质量员、安全员等人员齐全。 （4）经考核或培训合格的中级工以上技术工人不少于30人。 （5）技术负责人（或注册建造师）主持完成过本资质二级以上标准要求的工程业绩不少于2项
1.3.3 企业工程业绩	
1.3.4 承包工程范围	可承担单项合同额3500万元以下、大中型以外的石油化工工程的施工，以及大型以外的石油化工工程的检维修

注：（1）石油化工工程是指油气田地面、油气储运（管道、储库等）、石油化工、化工、煤化工等主体工程，配套工程及生产辅助附属工程。
（2）石油化工工程大、中型项目划分标准：
大型石油化工工程是指：
1）30万吨/年以上生产能力的油（气）田主体配套建设工程；

续表

指标	2014版

2) 50万立方米/日以上的气体处理工程；

3) 300万吨/年以上原油、成品油，80亿立方米/年以上输气等管道输送工程及配套建设工程；

4) 单罐10万立方米以上、总库容30万立方米以上的原油储库，单罐2万立方米以上、总库容8万立方米以上的成品油库，单罐5000立方米以上、总库容1.5万立方米以上的天然气储库，单罐400立方米以上、总库容2000立方米以上的液化气及轻烃储库，单罐3万立方米以上、总库容12万立方米以上的液化天然气储库，单罐5亿立方米以上的地下储气库，以及以上储库的配套建设工程；

5) 800万吨/年以上的炼油工程，或者与其配套的常减压、脱硫、催化、重整、制氢、加氢、气分、焦化等生产装置和相关公用工程、辅助设施；

6) 60万吨/年以上的乙烯工程，或者与其配套的对二甲苯（PX）、甲醇、精对苯二甲酸（PTA）、丁二烯、己内酰胺、乙二醇、苯乙烯、醋酸、醋酸乙烯、环氧乙烷/乙二醇（EO/EG）、丁辛醇、聚酯、聚乙烯、聚丙烯、ABS等生产装置和相关公用工程、辅助设施；

7) 30万吨/年以上的合成氨工程或相应的主生产装置；

8) 24万吨/年以上磷铵工程或相应的主生产装置；

9) 32万吨/年以上硫酸工程或相应的主生产装置；

10) 50万吨/年以上纯碱工程、10万吨/年以上烧碱工程或相应的主生产装置；

11) 4万吨/年以上合成橡胶、合成树脂及塑料和化纤工程或相应的主生产装置；

12) 项目投资额6亿元以上的有机原料、染料、中间体、农药、助剂、试剂等工程或相应的主生产装置；

13) 30万套/年以上的轮胎工程或相应的主生产装置；

14) 10亿标立方米/年以上煤气化、20亿立方米/年以上煤制天然气、60万吨/年以上煤制甲醇、100万吨/年以上煤制油、20万吨/年以上煤基烯烃等煤化工工程或相应的主生产装置。

中型石油化工工程是指：大型石油化工工程规模以下的下列工程：

(1) 10万吨/年以上生产能力的油（气）田主体配套建设工程；

(2) 20万立方米/日以上气体处理工程；

(3) 100万吨/年以上原油、成品油，20亿立方米/年及以上输气等管道输送工程及配套建设工程；

(4) 单罐5万立方米以上、总库容10万立方米以上的原油储库，单罐5000立方米以上、总库容3万立方米以上的成品油库，单罐2000立方米以上、总库容1万立方米以上的天然气储库，单罐200立方米以上、总库容1000立方米以上的液化气及轻烃储库，单罐2万立方米以上、总库容6万立方米以上的液化天然气储库，单罐1亿立方米以上的地下储气库，以及以上储库的配套建设工程；

(5) 500万吨/年以上的炼油工程，或者与其配套的常减压、脱硫、催化、重整、制氢、加氢、气分、焦化等生产装置和相关公用工程、辅助设施；

(6) 30万吨/年以上的乙烯工程，或者与其配套的对二甲苯（PX）、甲醇、精对苯二甲酸（PTA）、丁二烯、己内酰胺、乙二醇、苯乙烯、醋酸、醋酸乙烯、环氧乙烷/乙二醇(EO/EG)、丁辛醇、聚酯、聚乙烯、聚丙烯、ABS等生产装置和相关公用工程、辅助设施；

(7) 15万吨/年以上的合成氨工程或相应的主生产装置；

(8) 12万吨/年以上磷铵工程或相应的主生产装置；

(9) 16万吨/年以上硫酸工程或相应的主生产装置；

(10) 30万吨/年以上纯碱工程、5万吨/年以上烧碱工程或相应的主生产装置；

(11) 2万吨/年以上合成橡胶、合成树脂及塑料和化纤工程或相应的主生产装置；

(12) 项目投资额2亿元以上的有机原料、染料、中间体、农药、助剂、试剂等工程或相应的主生产装置；

(13) 20万套/年以上的轮胎工程或相应的主生产装置；

(14) 4亿标立方米/年以上煤气化、5亿立方米/年以上煤制天然气、20万吨/年以上煤制甲醇、16万吨/年以上煤制油、10万吨/年以上煤基烯烃等煤化工工程或相应的主生产装置

10. 市政公用工程施工总承包资质标准（表3-10）

市政公用工程施工总承包资质标准　　　表 3-10

指标	2014 版
\multicolumn{2}{c}{1.1　一级资质标准}
1.1.1　企业资产	净资产 1 亿元以上
1.1.2　企业主要人员	（1）市政公用工程专业一级注册建造师不少于 12 人。 （2）技术负责人具有 10 年以上从事工程施工技术管理工作经历，且具有市政工程相关专业高级职称；市政工程相关专业中级以上职称人员不少于 30 人，且专业齐全。 （3）持有岗位证书的施工现场管理人员不少于 50 人，且施工员、质量员、安全员、机械员、造价员、劳务员等人员齐全。 （4）经考核或培训合格的中级工以上技术工人不少于 150 人
1.1.3　企业工程业绩	近 10 年承担过下列 7 类中的 4 类工程的施工，其中至少有第 1 类所列工程，工程质量合格。 （1）累计修建城市主干道 25 公里以上；或累计修建城市次干道以上道路面积 150 万平方米以上；或累计修建城市广场硬质铺装面积 10 万平方米以上； （2）累计修建城市桥梁面积 10 万平方米以上；或累计修建单跨 40 米以上的城市桥梁 3 座； （3）累计修建直径 1 米以上的排水管道（含净宽 1 米以上方沟）工程 20 公里以上；或累计修建直径 0.6 米以上供水、中水管道工程 20 公里以上；或累计修建直径 0.3 米以上的中压燃气管道工程 20 公里以上；或累计修建直径 0.5 米以上的热力管道工程 20 公里以上； （4）修建 8 万吨/日以上的污水处理厂或 10 万吨/日以上的供水厂工程 2 项；或修建 20 万吨/日以上的给水泵站、10 万吨/日以上的排水泵站 4 座； （5）修建 500 吨/日以上的城市生活垃圾处理工程 2 项； （6）累计修建断面 20 平方米以上的城市隧道工程 3 公里以上； （7）单项合同额 3000 万元以上的市政综合工程项目 2 项
1.1.4　技术装备	具有下列 3 项中的 2 项机械设备： （1）摊铺宽度 8 米以上沥青混凝土摊铺设备 2 台； （2）100 千瓦以上平地机 2 台； （3）直径 1.2 米以上顶管设备 2 台
1.1.5　承包工程范围	可承担各类市政公用工程的施工
\multicolumn{2}{c}{1.2　二级资质标准}
1.2.1　企业资产	净资产 4000 万元以上
1.2.2　企业主要人员	（1）市政公用工程专业注册建造师不少于 12 人。 （2）技术负责人具有 8 年以上从事工程施工技术管理工作经历，且具有市政工程相关专业高级职称或市政公用工程一级注册建造师执业资格；市政工程相关专业中级以上职称人员不少于 15 人，且专业齐全。 （3）持有岗位证书的施工现场管理人员不少于 30 人，且施工员、质量员、安全员、机械员、造价员、劳务员等人员齐全。 （4）经考核或培训合格的中级工以上技术工人不少于 75 人

续表

指标	2014版
1.2.3 企业工程业绩	近10年承担过下列7类中的4类工程的施工，其中至少有第1类所列工程，工程质量合格。 （1）累计修建城市道路10公里以上；或累计修建城市道路面积50万平方米以上； （2）累计修建城市桥梁面积5万平方米以上；或修建单跨20米以上的城市桥梁2座； （3）累计修建排水管道工程10公里以上；或累计修建供水、中水管道工程10公里以上；或累计修建燃气管道工程10公里以上；或累计修建热力管道工程10公里以上； （4）修建4万吨/日以上的污水处理厂或5万吨/日以上的供水厂工程2项；或修建5万吨/日以上的给水泵站、排水泵站4座； （5）修建200吨/日以上的城市生活垃圾处理工程2项； （6）累计修建城市隧道工程1.5公里以上； （7）单项合同额2000万元以上的市政综合工程项目2项
1.2.4 技术装备	
1.2.5 承包工程范围	可承担下列市政公用工程的施工： （1）各类城市道路；单跨45米以下的城市桥梁； （2）15万吨/日以下的供水工程；10万吨/日以下的污水处理工程；2万吨/日以下的给水泵站、15万吨/日以下的污水泵站、雨水泵站；各类给水排水及中水管道工程； （3）中压以下燃气管道、调压站；供热面积150万平方米以下热力工程和各类热力管道工程； （4）各类城市生活垃圾处理工程； （5）断面25平方米以下隧道工程和地下交通工程； （6）各类城市广场、地面停车场硬质铺装； （7）单项合同额4000万元以下的市政综合工程
1.3 三级资质标准	
1.3.1 企业资产	净资产1000万元以上
1.3.2 企业主要人员	（1）市政公用工程专业注册建造师不少于5人。 （2）技术负责人具有5年以上从事工程施工技术管理工作经历，且具有市政工程相关专业中级以上职称或市政公用工程注册建造师执业资格；市政工程相关专业中级以上职称人员不少于8人。 （3）持有岗位证书的施工现场管理人员不少于15人，且施工员、质量员、安全员、机械员、造价员、劳务员等人员齐全。 （4）经考核或培训合格的中级工以上技术工人不少于30人。 （5）技术负责人（或注册建造师）主持完成过本类别资质二级以上标准要求的工程业绩不少于2项
1.3.3 企业工程业绩	
1.3.4 技术装备	

续表

指标	2014 版
1.3.5 承包工程范围	可承担下列市政公用工程的施工： (1) 城市道路工程（不含快速路）；单跨 25 米以下的城市桥梁工程； (2) 8 万吨/日以下的给水厂；6 万吨/日以下的污水处理工程；10 万吨/日以下的给水泵站、10 万吨/日以下的污水泵站、雨水泵站，直径 1 米以下供水管道；直径 1.5 米以下污水及中水管道； (3) 2 公斤/平方厘米以下中压、低压燃气管道、调压站；供热面积 50 万平方米以下热力工程，直径 0.2 米以下热力管道； (4) 单项合同额 2500 万元以下的城市生活垃圾处理工程； (5) 单项合同额 2000 万元以下地下交通工程（不包括轨道交通工程）； (6) 5000 平方米以下城市广场、地面停车场硬质铺装； (7) 单项合同额 2500 万元以下的市政综合工程

注：(1) 市政公用工程包括给水工程、排水工程、燃气工程、热力工程、道路工程、桥梁工程、城市隧道工程（含城市规划区内的穿山过江隧道、地铁隧道、地下交通工程、地下过街通道）、公共交通工程、轨道交通工程、环境卫生工程、照明工程、绿化工程。
(2) 市政综合工程指包括城市道路和桥梁、供水、排水、中水、燃气、热力、电力、通信、照明等中的任意两类以上的工程。
(3) 市政工程相关专业职称包括道路与桥梁、给水排水、结构、机电、燃气等专业职称

11. 通信工程施工总承包资质标准（表 3-11）

通信工程施工总承包资质标准　　　　　　表 3-11

指标	2014 版
	1.1 一级资质标准
1.1.1 企业资产	净资产 8000 万元以上
1.1.2 企业主要人员	(1) 通信与广电工程专业一级注册建造师不少于 15 人。 (2) 技术负责人具有 10 年以上从事工程施工技术管理工作经历，且具有通信工程相关专业高级职称；通信工程相关专业中级以上职称人员不少于 60 人。 (3) 持有岗位证书的施工现场管理人员不少于 50 人，且施工员、质量员、安全员等人员齐全。 (4) 经考核或培训合格的中级工以上技术工人不少于 120 人
1.1.3 企业工程业绩	近 5 年承担过下列 7 类中的 5 类工程的施工，工程质量合格。 (1) 年完成 800 公里以上的长途光缆线路或 2000 条公里以上的本地网光缆线路或 1000 孔公里以上通信管道工程或完成单个项目 300 公里以上的长途光缆线路工程； (2) 年完成网管、时钟、软交换、公务计费等业务层与控制层网元 30 个以上； (3) 年完成 1000 个以上基站的移动通信工程； (4) 年完成 1000 个基站或 5000 载频以上的移动通信网络优化工程； (5) 年完成 500 端 155Mb/s 以上或 50 端 2.5Gb/s 以上或 20 端 10Gb/s 以上传输设备的安装、调测工程； (6) 年完成 1 个以上省际数据通信或业务与支撑系统，或 10 个以上城域数据通信或业务与支撑系统工程； (7) 年完成 5 个以上地市级以上机房（含中心机房、枢纽楼、核心机房、IDC 机房）电源工程或 800 个以上基站、传输等配套电源工程

续表

指标	2014 版
1.1.4 承包工程范围	可承担各类通信、信息网络工程的施工
1.2 二级资质标准	
1.2.1 企业资产	净资产 3200 万元以上
1.2.2 企业主要人员	（1）通信与广电工程专业一级注册建造师不少于 6 人。 （2）技术负责人具有 8 年以上从事工程施工技术管理工作经历，且具有通信工程相关专业高级职称或通信与广电工程专业一级注册建造师执业资格；通信工程相关专业中级以上职称人员不少于 30 人。 （3）持有岗位证书的施工现场管理人员不少于 30 人，且施工员、质量员、安全员等人员齐全。 （4）经考核或培训合格的中级工以上技术工人不少于 60 人
1.2.3 企业工程业绩	近 5 年承担过下列 9 类中的 4 类工程的施工，工程质量合格。 （1）年完成 400 公里以上长途线路，或 1000 条公里以上本地网光缆线路，或 500 孔公里以上通信管道工程； （2）年完成网管、时钟、软交换、公务计费等业务层与控制层网元 15 个以上； （3）年完成宽带接入入户工程 1 万户； （4）年完成 500 个以上基站的移动通信工程； （5）年完成 500 个基站或 2500 载频以上的移动通信网络优化工程； （6）年完成 250 端 155Mb/s 以上系统传输设备的安装、调测工程； （7）年完成 5 个以上城域数据通信或业务与支撑系统工程； （8）年完成 10000 个信息点的综合布线（或计算机网络）工程； （9）年完成 2 个以上地市级以上机房（含中心机房、枢纽楼、核心机房、IDC 机房）电源工程或 400 个以上基站、传输等配套电源工程
1.2.4 承包工程范围	可承担工程投资额 2000 万元以下的各类通信、信息网络工程的施工
1.3 三级资质标准	
1.3.1 企业资产	净资产 600 万元以上
1.3.2 企业主要人员	（1）通信与广电工程专业一级注册建造师不少于 2 人。 （2）技术负责人具有 5 年以上从事工程施工技术管理工作经历，且具有通信工程相关专业中级以上职称或通信与广电工程专业一级注册建造师执业资格；通信工程相关专业中级以上职称人员不少于 15 人。 （3）持有岗位证书的施工现场管理人员不少于 15 人，且施工员、质量员、安全员等人员齐全。 （4）企业具有经考核或培训合格的中级工以上技术工人不少于 30 人。 （5）技术负责人（或注册建造师）主持完成过本类别资质二级以上标准要求的工程业绩不少于 2 项
1.3.3 企业工程业绩	
1.3.4 承包工程范围	可承担工程投资额 500 万元以下的各类通信、信息网络工程的施工

注：（1）通信工程相关专业职称包括通信工程、有线通信、无线通信、电话交换、移动通信、卫星通信、数据通信、光纤通信、计算机通信、计算机、电子信息、软件、电子工程、信息工程、网络工程、自动化、信号、计算机应用、数据及多媒体、电磁场与微波技术等专业。
（2）技术工人包括线务员、机务员、电工、焊接工等特种作业人员，以及具有计算机等级证书的工人

12. 机电工程施工总承包资质标准（表 3-12）

机电工程施工总承包资质标准　　　　　表 3-12

指标		2014 版
1.1　一级资质标准		
1.1.1	企业资产	净资产 1 亿元以上
1.1.2	企业主要人员	（1）机电工程、建筑工程专业一级注册建造师不少于 12 人，其中机电工程专业一级注册建造师不少于 9 人。 （2）技术负责人具有 10 年以上从事工程施工技术管理工作经历，且具有机电工程相关专业高级职称；机电工程相关专业中级以上职称人员不少于 60 人，且专业齐全。 （3）持有岗位证书的施工现场管理人员不少于 50 人，且施工员、质量员、安全员、机械员、材料员、资料员等人员齐全。 （4）经考核或培训合格的中级工以上技术工人不少于 150 人
1.1.3	企业工程业绩	近 5 年承担过单项合同额 2000 万元以上的机电工程施工总承包工程 2 项，工程质量合格
1.1.4	承包工程范围	可承担各类机电工程的施工
1.2　二级资质标准		
1.2.1	企业资产	净资产 4000 万元以上
1.2.2	企业主要人员	（1）机电工程、建筑工程专业注册建造师不少于 12 人，其中机电工程专业一级注册建造师不少于 3 人。 （2）技术负责人具有 8 年以上从事工程施工技术管理工作经历，且具有机电工程相关专业高级职称或机电工程专业一级注册建造师执业资格；机电工程相关专业中级以上职称人员不少于 30 人，且专业齐全。 （3）持有岗位证书的施工现场管理人员不少于 30 人，且施工员、质量员、安全员、机械员、材料员、资料员等人员齐全。 （4）经考核或培训合格的中级工以上技术工人不少于 75 人
1.2.3	企业工程业绩	近 5 年承担过单项合同额 1000 万元以上的机电工程施工总承包工程 2 项，工程质量合格
1.2.4	承包工程范围	可承担单项合同额 3000 万元以下的机电工程的施工
1.3　三级资质标准		
1.3.1	企业资产	净资产 800 万元以上
1.3.2	企业主要人员	（1）机电工程、建筑工程专业注册建造师不少于 5 人。 （2）技术负责人具有 5 年以上从事工程施工技术管理工作经历，且具有机电工程相关专业中级以上职称或机电工程专业注册建造师执业资格；机电工程相关专业中级以上职称人员不少于 10 人，且专业齐全。 （3）持有岗位证书的施工现场管理人员不少于 15 人，且施工员、质量员、安全员、机械员、材料员、资料员等人员齐全。 （4）经考核或培训合格的中级工以上技术工人不少于 30 人。 （5）技术负责人（或注册建造师）主持完成过本类别资质二级以上标准要求的工程业绩不少于 2 项

续表

指标	2014版
1.3.3　企业工程业绩	
1.3.4　承包工程范围	可承担单项合同额1500万元以下的机电工程的施工

注：（1）机电工程是指未列入港口与航道、水利水电、电力、矿山、冶金、石油化工、通信工程的机械、电子、轻工、纺织、航天航空、船舶、兵器等其他工业工程的机电安装工程。
（2）机电工程相关专业职称包括暖通、给水排水、电气、机械设备、焊接、自动化控制等专业职称

第3节　专业承包序列资质标准

13. 地基基础工程专业承包资质标准（保留，表3-13）

地基基础工程专业承包资质标准　　　　　表3-13

指标	2014版
\multicolumn{2}{c}{1.1　一级资质标准}	
1.1.1　企业资产	净资产2000万元以上
1.1.2　企业主要人员	（1）一级注册建造师不少于6人。 （2）技术负责人具有10年以上从事工程施工技术管理工作经历，且具有工程序列高级职称或一级注册建造师或注册岩土工程师执业资格；结构、岩土、机械、测量等专业中级以上职称人员不少于15人，且专业齐全。 （3）持有岗位证书的施工现场管理人员不少于30人，且施工员、质量员、安全员、机械员、造价员等人员齐全。 （4）经考核或培训合格的桩机操作工、电工、焊工等技术工人不少于30人
1.1.3　企业工程业绩	近5年承担过下列4类中的2类工程的施工，工程质量合格。 （1）25层以上民用建筑工程或高度100米以上构筑物的地基基础工程； （2）刚性桩复合地基处理深度超过18米或深度超过8米的其他地基处理工程； （3）单桩承受设计荷载3000千牛以上的桩基础工程； （4）开挖深度超过12米的基坑围护工程
1.1.4　承包工程范围	可承担各类地基基础工程的施工
\multicolumn{2}{c}{1.2　二级资质标准}	
1.2.1　企业资产	净资产1000万元以上
1.2.2　企业主要人员	（1）注册建造师不少于6人。 （2）技术负责人具有8年以上从事工程施工技术管理工作经历，且具有工程序列高级职称或一级注册建造师或注册岩土工程师执业资格；结构、岩土、机械等专业中级以上职称人员不少于10人，且专业齐全。 （3）持有岗位证书的施工现场管理人员不少于20人，且施工员、质量员、安全员、机械员、造价员等人员齐全。 （4）经考核或培训合格的桩机操作工、电工、焊工等技术工人不少于20人

续表

指标	2014版
1.2.3 企业工程业绩	近5年承担过下列4类中的2类工程的施工，工程质量合格。 (1) 12层以上民用建筑工程或高度50米以上的构筑物的地基基础工程； (2) 刚性桩复合地基处理深度超过12米或深度超过6米的其他地基处理工程； (3) 单桩承受设计荷载2000千牛以上的桩基础工程； (4) 开挖深度超过9米的基坑围护工程
1.2.4 承包工程范围	可承担下列工程的施工： (1) 高度100米以下工业、民用建筑工程和高度120米以下构筑物的地基基础工程； (2) 深度不超过24米的刚性桩复合地基处理和深度不超过10米的其他地基处理工程； (3) 单桩承受设计荷载5000千牛以下的桩基础工程； (4) 开挖深度不超过15米的基坑围护工程
1.3 三级资质标准	
1.3.1 企业资产	净资产400万元以上
1.3.2 企业主要人员	(1) 注册建造师不少于3人。 (2) 技术负责人具有5年以上从事工程施工技术管理工作经历，且具有工程序列中级以上职称或注册建造师或注册岩土工程师执业资格；结构、岩土、机械等专业中级以上职称人员不少于8人，且专业齐全。 (3) 持有岗位证书的施工现场管理人员不少于10人，且施工员、质量员、安全员、机械员、造价员等人员齐全。 (4) 经考核或培训合格的桩机操作工、电工、焊工等技术工人不少于15人。 (5) 技术负责人（或注册建造师）主持完成过本类别资质二级以上标准要求的工程业绩不少于2项
1.3.3 企业工程业绩	
1.3.4 承包工程范围	可承担下列工程的施工： (1) 高度50米以下工业、民用建筑工程和高度70米以下构筑物的地基基础工程； (2) 深度不超过18米的刚性桩复合地基处理或深度不超过8米的其他地基处理工程； (3) 单桩承受设计荷载3000千牛以下的桩基础工程； (4) 开挖深度不超过12米的基坑围护工程

14. 起重设备安装工程专业承包资质标准（保留，表3-14）

起重设备安装工程专业承包资质标准　　　　表3-14

指标	2014版
1.1 一级资质标准	
1.1.1 企业资产	净资产800万元以上
1.1.2 企业主要人员	(1) 技术负责人具有10年以上从事工程施工技术管理工作经历，且具有工程序列高级职称；电气、机械等专业中级以上职称人员不少于8人，且专业齐全。 (2) 持有岗位证书的施工现场管理人员不少于15人，且安全员、机械员等人员齐全。 (3) 经考核或培训合格的工人不少于30人，其中起重信号司索工不少于6人；建筑起重机械安装拆卸工不少于18人；电工不少于3人

续表

指标		2014版
1.1.3	企业工程业绩	近5年承担过下列2类中的1类工程，工程质量合格。 (1) 累计安装拆卸1600千牛·米以上塔式起重机8台次； (2) 累计安装拆卸100吨以上门式起重机8台次
1.1.4	承包工程范围	可承担塔式起重机、各类施工升降机和门式起重机的安装与拆卸
1.2 二级资质标准		
1.2.1	企业资产	净资产400万元以上
1.2.2	企业主要人员	(1) 技术负责人具有8年以上从事工程施工技术管理工作经历，且具有工程序列中级以上职称；电气、机械等专业中级以上职称人员不少于4人，且专业齐全。 (2) 持有岗位证书的施工现场管理人员不少于6人，且安全员、机械员等人员齐全。 (3) 经考核或培训合格的工人不少于20人，其中起重信号司索工不少于4人、建筑起重机械安装拆卸工不少于12人、电工不少于2人
1.2.3	企业工程业绩	近5年承担过下列2类中的1类工程，工程质量合格。 (1) 累计安装拆卸600千牛·米以上塔式起重机8台次； (2) 累计安装拆卸50吨以上门式起重机8台次
1.2.4	承包工程范围	可承担3150千牛·米以下塔式起重机、各类施工升降机和门式起重机的安装与拆卸
1.3 三级资质标准		
1.3.1	企业资产	净资产150万元以上
1.3.2	企业主要人员	(1) 技术负责人具有5年以上从事工程施工技术管理工作经历，且具有工程序列中级以上职称；电气、机械等专业中级以上职称人员不少于2人，且专业齐全。 (2) 持有岗位证书的施工现场管理人员不少于3人，且安全员、机械员等人员齐全。 (3) 经考核或培训合格的工人不少于10人，其中起重信号司索工不少于2人、建筑起重机械安装拆卸工不少于6人、电工不少于1人。 (4) 技术负责人主持完成过本类别资质二级以上标准要求的工程业绩不少于2项
1.3.3	企业工程业绩	
1.3.4	承包工程范围	可承担800千牛·米以下塔式起重机、各类施工升降机和门式起重机的安装与拆卸

15. 预拌混凝土专业承包资质标准（预拌商品混凝土变更，表3-15）

预拌混凝土专业承包资质标准　　　　　　　　表3-15

指标		2014版
1.1.1	企业资产	净资产2500万元以上
1.1.2	企业主要人员	(1) 技术负责人具有5年以上从事工程施工技术管理工作经历，且具有工程序列高级职称或一级注册建造师执业资格。实验室负责人具有2年以上混凝土实验室工作经历，且具有工程序列中级以上职称或注册建造师执业资格。 (2) 工程序列中级以上职称人员不少于4人；混凝土试验员不少于4人

续表

指标		2014版
1.1.3	企业工程业绩	
1.1.4	技术装备	具有下列机械设备： （1）120立方米/小时以上混凝土搅拌设备1台，并具有混凝土试验室； （2）混凝土运输车10辆； （3）混凝土输送泵2台
1.1.5	承包工程范围	可生产各种强度等级的混凝土和特种混凝土
		预拌混凝土专业承包资质不分等级

16. 电子与智能化工程专业承包资质标准（建筑智能化工程与电子工程合并，表3-16）

电子与智能化工程专业承包资质标准　　表3-16

指标		2014版
		1.1　一级资质标准
1.1.1	企业资产	净资产2000万元以上
1.1.2	企业主要人员	（1）机电工程、通信与广电工程专业一级注册建造师合计不少于6人。 （2）技术负责人具有10年以上从事工程施工技术管理工作经历，且具有电子与智能化工程相关专业高级职称；电子与智能化工程相关专业中级以上职称人员不少于15人，且专业齐全。 （3）持有岗位证书的施工现场管理人员不少于20人，且施工员、质量员、安全员、造价员、材料员、资料员等人员齐全。 （4）经考核或培训合格的中级工以上技术工人不少于30人
1.1.3	企业工程业绩	近5年独立承担过下列3类中的1类工程的施工，工程质量合格。 （1）单项合同额2000万元以上的电子工业制造设备安装工程或电子工业环境工程2项； （2）单项合同额1000万元以上的电子系统工程3项； （3）单项合同额1000万元以上的建筑智能化工程3项
1.1.4	承包工程范围	可承担各类型电子工程、建筑智能化工程施工
		1.2　二级资质标准
1.2.1	企业资产	净资产800万元以上
1.2.2	企业主要人员	（1）机电工程、通信与广电工程专业注册建造师合计不少于4人，其中一级注册建造师不少于2人。 （2）技术负责人具有8年以上从事工程施工技术管理工作经历，且具有电子与智能化工程相关专业高级职称或机电工程（或通信与广电工程）专业一级注册建造师执业资格；电子与智能化工程相关专业中级以上职称人员不少于5人，且专业齐全。 （3）持有岗位证书的施工现场管理人员不少于15人，且施工员、质量员、安全员、造价员、材料员、资料员等人员齐全。 （4）经考核或培训合格的中级工以上技术工人不少于10人。 （5）技术负责人（或注册建造师）主持完成过本类别资质一级标准要求的工程业绩不少于2项
1.2.3	企业工程业绩	
1.2.4	承包工程范围	可承担单项合同额2500万元以下的电子工业制造设备安装工程和电子工业环境工程、单项合同额1500万元以下的电子系统工程和建筑智能化工程施工

续表

指标	2014版
1.3 三级资质标准	
1.3.1 企业资产	
1.3.2 企业主要人员	
1.3.3 企业工程业绩	
1.3.4 承包工程范围	

注：（1）电子工业制造设备安装工程指：电子整机产品、电子基础产品、电子材料及其他电子产品制造设备的安装工程。
（2）电子工业环境工程指：电子整机产品、电子基础产品、电子材料及其他电子产品制造所需配备的洁净、防微振、微波暗室、电磁兼容、防静电、纯水系统、废水废气处理系统、大宗气体纯化系统、特种气体系统、化学品配送系统等工程。
（3）电子系统工程指：雷达、导航及天线系统工程；计算机网络工程；信息综合业务网络工程；监控系统工程；自动化控制系统；安全技术防范系统；智能化系统工程；应急指挥系统；射频识别应用系统；智能卡系统；收费系统；电子声像工程；数据中心、电子机房工程；其他电子系统工程。
（4）建筑智能化工程指：智能化集成系统及信息化应用系统；建筑设备管理系统；安全技术防范系统；智能卡应用系统；通信系统；卫星接收及有线电视系统；停车场管理系统；综合布线系统；计算机网络系统；广播系统；会议系统；信息导引及发布系统；智能小区管理系统；视频会议系统；大屏幕显示系统；智能灯光、音响控制及舞台设施系统；火灾报警系统；机房工程等相关系统。
（5）电子与智能化工程相关专业职称包括计算机、电子、通信、自动化、电气等专业职称

17. 消防设施工程专业承包资质标准（保留，表3-17）

消防设施工程专业承包资质标准　　表3-17

指标	2014版
1.1 一级资质标准	
1.1.1 企业资产	净资产1000万元以上
1.1.2 企业主要人员	（1）机电工程专业一级注册建造师不少于5人。 （2）技术负责人具有10年以上从事消防设施工程施工技术管理工作经历，且具有工程序列高级职称；暖通、给水排水、电气、自动化等专业中级以上职称人员不少于10人，且专业齐全。 （3）持有岗位证书的施工现场管理人员不少于20人，且施工员、质量员、安全员、材料员、资料员等人员齐全。 （4）经考核或培训合格的中级工以上技术工人不少于30人
1.1.3 企业工程业绩	近5年承担过2项单体建筑面积4万平方米以上消防设施工程（每项工程均包含火灾自动报警系统、自动灭火系统和防烟排烟系统）的施工，工程质量合格
1.1.4 技术装备	
1.1.5 承包工程范围	可承担各类型消防设施工程的施工
1.2 二级资质标准	
1.2.1 企业资产	净资产600万元以上

续表

指标	2014版
1.2.2 企业主要人员	(1) 机电工程专业注册建造师不少于3人。 (2) 技术负责人具有8年以上从事消防设施工程施工技术管理工作经历，且具有工程序列高级职称或机电工程专业一级注册建造师执业资格；暖通、给水排水、电气、自动化等专业中级以上职称人员不少于6人，且专业齐全。 (3) 持有岗位证书的施工现场管理人员不少于15人，且施工员、质量员、安全员、材料员、资料员等人员齐全。 (4) 经考核或培训合格的中级工以上技术工人不少于20人。 (5) 技术负责人（或注册建造师）主持完成过本类别一级资质标准要求的工程业绩不少于2项
1.2.3 企业工程业绩	
1.2.4 技术装备	
1.2.5 承包工程范围	可承担单体建筑面积5万平方米以下的下列消防设施工程的施工： (1) 一类高层民用建筑以外的民用建筑； (2) 火灾危险性丙类以下的厂房、仓库、储罐、堆场
1.3 三级资质标准	
1.3.1 企业资产	
1.3.2 企业主要人员	
1.3.3 企业工程业绩	
1.3.4 技术装备	
1.3.5 承包工程范围	

注：民用建筑的分类，厂房、仓库、储罐、堆场火灾危险性的划分，依据《建筑设计防火规范》GB 50016—2014确定

18. 防水防腐保温工程专业承包资质标准（防腐保温与建筑防水工程合并，表3-18）

防水防腐保温工程专业承包资质标准　　表3-18

指标	2014版
1.1 一级资质标准	
1.1.1 企业资产	净资产1000万元以上
1.1.2 企业主要人员	(1) 技术负责人具有8年以上从事工程施工技术管理工作经历，且具有工程序列中级以上职称或注册建造师执业资格；工程序列中级以上职称和注册建造师合计不少于15人，且结构、材料或化工等专业齐全。 (2) 持有岗位证书的施工现场管理人员不少于15人，且施工员、质量员、安全员、机械员等人员齐全。 (3) 经考核或培训合格的防水工、电工、油漆工、抹灰工等技术工人不少于30人
1.1.3 企业工程业绩	近5年承担过下列2类中的至少1类工程的施工，工程质量合格。 (1) 单项合同额200万元以上的建筑防水工程1项或单项合同额150万元以上的建筑防水工程3项； (2) 单项合同额500万元以上的防腐保温工程2项

续表

指标	2014版
1.1.4 承包工程范围	可承担各类建筑防水、防腐保温工程的施工
1.2 二级资质标准	
1.2.1 企业资产	净资产400万元以上
1.2.2 企业主要人员	（1）技术负责人具有5年以上从事工程施工技术管理工作经历，且具有工程序列中级以上职称或注册建造师执业资格；工程序列中级以上职称和注册建造师合计不少于3人，且结构、材料或化工等专业齐全。 （2）持有岗位证书的施工现场管理人员不少于10人，且施工员、质量员、安全员、造价员等人员齐全。 （3）经考核或培训合格的防水工、电工、油漆工、抹灰工等技术工人不少于15人。 （4）技术负责人（或注册建造师）主持完成过本类别资质一级标准要求的工程业绩不少于2项
1.2.3 企业工程业绩	
1.2.4 承包工程范围	可承担单项合同额300万元以下建筑防水工程的施工，单项合同额600万元以下的各类防腐保温工程的施工
1.3 三级资质标准	
1.3.1 企业资产	
1.3.2 企业主要人员	
1.3.3 企业工程业绩	
1.3.4 承包工程范围	

19. 桥梁工程专业承包资质标准（保留，表3-19）

桥梁工程专业承包资质标准　　　　表3-19

指标	2014版
1.1 一级资质标准	
1.1.1 企业资产	净资产6000万元以上
1.1.2 企业主要人员	（1）市政公用工程、公路工程、铁路工程专业一级注册建造师合计不少于10人。 （2）技术负责人具有10年以上从事工程施工技术管理工作经历，且具有桥梁工程或结构专业高级职称；桥梁工程、结构等专业中级以上职称人员不少于20人，且专业齐全。 （3）持有岗位证书的施工现场管理人员不少于30人，且施工员、质量员、安全员等人员齐全。 （4）经考核或培训合格的钢筋工、测量工、混凝土工、模板工等中级工以上技术工人不少于50人
1.1.3 企业工程业绩	近5年承担过下列2类工程的施工，工程质量合格。 （1）累计修建单座桥长≥500米或单跨≥100米或桥墩高≥60米的桥梁4座； （2）累计完成桥梁工程合同额3亿元以上
1.1.4 技术装备	具有下列机械设备： （1）120立方米/小时以上水泥混凝土拌和设备1台； （2）200吨以上架桥机1台

续表

指标		2014版
1.1.5	承包工程范围	可承担各类桥梁工程的施工
1.2 二级资质标准		
1.2.1	企业资产	净资产3000万元以上
1.2.2	企业主要人员	(1) 市政公用工程、公路工程、铁路工程专业注册建造师合计不少于8人。 (2) 技术负责人具有8年以上从事工程施工技术管理工作经历，且具有桥梁工程或结构专业高级职称或市政公用工程（或公路工程或铁路工程）专业一级注册建造师执业资格；桥梁工程、结构等专业中级以上职称人员不少于15人，且专业齐全。 (3) 持有岗位证书的施工现场管理人员不少于20人，且施工员、质量员、安全员等人员齐全。 (4) 经考核或培训合格的钢筋工、测量工、混凝土工、模板工等中级工以上技术工人不少于30人
1.2.3	企业工程业绩	近5年承担过下列2类工程的施工，工程质量合格。 (1) 累计修建单座桥长≥100米或单跨≥40米的桥梁3座； (2) 累计完成桥梁工程合同额1.5亿元以上
1.2.4	技术装备	具有下列机械设备： (1) 60立方米/小时以上水泥混凝土拌合设备1台； (2) 100吨以上架桥机1台
1.2.5	承包工程范围	可承担单跨150米以下、单座桥梁总长1000米以下桥梁工程的施工
1.3 三级资质标准		
1.3.1	企业资产	净资产800万元以上
1.3.2	企业主要人员	(1) 市政公用工程、公路工程、铁路工程专业注册建造师合计不少于3人。 (2) 技术负责人具有5年以上从事工程施工技术管理工作经历，且具有桥梁工程或结构专业中级以上职称或市政公用工程（或公路工程或铁路工程）专业注册建造师执业资格；桥梁工程、结构等专业中级以上职称人员不少于8人，且专业齐全。 (3) 持有岗位证书的施工现场管理人员不少于10人，且施工员、质量员、安全员等人员齐全。 (4) 经考核或培训合格的钢筋工、测量工、混凝土工、模板工等中级工以上技术工人不少于20人。 (5) 技术负责人（或注册建造师）主持完成过本类别资质二级以上标准要求的工程业绩不少于2项
1.3.3	技术装备	具有下列机械设备： (1) 40立方米/小时以上水泥混凝土拌合设备1台； (2) 50吨以上架桥机1台
1.3.4	承包工程范围	可承担单跨50米以下、单座桥梁总长120米以下桥梁工程的施工

20. 隧道工程专业承包资质标准（保留，表 3-20）

隧道工程专业承包资质标准　　　　　表 3-20

指标	2014 版
1.1　一级资质标准	
1.1.1　企业资产	净资产 6000 万元以上
1.1.2　企业主要人员	（1）公路工程、铁路工程、市政公用工程、水利水电工程、矿业工程专业一级注册建造师合计不少于 8 人。 （2）技术负责人具有 10 年以上从事工程施工技术管理工作经历，具有隧道（或地下工程或结构）专业高级职称；隧道（或地下工程或结构）等专业中级以上职称人员不少于 15 人，且专业齐全。 （3）持有岗位证书的施工现场管理人员不少于 40 人，且施工员、质量员、安全员等人员齐全。 （4）经考核或培训合格的钢筋工、测量工、混凝土工、模板工、爆破工等中级工以上技术工人不少于 50 人
1.1.3　企业工程业绩	近 5 年承担过下列 2 类工程的施工，工程质量合格。 （1）单洞长≥500 米的隧道 4 座； （2）累计完成隧道长度 10 公里以上
1.1.4　技术装备	具有隧道掘进设备 2 台
1.1.5　承包工程范围	可承担各类隧道工程的施工
1.2　二级资质标准	
1.2.1　企业资产	净资产 2000 万元以上
1.2.2　企业主要人员	（1）公路工程、铁路工程、市政公用工程、水利水电工程、矿业工程专业注册建造师合计不少于 8 人。 （2）技术负责人具有 8 年以上从事工程施工技术管理工作经历，具有隧道（或地下工程或结构）专业高级职称或公路工程（或铁路工程或市政公用工程或水利水电工程或矿业工程）专业一级注册建造师执业资格；隧道（或地下工程或结构）等专业中级以上职称人员不少于 10 人，且专业齐全。 （3）持有岗位证书的施工现场管理人员不少于 25 人，且施工员、质量员、安全员等人员齐全。 （4）经考核或培训合格的钢筋工、测量工、混凝土工、模板工、爆破工等中级工以上技术工人不少于 30 人
1.2.3　企业工程业绩	近 5 年承担过下列 2 类工程的施工，工程质量合格。 （1）单洞长≥200 米的隧道 3 座； （2）累计完成隧道长度 5 公里以上
1.2.4　技术装备	具有隧道掘进设备 1 台
1.2.5　承包工程范围	可承担断面 60 平方米以下且单洞长度 1000 米以下的隧道工程施工
1.3　三级资质标准	
1.3.1　企业资产	净资产 800 万元以上

续表

指标	2014版
1.3.2 企业主要人员	（1）公路工程、铁路工程、市政公用工程、水利水电工程、矿业工程专业注册建造师合计不少于3人。 （2）技术负责人具有5年以上从事工程施工技术管理工作经历，且具有隧道（或地下工程或结构）专业中级职称或公路工程（或铁路工程或市政公用工程或水利水电工程或矿业工程）专业注册建造师执业资格；隧道（或地下工程或结构）等专业中级以上职称人员不少于5人，且专业齐全。 （3）持有岗位证书的施工现场管理人员不少于15人，且施工员、质量员、安全员等人员齐全。 （4）经考核或培训合格的钢筋工、测量工、混凝土工、模板工、爆破工等中级工以上技术工人不少于15人。 （5）技术负责人（或注册建造师）主持完成过本类别的工程业绩不少于2项
1.3.3 企业工程业绩	
1.3.4 技术装备	具有隧道掘进设备1台
1.3.5 承包工程范围	可承担断面40平方米以下且单洞长度500米以下的隧道工程施工

21. 钢结构工程专业承包资质标准（保留，表3-21）

钢结构工程专业承包资质标准　　　　　表3-21

指标	2014版
1.1 一级资质标准	
1.1.1 企业资产	（1）净资产3000万元以上。 （2）厂房面积不少于30000平方米
1.1.2 企业主要人员	（1）建筑工程专业一级注册建造师不少于8人。 （2）技术负责人具有10年以上从事工程施工技术管理工作经历，且具有建筑工程相关专业高级职称；结构、机械、焊接等专业中级以上职称人员不少于20人，且专业齐全。 （3）持有岗位证书的施工现场管理人员不少于30人，且施工员、质量员、安全员、材料员、造价员、资料员等人员齐全。 （4）经考核或培训合格的焊工、油漆工、起重信号工等中级工以上技术工人不少于50人
1.1.3 企业工程业绩	近5年承担过下列5类中的2类钢结构工程的施工，工程质量合格。 （1）钢结构高度80米以上； （2）钢结构单跨30米以上； （3）网壳、网架结构短边边跨跨度70米以上； （4）单体钢结构建筑面积3万平方米以上； （5）单体钢结构工程钢结构重量5000吨以上
1.1.4 技术装备	具有下列机械设备： （1）切割设备（多头切割机或数控切割机或仿型切割机或等离子切割机或相贯切割机等）3台； （2）制孔设备（三维数控钻床或平面数控钻床或50毫米以上摇臂钻床等）3台； （3）端面铣切或锁口机不少于2台； （4）超声波探伤仪、漆膜测厚仪（干湿膜）等质量检测设备齐全

续表

指标	2014版
1.1.5 承包工程范围	可承担各类钢结构工程的施工 |//
1.2 二级资质标准	
1.2.1 企业资产	(1) 净资产1500万元以上。 (2) 厂房面积不少于15000平方米
1.2.2 企业主要人员	(1) 建筑工程专业注册建造师不少于6人。 (2) 技术负责人具有8年以上从事工程施工技术管理工作经历，且具有建筑工程相关专业高级职称或一级注册建造师执业资格；结构、机械、焊接等专业中级以上职称人员不少于10人，且专业齐全。 (3) 持有岗位证书的施工现场管理人员不少于15人，且施工员、质量员、安全员、材料员、造价员、资料员等人员齐全。 (4) 经考核或培训合格的焊工、油漆工、起重信号工等中级工以上技术工人不少于20人
1.2.3 企业工程业绩	近5年承担过下列5类中的2类钢结构工程的施工，工程质量合格。 (1) 钢结构高度50米以上的建筑物； (2) 钢结构单跨24米以上的建筑物； (3) 网壳、网架结构短边边跨跨度30米以上； (4) 单体钢结构建筑面积10000平方米以上； (5) 单体钢结构工程钢结构重量2000吨以上
1.2.4 技术装备	具有下列机械设备： (1) 切割设备（多头切割机或数控切割机或仿型切割机或等离子切割机或相贯切割机等）1台； (2) 制孔设备（三维数控钻床或平面数控钻床或50mm以上摇臂钻床等）1台； (3) 超声波探伤仪、漆膜测厚仪（干湿膜）等质量检测设备齐全
1.2.5 承包工程范围	可承担下列钢结构工程的施工： (1) 钢结构高度100米以下； (2) 钢结构单跨跨度36米以下； (3) 网壳、网架结构短边边跨跨度75米以下； (4) 单体钢结构工程钢结构总重量6000吨以下； (5) 单体建筑面积35000平方米以下
1.3 三级资质标准	
1.3.1 企业资产	净资产500万元以上
1.3.2 企业主要人员	(1) 建筑工程专业注册建造师不少于3人。 (2) 技术负责人具有5年以上从事工程施工技术管理工作经历，具有工程序列中级以上职称或注册建造师执业资格；结构、机械、焊接等专业中级以上职称人员不少于6人。 (3) 持有岗位证书的施工现场管理人员不少于8人，且施工员、质量员、安全员、材料员、造价员、资料员等人员齐全。 (4) 经考核或培训合格的焊工、油漆工、起重信号工等中级工以上技术工人不少于10人。 (5) 技术负责人（或注册建造师）主持完成过本类别资质二级以上标准要求的工程业绩不少于2项

续表

指标	2014 版
1.3.3　企业工程业绩	
1.3.4　技术装备	
1.3.5　承包工程范围	可承担下列钢结构工程的施工： （1）钢结构高度 60 米以下； （2）钢结构单跨跨度 30 米以下； （3）网壳、网架结构短边边跨跨度 33 米以下； （4）单体钢结构工程钢结构总重量 3000 吨以下； （5）单体建筑面积 15000 平方米以下

注：钢结构工程是指建筑物或构筑物的主体承重梁、柱等均使用以钢为主要材料，并工厂制作、现场安装的方式完成的建筑工程

22. 模板脚手架专业承包资质标准（附着升降脚手架变更，表 3-22）

模板脚手架专业承包资质标准　　　　　　　　　　　　　　　　表 3-22

指标	2014 版（不分等级）
1.1.1　企业资产	净资产 400 万元以上
1.1.2　企业主要人员	（1）技术负责人具有 8 年以上从事工程施工技术管理工作经历，且具有工程序列中级职称；结构、机械、电气等专业中级以上职称人员不少于 5 人。 （2）持有岗位证书的施工现场管理人员不少于 10 人，且施工员、安全员、机械员等人员齐全。 （3）经考核或培训合格的模板工、架子工等技术工人不少于 20 人。 （4）技术负责人主持完成过本类别工程业绩不少于 2 项
1.1.3　企业工程业绩	
1.1.4　承包工程范围	可承担各类模板、脚手架工程的设计、制作、安装、施工

23. 建筑装修装饰工程专业承包资质标准（保留，表 3-23）

建筑装修装饰工程专业承包资质标准　　　　　　　　　　　　　表 3-23

指标	2014 版
	1.1　一级资质标准
1.1.1　企业资产	净资产 1500 万元以上
1.1.2　企业主要人员	（1）建筑工程专业一级注册建造师不少于 5 人。 （2）技术负责人具有 10 年以上从事工程施工技术管理工作经历，且具有工程序列高级职称或建筑工程专业一级注册建造师（或一级注册建筑师或一级注册结构工程师）执业资格；建筑美术设计、结构、暖通、给水排水、电气等专业中级以上职称人员不少于 10 人。

续表

指标	2014版
1.1.2 企业主要人员	(3) 持有岗位证书的施工现场管理人员不少于30人，且施工员、质量员、安全员、材料员、造价员、劳务员、资料员等人员齐全。 (4) 经考核或培训合格的木工、砌筑工、镶贴工、油漆工、石作业工、水电工等中级工以上技术工人不少于30人
1.1.3 企业工程业绩	近5年承担过单项合同额1500万元以上的装修装饰工程2项，工程质量合格
1.1.4 承包工程范围	可承担各类建筑装修装饰工程，以及与装修工程直接配套的其他工程的施工
1.2 二级资质标准	
1.2.1 企业资产	净资产200万元以上
1.2.2 企业主要人员	(1) 建筑工程专业注册建造师不少于3人。 (2) 技术负责人具有8年以上从事工程施工技术管理工作经历，且具有工程序列中级以上职称或建筑工程专业注册建造师（或注册建筑师或注册结构工程师）执业资格；建筑美术设计、结构、暖通、给水排水、电气等专业中级以上职称人员不少于5人。 (3) 持有岗位证书的施工现场管理人员不少于10人，且施工员、质量员、安全员、材料员、造价员、劳务员、资料员等人员齐全。 (4) 经考核或培训合格的木工、砌筑工、镶贴工、油漆工、石作业工、水电工等专业技术工人不少于15人。 (5) 技术负责人（或注册建造师）主持完成过本类别工程业绩不少于2项
1.2.3 企业工程业绩	
1.2.4 承包工程范围	可承担单项合同额2000万元以下的建筑装修装饰工程，以及与装修工程直接配套的其他工程的施工
1.3 三级资质标准	
1.3.1 企业资产	
1.3.2 企业主要人员	
1.3.3 企业工程业绩	
1.3.4 承包工程范围	

注：(1) 与装修工程直接配套的其他工程是指在不改变主体结构的前提下的水、暖、电及非承重墙的改造。
(2) 建筑美术设计职称包括建筑学、环境艺术、室内设计、装潢设计、舞美设计、工业设计、雕塑等专业职称

24. 建筑机电安装工程专业承包资质标准（机电设备安装工程变更，表3-24）

建筑机电安装工程专业承包资质标准　　　表3-24

指标	2014版
1.1 一级资质标准	
1.1.1 企业资产	净资产2000万元以上

续表

指标	2014 版
1.1.2 企业主要人员	（1）机电工程专业一级注册建造师不少于 8 人。 （2）技术负责人具有 10 年以上从事工程施工技术管理工作经历，且具有机电工程相关专业高级职称；机电工程相关专业中级以上职称人员不少于 20 人，且专业齐全。 （3）持有岗位证书的施工现场管理人员不少于 20 人，且施工员、质量员、安全员、材料员、机械员、资料员等人员齐全。 （4）经考核或培训合格的机械设备安装工、电工、管道工、通风工、焊工、起重工等中级工以上技术工人不少于 50 人
1.1.3 企业工程业绩	近 5 年承担过单项合同额 1500 万元以上的建筑机电安装工程 2 项，工程质量合格
1.1.4 承包工程范围	可承担各类建筑工程项目的设备、线路、管道的安装，35 千伏以下变配电站工程，非标准钢结构件的制作、安装
1.2 二级资质标准	
1.2.1 企业资产	净资产 1000 万元以上
1.2.2 企业主要人员	（1）机电工程专业注册建造师不少于 8 人，其中一级注册建造师不少于 2 人。 （2）技术负责人具有 8 年以上从事工程施工技术管理工作经历，且具有机电工程相关专业中级以上职称或机电工程专业一级注册建造师执业资格；机电工程相关专业中级以上职称人员不少于 10 人，且专业齐全。 （3）持有岗位证书的施工现场管理人员不少于 15 人，且施工员、质量员、安全员、机械员、材料员、资料员等人员齐全。 （4）经考核或培训合格的机械设备安装工、电工、管道工、通风工、焊工等中级工以上技术工人不少于 30 人
1.2.3 企业工程业绩	近 5 年承担过单项合同额 800 万元以上的建筑机电安装工程 2 项，工程质量合格
1.2.4 承包工程范围	可承担单项合同额 2000 万元以下的各类建筑工程项目的设备、线路、管道的安装，10 千伏以下变配电站工程，非标准钢结构件的制作、安装
1.3 三级资质标准	
1.3.1 企业资产	净资产 400 万元以上
1.3.2 企业主要人员	（1）机电工程专业注册建造师不少于 3 人。 （2）技术负责人具有 5 年以上从事施工技术管理工作经历，具有机电工程相关专业中级以上职称或机电工程专业注册建造师执业资格；机电工程相关专业中级以上职称人员不少于 6 人，且专业齐全。 （3）持有岗位证书的施工现场管理人员不少于 8 人，且施工员、质量员、安全员、机械员、材料员、资料等人员齐全。 （4）经考核或培训合格的机械设备安装工、电工、管道工、通风工、焊工等中级工以上技术工人不少于 15 人。 （5）技术负责人（或注册建造师）主持完成过本类别资质二级以上标准要求的工程业绩不少于 2 项
1.3.3 企业工程业绩	
1.3.4 承包工程范围	可承担单项合同额 1000 万元以下的各类建筑工程项目的设备、线路、管道的安装，非标准钢结构件的制作、安装

25. 建筑幕墙工程专业承包资质标准（保留，表3-25）

建筑幕墙工程专业承包资质标准　　　　　　表3-25

指标	2014版
1.1　一级资质标准	
1.1.1　企业资产	（1）净资产2000万元以上。 （2）厂房面积不少于3000平方米
1.1.2　企业主要人员	（1）建筑工程专业一级注册建造师不少于6人。 （2）技术负责人具有10年以上从事工程施工技术管理工作经历，且具有建筑工程相关专业高级职称或建筑工程专业一级注册建造师（或一级注册结构工程师）执业资格；结构、机械等专业中级以上职称人员不少于15人，且专业齐全。 （3）持有岗位证书的施工现场管理人员不少于20人，且施工员、质量员、安全员、材料员、资料员等人员齐全。 （4）经考核或培训合格的中级工以上技术工人不少于40人
1.1.3　企业工程业绩	近5年承担过6项单体建筑工程幕墙面积6000平方米以上的建筑幕墙工程施工，工程质量合格
1.1.4　承包工程范围	可承担各类型的建筑幕墙工程的施工
1.2　二级资质标准	
1.2.1　企业资产	净资产400万元以上
1.2.2　企业主要人员	（1）建筑工程专业注册建造师不少于4人。 （2）技术负责人具有8年以上从事工程施工技术管理工作经历，且具有建筑工程相关专业中级以上职称或建筑工程专业注册建造师（或注册结构工程师）执业资格；结构、机械等专业工程序列中级以上职称人员不少于6人，且专业齐全。 （3）持有岗位证书的施工现场管理人员不少于8人，且施工员、质量员、安全员、材料员、资料员等人员齐全。 （4）经考核或培训合格的中级工以上技术工人不少于10人。 （5）技术负责人（或注册建造师）主持完成过本类别工程业绩不少于2项
1.2.3　企业工程业绩	
1.2.4　承包工程范围	可承担单体建筑工程幕墙面积8000平方米以下建筑幕墙工程的施工
1.3　三级资质标准	
1.3.1　企业资产	
1.3.2　企业主要人员	
1.3.3　企业工程业绩	
1.3.4　承包工程范围	

26. 古建筑工程专业承包资质标准（园林古建筑工程变更，表3-26）

古建筑工程专业承包资质标准　　　　　　　　　表 3-26

指标	2014 版
1.1 一级资质标准	
1.1.1 企业资产	净资产 2000 万元以上
1.1.2 企业主要人员	（1）建筑工程专业一级注册建造师不少于 5 人。 （2）技术负责人具有 10 年以上从事工程施工技术管理工作经历，且具有工程序列高级职称；结构、风景园林等专业中级以上职称人员不少于 8 人，且专业齐全。 （3）持有岗位证书的施工现场管理人员不少于 20 人，且施工员、质量员、安全员、材料员、资料员等人员齐全。 （4）经考核或培训合格的砍细工、木雕工、石雕工、砍刻工、泥塑工、彩绘工、推光漆工、匾额工、砌花街工等中级工以上技术工人不少于 20 人，且人员齐全
1.1.3 企业工程业绩	近 5 年承担过下列 2 类或某 1 类的 2 项工程的施工，工程质量合格。 （1）单体建筑面积 600 平方米以上的仿古建筑工程； （2）国家重点文物保护单位的主要古建筑修缮工程
1.1.4 承包工程范围	可承担各类仿古建筑、古建筑修缮工程的施工
1.2 二级资质标准	
1.2.1 企业资产	净资产 1000 万元以上
1.2.2 企业主要人员	（1）建筑工程专业注册建造师不少于 5 人。 （2）技术负责人具有 8 年以上从事工程施工技术管理工作经历，且具有工程序列高级职称或建筑工程专业一级注册建造师执业资格；结构、风景园林等专业中级以上职称人员不少于 5 人，且专业齐全。 （3）持有岗位证书的施工现场管理人员不少于 12 人，且施工员、质量员、安全员、材料员、资料员等人员齐全。 （4）经考核或培训合格的砍细工、木雕工、石雕工、砍刻工、泥塑工、彩绘工、推光漆工、匾额工、砌花街工等中级工以上技术工人不少于 12 人，且人员齐全
1.2.3 企业工程业绩	近 5 年承担过下列 2 类或某 1 类 2 项工程的施工，工程质量合格。 （1）单体建筑面积 300 平方米以上的仿古建筑工程； （2）省级重点文物保护单位的主要古建筑修缮工程
1.2.4 承包工程范围	可承担建筑面积 800 平方米以下的单体仿古建筑工程，国家级 200 平方米以下重点文物保护单位的古建筑修缮工程的施工
1.3 三级资质标准	
1.3.1 企业资产	净资产 400 万元以上

续表

指标	2014版
1.3.2　企业主要人员	(1) 建筑工程专业注册建造师不少于2人。 (2) 技术负责人具有5年以上从事工程施工技术管理工作经历，且具有工程序列中级以上职称或建筑工程专业注册建造师执业资格；结构、风景园林等专业中级以上职称不少于3人，且专业齐全。 (3) 持有岗位证书的施工现场管理人员不少于8人，且施工员、质量员、安全员、材料员、资料员等人员齐全。 (4) 经考核或培训合格的砍细工、木雕工、石雕工、砍刻工、泥塑工、彩绘工、推光漆工、匾额工、砌花街工等中级工以上技术工人不少于9人，且人员齐全。 (5) 技术负责人（或注册建造师）主持完成过本类别资质二级以上标准要求的工程业绩不少于2项
1.3.3　企业工程业绩	
1.3.4　承包工程范围	可承担建筑面积400平方米以下的单体仿古建筑工程，省级100平方米以下重点文物保护单位的古建筑修缮工程的施工

注：(1) 仿古建筑工程是指以传统结构为主（木结构、砖石结构）利用传统建筑材料（砖、木、石、土、瓦等）建造的房屋建筑工程、构筑物（含亭、台、塔等）工程，以及部分利用传统建筑材料建造的建筑工程。
(2) 古建筑修缮工程是指利用传统建筑材料和现代建筑材料，在特定范围内对古建筑的复原、加固及修补工程

27. 城市及道路照明工程专业承包资质标准（保留，表3-27）

城市及道路照明工程专业承包资质标准　　　　表3-27

指标	2014版
1.1　一级资质标准	
1.1.1　企业资产	净资产1500万元以上
1.1.2　企业主要人员	(1) 市政公用工程、机电工程专业注册建造师合计不少于8人，其中一级注册建造师不少于2人。 (2) 技术负责人具有10年以上从事工程施工技术管理工作经历，且具有工程序列高级职称；市政公用工程、电气、机电、自动化、光源与照明、园林景观、结构等专业中级以上职称人员不少于20人，且专业齐全。 (3) 持有岗位证书的施工现场管理人员不少于30人，且施工员、质量员、安全员、材料员、资料员等人员齐全。 (4) 经考核或培训合格的高压电工、低压电工、维修电工、安装电工等齐全，且不少于30人；具有高空作业操作证书的技术工人不少于5人，起重作业操作证书的技术工人不少于2人
1.1.3　企业工程业绩	近5年独立承担过下列3类中的2类工程的施工，且必须有第1类所列工程，工程质量合格。 (1) 单项合同额1000万元以上的带250千伏安以上的箱式变配电或带有远程集中监控管理系统的道路照明工程3项； (2) 单项合同额1000万元以上的室外公共空间（广场、公园、绿地、机场、体育场、车站、港口、码头等）功能照明工程或景观照明工程3项； (3) 年养护的功能照明设施不少于5万盏或景观照明设施总功率不少于1万千瓦
1.1.4　承包工程范围	可承担各类城市与道路照明工程的施工

续表

指标		2014版
1.2 二级资质标准		
1.2.1	企业资产	净资产800万元以上
1.2.2	企业主要人员	(1) 市政公用工程、机电工程专业注册建造师合计不少于5人。 (2) 技术负责人具有8年以上从事工程施工技术管理工作经历，且具有工程序列中级以上职称或市政公用工程（或机电工程）专业注册建造师执业资格；市政公用工程、电气、机电、自动化、光源与照明、园林景观、结构等专业中级以上职称人员不少于10人，且专业齐全。 (3) 持有岗位证书的施工现场管理人员不少于20人，且施工员、质量员、安全员、材料员、资料员等人员齐全。 (4) 经考核或培训合格的高压电工、低压电工、维修电工、安装电工等齐全，且不少于15人；具有高空作业操作证书的技术工人不少于2人，起重作业操作证书的技术工人不少于1人
1.2.3	企业工程业绩	近5年独立承担过下列3类中的2类工程的施工，且必须有第1类所列工程，工程质量合格。 (1) 单项合同额500万元以上的带160千伏安以上的箱式变配电或带有远程集中监控管理系统的道路照明工程3项； (2) 单项合同额500万元以上的室外公共空间（广场、公园、绿地、机场、体育场、车站、港口、码头等）功能照明工程或景观照明工程3项； (3) 年养护的功能照明设施不少于3万盏或景观照明设施总功率不少于0.5万千瓦
1.2.4	承包工程范围	可承担单项合同额不超过1200万元的城市与道路照明工程的施工
1.3 三级资质标准		
1.3.1	企业资产	净资产300万元以上
1.3.2	企业主要人员	(1) 市政公用工程、机电工程专业注册建造师合计不少于2人。 (2) 技术负责人具有5年以上从事工程施工技术管理工作经历，且具有工程序列中级以上职称或市政公用工程（或机电工程）专业注册建造师执业资格；工程序列中级以上职称人员不少于5人。 (3) 持有岗位证书的施工现场管理人员不少于8人，且施工员、质量员、安全员、材料员、资料员等人员齐全。 (4) 经考核或培训合格的高压电工、低压电工、维修电工、安装电工等齐全，且不少于12人。 (5) 技术负责人（或注册建造师）主持完成过本类别资质二级以上标准要求的工程业绩不少于2项
1.3.3	企业工程业绩	
1.3.4	承包工程范围	可承担单项合同额不超过600万元的城市与道路照明工程的施工

28. 公路路面工程专业承包资质标准（保留，表 3-28）

公路路面工程专业承包资质标准　　　　表 3-28

指标	2014 版
\multicolumn{2}{c}{1.1　一级资质标准}
1.1.1　企业资产	净资产 7200 万元以上
1.1.2　企业主要人员	（1）公路工程专业一级注册建造师不少于 10 人。 （2）技术负责人具有 10 年以上从事工程施工技术管理工作经历，且具有公路工程相关专业高级职称或公路工程专业一级注册建造师执业资格；公路工程相关专业中级以上职称人员不少于 40 人。 （3）持有岗位证书的施工现场管理人员不少于 15 人，且施工员、安全员、造价员等人员齐全。 （4）经考核或培训合格的中级工以上的技术工人不少于 20 人
1.1.3　企业工程业绩	近 10 年承担过下列 2 类工程的施工，工程质量合格。 （1）累计修建二级以上公路路面（不少于 2 层且厚度 10 厘米以上沥青混凝土路面，或 22 厘米以上水泥混凝土路面）300 万平方米以上； （2）累计完成二级以上公路路面工程合同额 3 亿元以上
1.1.4　技术装备	具有下列机械设备： （1）160 吨/小时以上沥青混凝土拌和设备 2 台，120 立方米/小时以上水泥混凝土拌和设备 2 台，300 吨/小时以上稳定土拌和设备 2 台； （2）摊铺宽度 12 米以上沥青混凝土摊铺设备 5 台； （3）120 千瓦以上平地机 5 台； （4）各型压路机 12 台； （5）100 千瓦以上推土机 5 台
1.1.5　承包工程范围	可承担各级公路路面工程的施工
\multicolumn{2}{c}{1.2　二级资质标准}
1.2.1　企业资产	净资产 2500 万元以上
1.2.2　企业主要人员	（1）公路工程专业注册建造师不少于 8 人。 （2）技术负责人具有 8 年以上从事工程施工技术管理工作经历，且具有公路工程相关专业中级以上职称或公路工程专业注册建造师执业资格；公路工程相关专业中级以上职称人员不少于 15 人。 （3）持有岗位证书的施工现场管理人员不少于 10 人，且施工员、安全员、造价员等人员齐全。 （4）经考核或培训合格的中级工以上技术工人不少于 15 人
1.2.3　企业工程业绩	近 10 年承担过下列 2 类工程的施工，工程质量合格。 （1）累计修建四级以上公路路面（厚度 5 厘米以上沥青混凝土路面或 20 厘米以上水泥混凝土路面）300 万平方米以上； （2）累计完成四级以上公路路面工程合同额 1 亿元以上

续表

指标		2014 版
1.2.4	技术装备	具有下列机械设备： (1) 120 吨/小时以上沥青混凝土拌和设备 1 台，60 立方米/小时以上水泥混凝土拌和设备 2 台，300 吨/小时以上稳定土拌和设备 1 台； (2) 摊铺宽度 8 米以上沥青混凝土摊铺设备 2 台； (3) 120 千瓦以上平地机 3 台； (4) 各型压路机 8 台； (5) 100 千瓦以上推土机 3 台
1.2.5	承包工程范围	可承担一级以下公路路面工程的施工
1.3 三级资质标准		
1.3.1	企业资产	净资产 800 万元以上
1.3.2	企业主要人员	(1) 公路工程专业注册建造师不少于 5 人。 (2) 技术负责人具有 5 年以上从事工程施工技术管理工作经历，且具有公路工程相关专业中级以上职称或公路工程专业注册建造师执业资格；公路工程相关专业中级以上职称人员不少于 10 人。 (3) 持有岗位证书的施工现场管理人员不少于 5 人，且施工员、安全员、造价员等人员齐全。 (4) 经考核或培训合格的中级工以上技术工人不少于 10 人。 (5) 技术负责人（或注册建造师）主持完成过本类别资质二级以上标准要求的工程业绩不少于 2 项
1.3.3	企业工程业绩	
1.3.4	技术装备	具有下列机械设备： (1) 100 吨/小时以上沥青混凝土拌和设备 1 台，50 立方米/小时以上水泥混凝土拌和设备 1 台； (2) 摊铺宽度 4.5 米以上沥青混凝土摊铺设备 1 台； (3) 120 千瓦以上平地机 1 台； (4) 各型压路机 3 台
1.3.5	承包工程范围	可承担二级以下公路路面工程的施工

29. 公路路基工程专业承包资质标准（保留，表 3-29）

公路路基工程专业承包资质标准　　表 3-29

指标		2014 版
1.1 一级资质标准		
1.1.1	企业资产	净资产 5000 万元以上
1.1.2	企业主要人员	(1) 公路工程专业一级注册建造师不少于 10 人。 (2) 技术负责人具有 10 年以上从事工程施工技术管理工作经历，且具有公路工程相关专业高级职称或公路工程专业一级注册建造师执业资格；公路工程相关专业中级以上职称人员不少于 40 人。 (3) 持有岗位证书的施工现场管理人员不少于 15 人，且施工员、安全员、造价员等人员齐全。 (4) 经考核或培训合格的中级工以上技术工人不少于 20 人

续表

指标	2014版
1.1.3 企业工程业绩	近10年承担过下列2类工程的施工，工程质量合格。 (1) 累计修建一级以上公路路基100公里以上； (2) 累计完成二级以上公路路基工程合同额3亿元以上
1.1.4 技术装备	具有下列机械设备： (1) 1立方米以上挖掘机5台； (2) 120千瓦以上平地机4台； (3) 各型压路机15台，其中大型土方振动压实设备5台； (4) 100千瓦以上推土机5台； (5) 9立方米空压机3台； (6) 2立方米以上装载机5台； (7) 25立方米以上水泥混凝土拌合设备2台
1.1.5 承包工程范围	可承担各级公路的路基、中小桥涵、防护及排水、软基处理工程的施工
1.2 二级资质标准	
1.2.1 企业资产	净资产2400万元以上
1.2.2 企业主要人员	(1) 公路工程专业注册建造师不少于8人。 (2) 技术负责人具有8年以上从事工程施工技术管理工作经历，且具有公路工程相关专业中级以上职称或公路工程专业注册建造师执业资格；公路工程相关专业中级以上职称人员不少于15人。 (3) 持有岗位证书的施工现场管理人员不少于10人，且施工员、安全员、造价员等人员齐全。 (4) 经考核或培训合格的中级工以上技术工人不少于15人
1.2.3 企业工程业绩	近10年承担过下列2类工程的施工，工程质量合格。 (1) 累计修建二级以上公路路基100公里以上； (2) 累计完成三级以上公路路基工程合同额1亿元以上
1.2.4 技术装备	具有下列机械设备： (1) 1立方米以上挖掘机3台； (2) 120千瓦以上平地机2台； (3) 各型压路机8台，其中大型土方振动压实设备3台； (4) 100千瓦以上推土机3台； (5) 9立方米空压机2台； (6) 2立方米以上装载机3台； (7) 25立方米以上水泥混凝土拌合设备2台
1.2.5 承包工程范围	可承担一级标准以下公路的路基、中小桥涵、防护及排水、软基处理工程的施工
1.3 三级资质标准	
1.3.1 企业资产	净资产600万元以上

续表

指标		2014 版
1.3.2	企业主要人员	（1）公路工程专业注册建造师不少于 5 人。 （2）技术负责人具有 5 年以上从事工程施工技术管理工作经历，且具有公路工程相关专业中级以上职称或公路工程专业注册建造师执业资格；公路工程相关专业中级以上职称人员不少于 10 人。 （3）持有岗位证书的施工现场管理人员不少于 5 人，且施工员、安全员、造价员等人员齐全。 （4）经考核或培训合格的中级工以上技术工人不少于 10 人。 （5）技术负责人（或注册建造师）主持完成过本类别资质二级以上标准要求的工程业绩不少于 2 项
1.3.3	企业工程业绩	
1.3.4	技术装备	具有下列机械设备： （1）水泥混凝土拌和设备 1 台； （2）1 立方米以上挖掘机 2 台； （3）120 千瓦以上平地机 1 台； （4）100 千瓦以上推土机 2 台； （5）各型压路机 4 台，其中大型土方振动压实设备 1 台； （6）2 立方米以上装载机 5 台
1.3.5	承包工程范围	可承担二级标准以下公路的路基、中小桥涵、防护及排水、软基处理工程的施工

30. 公路交通工程专业承包资质标准（交通安全设施变更为公路安全设施，其他四项合并为公路机电工程，表 3-30）

公路交通工程专业承包资质标准　　　　　　　　表 3-30

指标		2014 版
企业资产	一级资质标准	公路安全设施分项： 净资产 1000 万元以上
	二级资质标准	公路安全设施分项： 净资产 600 万元以上
	一级资质标准	公路机电工程分项： 净资产 1500 万元以上
	二级资质标准	公路机电工程分项： 净资产 800 万元以上
企业主要人员	一级资质标准	公路安全设施分项： （1）公路工程专业注册建造师不少于 8 人。 （2）技术负责人具有 10 年以上从事工程施工技术管理工作经历，且具有公路工程相关专业高级职称或公路工程专业一级注册建造师执业资格；公路工程相关专业和机械、工业自动化等专业中级以上职称人员不少于 20 人。 （3）持有岗位证书的施工现场管理人员不少于 15 人，且施工员、安全员、造价员等人员齐全。 （4）经考核或培训合格的中级工以上技术工人不少于 20 人

续表

指标		2014版
企业主要人员	二级资质标准	公路安全设施分项： (1) 公路工程专业注册建造师不少于5人。 (2) 技术负责人具有8年以上从事工程施工技术管理工作经历，且具有公路工程相关专业中级以上职称或公路工程专业注册建造师执业资格；公路工程相关专业和机械、工业自动化等专业中级以上职称人员不少于15人。 (3) 持有岗位证书的施工现场管理人员不少于10人，且施工员、安全员、造价员等人员齐全。 (4) 经考核或培训合格的中级工以上技术工人不少于12人。 (5) 技术负责人（或注册建造师）主持完成过本类别工程业绩不少于2项
	一级资质标准	公路机电工程分项： (1) 公路工程、机电工程专业一级注册建造师合计不少于10人。 (2) 技术负责人具有10年以上从事工程施工技术管理工作经历，且具有公路工程相关专业高级职称或公路工程（或机电工程）专业一级注册建造师执业资格；公路工程相关专业和电子、通信、计算机等专业中级以上职称人员不少于40人。 (3) 持有岗位证书的施工现场管理人员不少于15人，且施工员、安全员、造价员等人员齐全。 (4) 经考核或培训合格的中级工以上技术工人不少于20人
	二级资质标准	公路机电工程分项： (1) 公路工程、机电工程专业注册建造师合计不少于5人。 (2) 技术负责人具有8年以上从事工程施工技术管理工作经历，且具有公路工程相关专业高级职称或公路工程（或机电工程）专业一级注册建造师执业资格；公路工程相关专业和电子、通信、计算机等专业中级以上职称人员不少于20人。 (3) 持有岗位证书的施工现场管理人员不少于10人，且施工员、安全员、造价员等人员齐全。 (4) 经考核或培训合格的中级工以上的技术工人不少于10人。 (5) 技术负责人（或注册建造师）主持完成过本类别工程业绩不少于2项
企业工程业绩	一级资质标准	公路安全设施分项： 近5年承担过下列2类工程的施工，工程质量合格。 (1) 完成3条以上一级公路安全设施（含标志、标线、护栏、隔离栅、防眩板等3项以上）的施工，累计施工里程300公里以上（其中标线、护栏、隔离栅施工里程均不少于60公里）。 (2) 累计完成公路安全设施工程合同额5000万元以上
	二级资质标准	

续表

指标		2014版
企业工程业绩	一级资质标准	公路机电工程分项： 近5年承担过下列3类中的至少1类工程的施工，工程质量合格。 （1）完成3条以上一级公路通信、监控、收费综合系统工程的施工，累计施工里程300公里以上。 （2）完成3条以上一级公路通信、监控、收费综合系统工程的施工，累计合同额2亿元以上。 （3）完成一级公路通信、监控、收费综合系统工程单个项目里程100公里以上的施工和2座以上大于1000米的独立公路隧道机电工程的施工
	二级资质标准	
技术装备	一级资质标准	公路安全设施分项： 具有下列机械设备： （1）升降机或吊车2台； （2）热熔或常温划线机8台； （3）放线设备2台； （4）底漆高压喷涂机2台； （5）涂层测厚仪2台； （6）打桩机10台； （7）交通标志逆反射系数测量仪2台； （8）逆反射标线测量仪2台； （9）经纬仪2台； （10）水准仪2台
	二级资质标准	公路安全设施分项： 具有下列机械设备： （1）升降机或吊车1台； （2）热熔或常温划线机4台； （3）放线设备1台； （4）底漆高压喷涂机1台； （5）涂层测厚仪1台； （6）打桩机5台； （7）交通标志逆反射系数测量仪1台； （8）逆反射标线测量仪1台； （9）经纬仪1台； （10）水准仪1台
	一级资质标准	公路机电工程分项： 具有下列机械设备： （1）RCL测试仪4台； （2）线缆测试仪4套； （3）视频测量仪、视频信号发生器4套； （4）串行数据分析仪4套； （5）通信测试分析系统4套； （6）混合信号示波器2台； （7）光纤熔接机2套； （8）光功率计2套； （9）光衰减器2套； （10）数字万能表2套； （11）CATV测试验收仪2套； （12）多用表校准仪1台

续表

指标		2014版
技术装备	二级资质标准	公路机电工程分项： 具有下列机械设备： (1) RCL测试仪2台； (2) 线缆测试仪2套； (3) 视频测量仪、视频信号发生器2套； (4) 串行数据分析仪2套； (5) 通信测试分析系统2套； (6) 混合信号示波器1台； (7) 光纤熔接机1套； (8) 光功率计1套； (9) 光衰减器1套； (10) 数字万能表1套； (11) CATV测试验收仪1套； (12) 多用表校准仪1台
承包工程范围	一级资质标准	交通安全设施分项： 可承担各级公路标志、标线、护栏、隔离栅、防眩板等公路安全设施工程的施工及安装
	二级资质标准	交通安全设施分项： 可承担一级以下公路标志、标线、护栏、隔离栅、防眩板等公路安全设施工程的施工及安装
	一级资质标准	公路机电工程分项： 可承担各级公路通信、监控、收费、干线传输系统、移动通信系统、光（电）缆敷设工程、紧急电话系统、交通信息采集系统、信息发布系统、中央控制系统、供配电、照明、智能交通管理等机电系统及配套工程系统的施工及安装；公路桥梁及隧道工程健康监测、通风、通信管道等机电系统及配套设备的施工及安装
	二级资质标准	公路机电工程分项： 可承担一级以下公路通信、监控、收费、干线传输系统、移动通信系统、光（电）缆敷设工程、紧急电话系统、交通信息采集系统、信息发布系统、中央控制系统、供配电、照明、智能交通管理等机电系统及配套工程系统的施工及安装

31. 铁路电务工程专业承包资质标准（保留，表3-31）

铁路电务工程专业承包资质标准　　　　表3-31

指标	2014版
\multicolumn{2}{c}{1.1　一级资质标准}	
1.1.1　企业资产	净资产4000万元以上
1.1.2　企业主要人员	（1）铁路工程专业一级注册建造师不少于7人，通信与广电工程专业一级注册建造师不少于3人。 （2）技术负责人具有10年以上从事铁路工程施工技术管理工作经历，且具有铁路通信或铁路信号专业高级职称；铁路通信、信号专业中级以上职称人员不少于50人，电力专业中级以上职称人员不少于25人。 （3）持有岗位证书的施工现场管理人员不少于40人，且施工员、测量员、质量员、安全员、试验员、材料员、标准员、机械员、劳务员、资料员等人员齐全。 （4）经考核或培训合格的中级工以上技术工人不少于50人
1.1.3　企业工程业绩	近10年独立承担过下列4类工程的施工，工程质量合格。 （1）累计铁路通信光（电）缆1000条公里以上及设备安装； （2）累计铁路电气集中道岔600组以上信号工程； （3）累计铁路自动闭塞400公里以上信号工程； （4）累计铁路电力线600公里以上及变电所（站）安装工程
1.1.4　承包工程范围	可承担各类铁路通信、信号及电力工程施工
\multicolumn{2}{c}{1.2　二级资质标准}	
1.2.1　企业资产	净资产2000万元以上
1.2.2　企业主要人员	（1）铁路工程专业一级注册建造师不少于4人，通信与广电工程专业一级注册建造师不少于2人。 （2）技术负责人具有10年以上从事铁路工程施工技术管理工作经历，且具有铁路通信或铁路信号工程专业高级职称；铁路通信、信号专业中级以上职称人员不少于25人，电力专业中级以上职称人员不少于15人。 （3）持有岗位证书的施工现场管理人员不少于20人，且施工员、测量员、质量员、安全员、试验员、材料员、标准员、机械员、劳务员、资料员等人员齐全。 （4）经考核或培训合格的中级工以上技术工人不少于30人
1.2.3　企业工程业绩	近10年独立承担过下列4类工程的施工，工程质量合格。 （1）累计铁路通信光（电）缆300条公里以上及设备安装； （2）累计铁路电气集中道岔300组以上信号工程； （3）累计铁路自动闭塞200公里以上信号工程； （4）累计铁路电力线300公里以上及变电所（站）安装工程

续表

指标		2014版
1.2.4	承包工程范围	可承担100公里以下Ⅰ、Ⅱ、Ⅲ、Ⅳ级铁路通信、信号及电力工程施工

<table>
<tr><td colspan="3">1.3 三级资质标准</td></tr>
<tr><td>1.3.1</td><td>企业资产</td><td>净资产500万元以上</td></tr>
<tr><td>1.3.2</td><td>企业主要人员</td><td>（1）铁路工程专业一级注册建造师不少于3人，通信与广电专业一级注册建造师不少于1人。
（2）技术负责人具有5年以上从事铁路工程施工技术管理工作经历，且具有铁路通信或铁路信号专业高级职称；铁路通信、信号专业中级以上职称人员不少于12人，电力专业中级以上职称人员不少于8人。
（3）持有岗位证书的施工现场管理人员不少于15人，且施工员、测量员、质量员、安全员、试验员、材料员、标准员、机械员、劳务员、资料员等人员齐全。
（4）经考核或培训合格的中级工以上技术工人不少于20人。
（5）技术负责人（或注册建造师）主持完成过本类别资质二级以上标准要求的工程业绩不少于2项</td></tr>
<tr><td>1.3.3</td><td>企业工程业绩</td><td></td></tr>
<tr><td>1.3.4</td><td>承包工程范围</td><td>可承担50公里以下Ⅱ、Ⅲ、Ⅳ级铁路通信、信号及电力工程施工</td></tr>
</table>

32. 铁路铺轨架梁工程专业承包资质标准（保留，表3-32）

铁路铺轨架梁工程专业承包资质标准　　　　　表3-32

指标		2014版
		1.1 一级资质标准
1.1.1	企业资产	净资产4000万元以上
1.1.2	企业主要人员	（1）铁路工程专业一级注册建造师不少于10人。 （2）技术负责人具有10年以上从事铁路工程施工技术管理工作经历，且具有铁道工程专业高级职称；铁道工程相关专业中级以上职称人员不少于35人，机械工程专业中级以上职称人员不少于15人，铁路运输专业中级职称以上人员不少于5人。 （3）持有岗位证书的施工现场管理人员不少于40人，且施工员、测量员、质量员、安全员、试验员、材料员、标准员、机械员、劳务员、资料员等人员齐全。 （4）经考核或培训合格的中级工以上技术工人不少于50人
1.1.3	企业工程业绩	近10年累计承担过1000公里以上机械铺轨架梁工程的施工，工程质量合格
1.1.4	承包工程范围	可承担各类大、中型铁路铺轨架梁工程施工

指标	2014版
	续表
	1.2 二级资质标准
1.2.1 企业资产	净资产2000万元以上
1.2.2 企业主要人员	（1）铁路工程专业一级注册建造师不少于5人。 （2）技术负责人具有8年以上从事铁路工程施工技术管理工作经历，且具有铁道工程专业高级职称；铁道工程、机械工程和铁路运输等专业中级以上职称人员不少于30人。 （3）持有岗位证书的施工现场管理人员不少于20人，且施工员、测量员、质量员、安全员、试验员、材料员、标准员、机械员、劳务员、资料员等人员齐全。 （4）经考核或培训合格的中级工以上技术工人不少于30人。 （5）技术负责人（或注册建造师）主持完成过本类别资质一级标准要求的工程业绩不少于2项
1.2.3 企业工程业绩	
1.2.4 承包工程范围	可承担50公里以下Ⅰ级铁路、100公里以下既有线改造以及Ⅱ、Ⅲ、Ⅳ级铁路铺轨架梁工程施工

33. 铁路电气化工程专业承包资质标准（保留，表3-33）

铁路电气化工程专业承包资质标准　　　　表3-33

指标	2014版
	1.1 一级资质标准
1.1.1 企业资产	净资产4000万元以上
1.1.2 企业主要人员	（1）铁路工程专业一级注册建造师不少于7人，机电工程专业一级注册建造师不少于3人。 （2）技术负责人具有10年以上从事铁路工程施工技术管理工作经历，且具有铁路电气化专业（供电、变配电、接触网）高级职称；铁路电气化专业（供电、变配电、接触网）中级以上职称人员不少于50人。 （3）持有岗位证书的施工现场管理人员不少于30人，且施工员、测量员、质量员、安全员、试验员、材料员、标准员、机械员、劳务员、资料员等人员齐全。 （4）经考核或培训合格的中级工以上技术工人不少于50人
1.1.3 企业工程业绩	近10年累计承担过1000条公里以上的Ⅰ、Ⅱ级铁路电气化工程专业承包施工，工程质量合格
1.1.4 承包工程范围	可承担各类铁路电气化工程的施工
	1.2 二级资质标准
1.2.1 企业资产	净资产2000万元以上
1.2.2 企业主要人员	（1）铁路工程专业一级注册建造师不少于3人，机电工程专业一级注册建造师不少于1人。 （2）技术负责人具有8年以上从事铁路工程施工技术管理工作经历，且具有铁路电气化专业（供电、变配电、接触网）高级职称；铁路电气化专业（供电、变配电、接触网）中级以上职称人员不少于30人。 （3）持有岗位证书的施工现场管理人员不少于25人，且施工员、测量员、质量员、安全员、试验员、材料员、标准员、机械员、劳务员、资料员等人员齐全。 （4）经考核或培训合格的中级工以上技术工人不少于30人

续表

指标		2014版
1.2.3	企业工程业绩	近10年累计承担过400条公里以上的铁路电气化工程专业承包施工，工程质量合格
1.2.4	承包工程范围	可承担100公里以下Ⅰ级铁路和Ⅱ、Ⅲ、Ⅳ级铁路电气化工程施工
1.3 三级资质标准		
1.3.1	企业资产	净资产1000万元以上
1.3.2	企业主要人员	（1）铁路工程专业一级注册建造师不少于1人，机电工程专业注册建造师不少于4人。 （2）技术负责人具有5年以上从事铁路工程施工技术管理工作经历，且具有铁路电气化专业（供电、变配电、接触网）中级以上职称；铁路电气化专业（供电、变配电、接触网）中级以上职称人员不少于15人。 （3）持有岗位证书的施工现场管理人员不少于15人，且施工员、测量员、质量员、安全员、试验员、材料员、标准员、机械员、劳务员、资料员等人员齐全。 （4）经考核或培训合格的中级工以上技术工人不少于20人。 （5）技术负责人（或注册建造师）主持完成过本类别标准要求的工程业绩不少于2项
1.3.3	企业工程业绩	
1.3.4	承包工程范围	可承担铁路站线改造和50公里以下Ⅱ、Ⅲ、Ⅳ级铁路电气化工程施工

34. 机场场道工程专业承包资质标准（保留，表3-34）

机场场道工程专业承包资质标准　　　　　　　　　　表3-34

指标		2014版
1.1 一级资质标准		
1.1.1	企业资产	净资产6000万元以上
1.1.2	企业主要人员	（1）民航机场工程、公路工程、市政公用工程专业一级注册建造师合计不少于8人，其中民航机场工程专业一级注册建造师不少于5人。 （2）技术负责人具有10年以上从事工程施工技术管理工作经历，且具有机场场道工程相关专业高级职称；工程序列中级以上职称人员不少于30人，其中场道（或道路）、桥隧、岩土、排水、测量、检测等专业齐全。 （3）持有岗位证书的施工现场管理人员不少于30人，且施工员、质量员、安全员、材料员、资料员等人员齐全。 （4）经考核或培训合格的电工、测量工、混凝土工、模板工、钢筋工、焊工、架子工等中级工以上技术工人不少于60人
1.1.3	企业工程业绩	近5年独立承担过单项合同额5000万元以上的机场场道工程2项或单项合同额3000万元以上的机场场道工程3项的工程施工，工程质量合格
1.1.4	承包工程范围	可承担各类机场场道工程的施工
1.2 二级资质标准		
1.2.1	企业资产	净资产2500万元以上

续表

指标	2014 版
1.2.2 企业主要人员	(1) 民航机场工程专业一级注册建造师不少于3人。 (2) 技术负责人具有8年以上从事工程施工技术管理工作经历,且具有机场道工程相关专业高级职称或民航机场工程专业一级注册建造师执业资格;工程序列中级以上职称人员不少于15人,其中场道(或道路)、桥隧、岩土、排水、测量、检测等专业齐全。 (3) 持有岗位证书的施工现场管理人员不少于15人,且施工员、质量员、安全员、材料员、资料员等人员齐全。 (4) 经考核或培训合格的电工、测量工、混凝土工、模板工、钢筋工、焊工、架子工等中级工以上技术工人不少于30人。 (5) 技术负责人(或注册建造师)主持完成过本类别资质一级标准要求的工程业绩不少于2项
1.2.3 企业工程业绩	
1.2.4 承包工程范围	可承担飞行区指标为4E以上,单项合同额在2000万元以下技术不复杂的飞行区场道工程的施工;或飞行区指标为4D,单项合同额在4000万元以下的飞行区场道工程的施工;或飞行区指标为4C以下,单项合同额在6000万元以下的飞行区场道工程的施工;各类场道维修工程

注:(1) 机场场道工程包括飞行区土石方、地基处理、基础、道面、排水、桥梁、涵隧、消防管网、管沟(廊)、服务车道、巡场路、围界、场道维修等飞行区相关工程及其附属配套工程。
(2) 机场场道工程相关专业职称包括机场工程、场道(或道路)、桥隧、岩土、排水、测量、检测等专业职称

35. 民航空管工程及机场弱电系统工程专业承包资质标准(机场空管工程及航站楼弱电系统工程,表 3-35)

民航空管工程及机场弱电系统工程专业承包资质标准　　表 3-35

指标	2014 版
\multicolumn{2}{c}{1.1 一级资质标准}	
1.1.1 企业资产	净资产1000万元以上
1.1.2 企业主要人员	(1) 企业具有的民航机场工程、机电工程、通信与广电工程专业一级注册建造师合计不少于6人,其中民航机场工程专业不少于3人。 (2) 技术负责人具有10年以上从事工程施工技术管理工作经历,且具有民航空管工程及机场弱电系统工程相关专业高级职称;工程序列中级以上职称人员不少于30人,其中电子、电气、通信、计算机、自动控制等专业齐全。 (3) 持有岗位证书的施工现场管理人员不少于20人,且施工员、质量员、安全员、材料员、资料员等人员齐全。 (4) 经考核或培训合格的电工、焊工等中级工以上技术工人不少于20人
1.1.3 企业工程业绩	近5年独立承担过单项合同额1000万元以上的民航空管工程2项或单项合同额1500万元以上的机场弱电系统工程2项的工程施工,工程质量合格
1.1.4 承包工程范围	可承担各类民航空管工程和机场弱电系统工程的施工

续表

指标	2014版
1.2 二级资质标准	
1.2.1 企业资产	净资产400万元以上
1.2.2 企业主要人员	（1）企业具有民航机场工程、机电工程、通信与广电工程专业一级注册建造师合计不少于3人，其中民航机场工程专业不少于2人。 （2）技术负责人具有8年以上从事工程施工技术管理工作经历，且具有民航空管工程及机场弱电系统工程相关专业高级职称或民航机场工程专业一级注册建造师执业资格；工程序列中级以上职称人员不少于18人，其中电子、电气、通信、计算机、自动控制等专业齐全。 （3）持有岗位证书的施工现场管理人员不少于12人，且施工员、质量员、安全员、材料员、资料员等人员齐全。 （4）经考核或培训合格的电工、焊工等中级工以上技术工人不少于10人。 （5）技术负责人（或注册建造师）主持完成过本类别资质一级标准要求的工程业绩不少于2项
1.2.3 企业工程业绩	
1.2.4 承包工程范围	可承担单项合同额2000万元以下的民航空管工程和单项合同额2500万元以下的机场弱电系统工程的施工

注：（1）民航空管工程包括：区域、终端区（进近）、塔台等管制中心；空管自动化、地空通信、自动转报、卫星地面站、机场有线通信、移动通信等通信系统；雷达、自动相关监视、仪表着陆系统、航线导航台等导航系统；航行情报系统；常规气象观测系统、自动气象观测系统、气象雷达、气象网络、卫星云图接收等航空气象工程、空管设施防雷工程、供配电工程等。

机场弱电系统工程包括：航站楼弱电系统和飞行区、货运区及生产办公区域弱电系统。其中，航站楼弱电系统包括：

1）信息集成系统：包括机场运营数据库，地面运行信息系统，资源管理系统，运营监控管理系统（或生产指挥调度系统），信息查询系统以及集成信息转发系统（含信息集成平台、消息中间件、中央智能消息管理系统）；
2）航班信息显示系统；
3）离港控制系统；
4）泊位引导系统；
5）安检信息管理系统；
6）标识引导系统；
7）行李处理系统；
8）安全检查系统；
9）值机引导系统；
10）登机门显示系统；
11）旅客问讯系统；
12）网络交换系统；
13）公共广播系统；
14）安全防范系统（含闭路电视监控系统，门禁管理系统，电子巡更系统和报警系统）；
15）主时钟系统；
16）内部通信系统；
17）呼叫中心（含电话自动问讯系统）；
18）综合布线系统；
19）楼宇自控系统；
20）消防监控系统；
21）不间断供电电源系统；
22）机房及功能中心；
23）无线通信室内覆盖系统；
24）视频监控系统。

（2）民航空管工程及机场弱电系统工程相关专业职称包括机场工程、电子、电气、通信、计算机、自动控制等专业职称

36. 机场目视助航工程专业承包资质标准（保留，表3-36）

机场目视助航工程专业承包资质标准　　　　　　　　　　表3-36

指标	2014版
\multicolumn{2}{c}{1.1　一级资质标准}	
1.1.1　企业资产	净资产1000万元以上
1.1.2　企业主要人员	（1）民航机场工程、机电工程专业一级注册建造师合计不少于8人，其中民航机场工程专业一级注册建造师不少于4人。 （2）技术负责人具有10年以上从事工程施工技术管理工作经历，且具有机场目视助航工程相关专业高级职称；工程序列中级以上职称人员不少于20人，其中电力、电气、自动控制、计算机等专业齐全。 （3）持有岗位证书的施工现场管理人员不少于20人，且施工员、质量员、安全员、材料员、资料员等人员齐全。 （4）经考核或培训合格的电工、焊工、测量工等中级工以上技术工人不少于30人
1.1.3　企业工程业绩	近5年独立承担过累计合同额不少于3000万元的机场目视助航工程施工，其中单项合同额1200万元以上的工程2项或单项合同额700万元以上的工程3项，工程质量合格
1.1.4　承包工程范围	可承担各类机场目视助航工程的施工
\multicolumn{2}{c}{1.2　二级资质标准}	
1.2.1　企业资产	净资产400万元以上
1.2.2　企业主要人员	（1）民航机场工程、机电工程专业一级注册建造师合计不少于3人，其中民航机场工程专业一级注册建造师不少于2人。 （2）技术负责人具有8年以上从事工程施工技术管理工作经历，且具有机场目视助航工程相关专业高级职称或民航机场工程专业一级注册建造师执业资格；工程序列中级以上职称人员不少于10人，其中电力、电气、自动控制、计算机等专业齐全。 （3）持有岗位证书的施工现场管理人员不少于10人，且施工员、质量员、安全员、材料员、资料员等人员齐全。 （4）经考核或培训合格的电工、焊工、测量工等中级工以上技术工人不少于15人。 （5）技术负责人（或注册建造师）累计主持完成过本类别资质一级标准要求的工程业绩不少于2项
1.2.3　企业工程业绩	
1.2.4　承包工程范围	可承担飞行区指标为4E以上，单项合同额500万元以下的目视助航工程；或飞行区指标为4D以下的目视助航工程的施工

注：（1）机场目视助航工程包括：进近灯光系统，目视坡度指示系统，跑道、滑行道、站坪灯光系统，机场灯标等助航灯光系统，标记牌、道面标志、标志物、泊位引导系统等，助航灯光监控系统，助航灯光变电站、飞行区供电工程以及目视助航辅助设施等。
　　（2）机场目视助航工程相关专业职称包括机场工程、电力、电气、自动控制、计算机等专业职称

37. 港口与海岸工程专业承包资质标准（保留，表3-37）

港口与海岸工程专业承包资质标准　　　　　表3-37

指标	2014版
1.1　一级资质标准	
1.1.1　企业资产	净资产8000万元以上
1.1.2　企业主要人员	（1）港口与航道工程专业一级注册建造师不少于12人。 （2）技术负责人具有10年以上从事工程施工技术管理工作经历，且具有港口与航道工程专业高级职称；工程序列中级以上职称人员不少于35人，其中港口与航道工程、机械、电气等专业齐全。 （3）持有岗位证书的施工现场管理人员不少于20人，且质量员、安全员等人员齐全。 （4）经考核或培训合格的中级工以上技术工人（含施工船员）不少于50人
1.1.3　企业工程业绩	近5年承担过下列5类中的3类工程的施工，工程质量合格。 （1）沿海5万吨级或内河2000吨级以上码头； （2）5万吨级以上船坞工程； （3）水深大于5米防波堤工程600米以上； （4）沿海20万平方米或内河10万平方米以上港区堆场工程； （5）1000米以上围堤护岸工程
1.1.4　技术装备	具有下列4项中的2项施工机械设备： （1）架高60米以上打桩船； （2）200吨以上起重船； （3）排宽40米以上铺排船； （4）总装机功率2000千瓦以上挖泥船或100立方米/小时以上混凝土搅拌船
1.1.5　承包工程范围	可承担各类港口与海岸工程的施工，包括码头、防波堤、护岸、围堰、堆场道路及陆域构筑物、筒仓、船坞、船台、滑道、水下地基及基础、土石方、海上灯塔、航标与警戒标志、栈桥、人工岛及平台、海上风电、海岸与近海等工程
1.2　二级资质标准	
1.2.1　企业资产	净资产4000万元以上
1.2.2　企业主要人员	（1）港口与航道工程专业一级注册建造师不少于7人。 （2）技术负责人具有8年以上从事工程施工技术管理工作经历，且具有港口与航道工程专业高级职称或港口与航道工程专业一级注册建造师执业资格；工程序列中级以上职称人员不少于25人，其中港口与航道工程、机械、电气等专业齐全。 （3）持有岗位证书的施工现场管理人员不少于15人，且质量员、安全员等人员齐全。 （4）经考核或培训合格的中级工以上技术工人（含施工船员）不少于30人
1.2.3　企业工程业绩	近5年承担过下列4类中的3类工程的施工，工程质量合格。 （1）沿海1万吨级或内河1000吨级以上码头； （2）1万吨级以上船坞工程； （3）水深大于3米防波堤工程300米以上； （4）500米以上围堤护岸工程

续表

指标	2014 版
1.2.4　技术装备	具有下列 3 项中的 2 项施工机械设备： (1) 架高 30 米以上打桩船； (2) 80 吨以上起重船； (3) 4 立方米以上斗容挖泥船
1.2.5　承包工程范围	可承担下列港口与海岸工程的施工，包括沿海 5 万吨级及内河 5000 吨级以下码头、水深小于 7 米的防波堤、5 万吨级以下船坞船台及滑道工程、1200 米以下围堤护岸工程，以及相应的堆场道路及陆域构筑物、筒仓、水下地基及基础、土石方、海上灯塔、航标与警戒标志、栈桥、人工岛及平台、海岸与近海等工程
1.3　三级资质标准	
1.3.1　企业资产	净资产 800 万元以上
1.3.2　企业主要人员	(1) 港口与航道工程专业一级注册建造师不少于 4 人。 (2) 技术负责人具有 5 年以上从事施工技术管理工作经历，且具有港口与航道工程专业中级以上职称或港口与航道工程专业一级注册建造师执业资格；工程序列中级以上职称人员不少于 8 人。 (3) 持有岗位证书的施工现场管理人员不少于 10 人，且质量员、安全员等人员齐全。 (4) 经考核或培训合格的中级工以上技术工人（含施工船员）不少于 20 人。 (5) 技术负责人（或注册建造师）主持完成本类别资质二级以上标准要求的工程业绩不少于 2 项
1.3.3　企业工程业绩	
1.3.4　技术装备	具有下列 3 项中的 2 项施工机械设备： (1) 打桩船； (2) 起重船； (3) 2 立方米以上斗容挖泥船
1.3.5　承包工程范围	可承担下列港口与海岸工程的施工，包括沿海 1 万吨级及内河 3000 吨级以下码头、水深小于 4 米的防波堤、1 万吨级以下船坞船台及滑道工程、800 米以下围堤护岸工程，以及相应的堆场道路及陆域构筑物、水下地基及基础、土石方、航标与警戒标志、栈桥、海岸与近海等工程

38. 航道工程专业承包资质标准（保留，表 3-38）

航道工程专业承包资质标准　　　　　　　　表 3-38

指标	2014 版
1.1　一级资质标准	
1.1.1　企业资产	净资产 8000 万元以上
1.1.2　企业主要人员	(1) 港口与航道工程专业一级注册建造师不少于 12 人。 (2) 技术负责人具有 10 年以上从事工程施工技术管理工作经历，且具有港口与航道工程专业高级职称；工程序列中级以上职称人员不少于 35 人，其中港口与航道工程、机械、电气等专业齐全。 (3) 持有岗位证书的施工现场管理人员不少于 20 人，且质量员、安全员等人员齐全。 (4) 经考核或培训合格的中级工以上技术工人（含施工船员）不少于 50 人

续表

指标	2014版
1.1.3 企业工程业绩	近5年承担过下列4类中的3类工程的施工，工程质量合格。 （1）沿海5万吨级或内河1000吨级以上航道工程； （2）500万立方米以上疏浚工程； （3）400万立方米以上吹填造地工程； （4）5万立方米以上水下炸礁、清礁工程
1.1.4 技术装备	具有下列4项中的2项施工机械设备： （1）2000立方米以上自航耙吸式挖泥船； （2）总装机功率5000千瓦以上绞吸式挖泥船； （3）排宽40米以上铺排船； （4）8立方米以上斗容挖泥船
1.1.5 承包工程范围	可承担各类航道工程的施工，包括河海湖航道整治（含堤、坝、护岸）、测量、航标与渠化工程，疏浚与吹填造地（含围堰）、水下清障、开挖、清淤、炸礁清礁等工程

1.2 二级资质标准

指标	2014版
1.2.1 企业资产	净资产4000万元以上
1.2.2 企业主要人员	（1）港口与航道工程专业一级注册建造师不少于7人。 （2）技术负责人具有8年以上从事工程施工技术管理工作经历，且具有港口与航道工程专业高级职称或港口与航道工程专业一级注册建造师执业资格；工程序列中级以上职称人员不少于25人，其中港口与航道工程、机械、电气等专业齐全。 （3）持有岗位证书的施工现场管理人员不少于15人，且质量员、安全员等人员齐全。 （4）经考核或培训合格的中级工以上技术工人（含施工船员）不少于30人
1.2.3 企业工程业绩	近5年承担过下列4类中的3类工程的施工，工程质量合格。 （1）沿海2万吨级或内河300吨级以上航道工程； （2）200万立方米以上疏浚工程； （3）150万立方米以上吹填造地工程； （4）3万立方米以上水下炸礁、清礁工程
1.2.4 技术装备	具有下列3项中的2项施工机械设备： （1）500立方米以上自航耙吸式挖泥船或1000立方米/小时以上吸盘船或吹泥船； （2）总装机功率1200千瓦以上绞吸式挖泥船； （3）4立方米以上斗容挖泥船
1.2.5 承包工程范围	可承担沿海5万吨级和内河1000吨级以下航道工程、600万立方米以下疏浚工程或陆域吹填工程、6万立方米以下水下炸礁清礁工程，以及相应的测量、航标与渠化工程、水下清障、开挖、清淤等工程的施工

1.3 三级资质标准

指标	2014版
1.3.1 企业资产	净资产800万元以上

续表

指标		2014 版
1.3.2	企业主要人员	(1) 港口与航道工程专业一级注册建造师不少于 4 人。 (2) 技术负责人具有 5 年以上从事工程施工技术管理工作经历,且具有港口与航道工程专业中级以上职称或港口与航道工程专业一级注册建造师执业资格;工程序列中级以上职称人员不少于 8 人。 (3) 持有岗位证书的施工现场管理人员不少于 10 人,且质量员、安全员等人员齐全。 (4) 经考核或培训合格的中级工以上技术工人(含施工船员)不少于 20 人。 (5) 技术负责人(或注册建造师)主持完成过本类别资质二级以上标准要求的工程业绩不少于 2 项
1.3.3	企业工程业绩	
1.3.4	技术装备	具有下列施工机械设备: (1) 100 立方米/小时以上挖泥船; (2) 2 立方米以上斗容挖泥船
1.3.5	承包工程范围	可承担沿海 2 万吨级和内河 500 吨级以下航道工程、300 万立方米以下疏浚工程或陆域吹填工程、4 万立方米以下水下炸礁清礁工程,以及相应的测量、航标与渠化工程、水下清障、开挖、清淤等工程的施工

39. 通航建筑物工程专业承包资质标准(保留,表 3-39)

通航建筑物工程专业承包资质标准　　表 3-39

指标		2014 版
		1.1　一级资质标准
1.1.1	企业资产	净资产 8000 万元以上
1.1.2	企业主要人员	(1) 港口与航道工程专业一级注册建造师不少于 12 人。 (2) 技术负责人具有 10 年以上从事工程施工技术管理工作经历,且具有港口与航道工程专业高级职称;工程序列中级以上职称人员不少于 35 人,其中港口与航道工程、机械、电气等专业齐全。 (3) 持有岗位证书的施工现场管理人员不少于 20 人,且质量员、安全员等人员齐全。 (4) 经考核或培训合格的中级工以上技术工人(含施工船员)不少于 50 人
1.1.3	企业工程业绩	近 5 年承担过下列 3 类中的 2 类工程的施工,工程质量合格。 (1) 1000 吨级以上船闸工程; (2) 300 吨级以上升船机工程; (3) 单项合同额 5000 万元以上的通航建筑物工程
1.1.4	承包工程范围	可承担各类船闸、升船机等通航建筑物工程的施工
		1.2　二级资质标准
1.2.1	企业资产	净资产 4000 万元以上

续表

指标		2014版
1.2.2	企业主要人员	(1) 港口与航道工程专业一级注册建造师不少于7人。 (2) 技术负责人具有8年以上从事工程施工技术管理工作经历，且具有港口与航道工程专业高级职称或港口与航道工程专业一级注册建造师执业资格；工程序列中级以上职称人员不少于25人，其中港口与航道工程、机械、电气等专业齐全。 (3) 持有岗位证书的施工现场管理人员不少于15人，且质量员、安全员等人员齐全。 (4) 经考核或培训合格的中级工以上技术工人（含施工船员）不少于30人
1.2.3	企业工程业绩	近5年承担过下列3类中的2类工程的施工，工程质量合格。 (1) 300吨级以上船闸工程； (2) 50吨级以上升船机工程； (3) 单项合同额3000万元以上的通航建筑物工程
1.2.4	承包工程范围	可承担1000吨级以下船闸或300吨级以下升船机等通航建筑物工程的施工
1.3 三级资质标准		
1.3.1	企业资产	净资产800万元以上
1.3.2	企业主要人员	(1) 港口与航道工程专业一级注册建造师不少于4人。 (2) 技术负责人具有5年以上从事工程施工技术管理工作经历，且具有港口与航道工程专业中级以上职称或港口与航道工程专业一级注册建造师执业资格；工程序列中级以上职称人员不少于8人。 (3) 持有岗位证书的施工现场管理人员不少于10人，且质量员、安全员等人员齐全。 (4) 经考核或培训合格的中级工以上技术工人（含施工船员）不少于20人。 (5) 技术负责人（或注册建造师）主持完成过本类别资质二级以上标准要求的工程业绩不少于2项
1.3.3	企业工程业绩	
1.3.4	承包工程范围	可承担300吨级以下船闸或50吨级以下升船机等通航建筑物工程的施工

40. 港航设备安装及水上交管工程专业承包资质标准（港口装卸设备安装工程与通航设备安装工程、水上交通管制工程合并，表3-40）

港航设备安装及水上交管工程专业承包资质标准　　　表3-40

指标		2014版
1.1 一级资质标准		
1.1.1	企业资产	净资产3000万元以上
1.1.2	企业主要人员	(1) 港口与航道工程、机电工程、通信与广电工程专业一级注册建造师合计不少于8人。 (2) 技术负责人具有10年以上从事工程施工技术管理工作经历，且具有机电工程（或通信工程）专业高级职称；工程序列中级以上职称人员不少于25人，其中机电工程、通信工程等专业齐全。 (3) 持有岗位证书的施工现场管理人员不少于15人，且质量员、安全员等人员齐全。 (4) 经考核或培训合格的中级工以上技术工人不少于15人

续表

指标	2014版
1.1.3 企业工程业绩	近5年承担过下列7类中的2类工程的施工，工程质量合格。 （1）沿海5万吨级或内河1000吨级以上散货、集装箱码头成套装卸设备安装工程； （2）油、气码头成套设备安装工程； （3）1000吨级以上船闸设备安装工程； （4）300吨级以上升船机设备安装工程； （5）单项合同额500万元以上的水上船舶交通管理系统工程； （6）单项合同额500万元以上的海上通信导航工程； （7）单项合同额500万元以上的内河通信导航工程
1.1.4 承包工程范围	可承担各类港口装卸设备安装及配套工程的施工，各类船闸、升船机、航电枢纽设备安装工程的施工，各类水上交通管制工程的施工
1.2 二级资质标准	
1.2.1 企业资产	净资产800万元以上
1.2.2 企业主要人员	（1）港口与航道工程、机电工程、通信与广电工程专业注册建造师合计不少于8人。 （2）技术负责人具有8年以上从事工程施工技术管理工作经历，且具有机电工程（或通信工程）专业高级职称或机电工程（或通信与广电工程）专业一级注册建造师执业资格；工程序列中级以上职称人员不少于20人，其中机电工程、通信工程等专业齐全。 （3）持有岗位证书的施工现场管理人员不少于10人，且质量员、安全员等人员齐全。 （4）经考核或培训合格的中级工以上技术工人不少于10人。 （5）技术负责人（或注册建造师）主持完成过本类别资质一级标准要求的工程业绩不少于2项
1.2.3 企业工程业绩	
1.2.4 承包工程范围	可承担沿海5万吨级和内河5000吨级以下散货（含油、气）、杂货和集装箱码头成套装卸设备安装工程，1000吨级以下船闸或300吨级以下升船机设备安装工程施工，单项合同额1000万元以下的各类水上交通管制工程的施工

注：水上交通管制工程包括水上船舶交通管理系统工程（VTS系统）、船舶自动识别系统工程（AIS系统）、水上视频监控系统工程（CCTV系统）、海上通信导航工程（海岸电台、甚高频电台、海事卫星通信、海上遇险与安全系统等）、内河通信导航工程（长途干线、江岸电台、甚高频电台等）等

41. 水工金属结构制作与安装工程专业承包资质标准（保留，表3-41）

水工金属结构制作与安装工程专业承包资质标准　　　表3-41

指标	2014版
1.1 一级资质标准	
1.1.1 企业资产	净资产2000万元以上

97

续表

指标	2014版
1.1.2　企业主要人员	（1）水利水电工程、机电工程专业一级注册建造师合计不少于8人，其中水利水电工程专业一级注册建造师不少于4人。 （2）技术负责人具有10年以上从事工程施工技术管理工作经历，且具有水利水电工程相关专业高级职称；金属结构、焊接、起重等专业中级以上职称人员不少于25人，且专业齐全。 （3）持有岗位证书的施工现场管理人员不少于20人，且施工员、质量员、安全员、材料员、资料员等人员齐全。 （4）经考核或培训合格的中级工以上技术工人不少于30人
1.1.3　企业工程业绩	近5年承担过下列5类中的2类工程的施工，其中至少有1类是1、2类中所列工程，工程质量合格。 （1）单扇$FH>3500$的超大型或单扇100吨以上的闸门制作安装工程2项，或承担过单扇50吨以上的闸门制作安装工程4项； （2）单项3000吨以上的压力钢管制作安装工程1项，或$DH>800$的大型或单项2000吨以上的压力钢管制作安装工程3项； （3）2台2×125吨以上或4台2×60吨以上启闭机安装工程； （4）单扇$FH>1000$的超大型拦污栅制作安装工程2项； （5）单位工程合同额1000万元以上的金属结构制作安装工程
1.1.4　承包工程范围	可承担各类压力钢管、闸门、拦污栅等水工金属结构工程的制作、安装及启闭机的安装

1.2　二级资质标准

指标	2014版
1.2.1　企业资产	净资产1000万元以上
1.2.2　企业主要人员	（1）水利水电工程、机电工程专业注册建造师合计不少于8人，其中水利水电工程专业注册建造师不少于5人。 （2）技术负责人具有8年以上从事工程施工技术管理工作经历，且具有水利水电工程相关专业高级职称或水利水电工程专业一级注册建造师执业资格；金属结构、焊接、起重等专业中级以上职称人员不少于15人，且专业齐全。 （3）持有岗位证书的施工现场管理人员不少于15人，且施工员、质量员、安全员、材料员、资料员等人员齐全。 （4）经考核或培训合格的中级工以上技术工人不少于20人
1.2.3　企业工程业绩	近5年承担过下列5类中的2类工程的施工，其中至少有1类是1、2类中所列工程，工程质量合格。 （1）$FH>200$的中型或单扇25吨以上的闸门制作安装工程4项； （2）单项1500吨以上的压力钢管制作安装工程1项，或$DH>200$的中型或单项700吨以上的压力钢管制作安装工程3项； （3）2台2×60吨以上或4台2×30吨以上启闭机安装工程； （4）单扇中型拦污栅制作安装工程2项； （5）单位工程合同额600万元以上的金属结构制作安装工程
1.2.4　承包工程范围	可承担大型以下压力钢管、闸门、拦污栅等水工金属结构工程的制作、安装及启闭机的安装

续表

指标	2014版
1.3 三级资质标准	
1.3.1 企业资产	净资产400万元以上
1.3.2 企业主要人员	（1）水利水电工程、机电工程专业注册建造师合计不少于5人，其中水利水电工程专业注册建造师不少于3人。 （2）技术负责人具有5年以上从事工程施工技术管理工作经历，且具有水利水电工程相关专业中级以上职称或水利水电工程专业注册建造师执业资格；金属结构、焊接、起重等专业中级以上职称人员不少于8人，且专业齐全。 （3）持有岗位证书的施工现场管理人员不少于10人，且施工员、质量员、安全员、材料员、资料员等人员齐全。 （4）经考核或培训合格的中级工以上技术工人不少于15人。 （5）技术负责人（或注册建造师）主持完成过本类别资质二级以上标准要求的工程业绩不少于2项
1.3.3 企业工程业绩	
1.3.4 承包工程范围	可承担中型以下压力钢管、闸门、拦污栅等水工金属结构工程的制作、安装及启闭机的安装

注：（1）闸门、拦污栅 $FH=$ 叶面积×水头；
（2）压力钢管 $DH=$ 钢管直径×水头

42. 水利水电机电安装工程专业承包资质标准（保留，表3-42）

水利水电机电安装工程专业承包资质标准　　表3-42

指标	2014版
1.1 一级资质标准	
1.1.1 企业资产	净资产2800万元以上
1.1.2 企业主要人员	（1）水利水电工程、机电工程专业一级注册建造师合计不少于8人，其中水利水电工程专业一级注册建造师不少于4人。 （2）技术负责人具有10年以上从事工程施工技术管理工作经历，且具有水利水电工程相关专业高级职称；水轮机、水轮发电机、电气、焊接、调试、起重等专业中级以上职称人员不少于25人，且专业齐全。 （3）持有岗位证书的施工现场管理人员不少于20人，且施工员、质量员、安全员、材料员、资料员等人员齐全。 （4）经考核或培训合格的中级工以上技术工人不少于30人
1.1.3 企业工程业绩	近5年承担过下列6类中的2类工程的施工，其中至少有第1类所列工程，工程质量合格： （1）混流式水轮发电机组：单机容量80兆瓦以上4台； （2）轴流式水轮发电机组：单机容量50兆瓦以上2台或25兆瓦以上4台； （3）贯流式水轮发电机组：单机容量10兆瓦以上2台或5兆瓦以上4台； （4）冲击式水轮发电机组：单机容量10兆瓦以上2台或5兆瓦以上4台； （5）抽水蓄能机组：单机容量100兆瓦以上1台； （6）水泵机组：单机容量500千瓦以上4台

续表

指标	2014版
1.1.4 承包工程范围	可承担各类水电站、泵站主机（各类水轮发电机组、水泵机组）及其附属设备和水电（泵）站电气设备的安装工程
1.2 二级资质标准	
1.2.1 企业资产	净资产1000万元以上
1.2.2 企业主要人员	（1）水利水电工程、机电工程专业注册建造师合计不少于8人，其中水利水电工程专业注册建造师不少于4人。 （2）技术负责人具有8年以上从事工程施工技术管理工作经历，且具有水利水电工程相关专业高级职称或水利水电工程专业一级注册建造师执业资格；水轮机、水轮发电机、电气、焊接、调试、起重等专业中级以上职称人员不少于15人，且专业齐全。 （3）持有岗位证书的施工现场管理人员不少于15人，且施工员、质量员、安全员、材料员、资料员等人员齐全。 （4）经考核或培训合格的中级工以上技术工人不少于20人
1.2.3 企业工程业绩	近5年承担过下列5类中的2类工程的施工，工程质量合格。 （1）混流式水轮发电机组：单机容量25兆瓦以上4台； （2）轴流式水轮发电机组：单机容量10兆瓦以上2台或5兆瓦以上4台； （3）贯流式水轮发电机组：单机容量5兆瓦以上2台或3兆瓦以上4台； （4）冲击式水轮发电机组：单机容量5兆瓦以上2台或3兆瓦以上4台； （5）水泵机组：单机容量300千瓦以上4台
1.2.4 承包工程范围	可承担单机容量100兆瓦以下的水电站、单机容量1000千瓦以下的泵站主机及其附属设备和水电（泵）站电气设备的安装工程
1.3 三级资质标准	
1.3.1 企业资产	净资产400万元以上
1.3.2 企业主要人员	（1）水利水电工程、机电工程专业注册建造师合计不少于5人，其中水利水电工程专业注册建造师不少于3人。 （2）技术负责人具有5年以上从事工程施工技术管理工作经历，且具有水利水电工程相关专业中级以上职称或水利水电工程专业注册建造师执业资格；水轮机、水轮发电机、电气、焊接、调试、起重等专业中级以上职称人员不少于8人，且专业齐全。 （3）持有岗位证书的施工现场管理人员不少于10人，且施工员、质量员、安全员、材料员、资料员等人员齐全。 （4）经考核或培训合格的中级工以上技术工人不少于15人。 （5）技术负责人（或注册建造师）主持完成过本类别资质二级以上标准要求的工程业绩不少于2项
1.3.3 企业工程业绩	
1.3.4 承包工程范围	可承担单机容量25兆瓦以下的水电站、单机容量500千瓦以下的泵站主机及其附属设备和水电（泵）站电气设备的安装工程

43. 河湖整治工程专业承包资质标准（保留，表3-43）

河湖整治工程专业承包资质标准　　　　　　　　表 3-43

指标	2014 版
\multicolumn{2}{c}{1.1　一级资质标准}
1.1.1　企业资产	净资产 3800 万元以上
1.1.2　企业主要人员	（1）水利水电工程专业一级注册建造师不少于 8 人。 （2）技术负责人具有 10 年以上从事工程施工技术管理工作经历，且具有水利水电工程相关专业高级职称；水利水电、治河、船舶机械等专业中级以上职称人员不少于 25 人，且专业齐全。 （3）持有岗位证书的施工现场管理人员不少于 20 人，且施工员、质量员、安全员、材料员、资料员等人员齐全。 （4）经考核或培训合格的中级工以上技术工人不少于 30 人
1.1.3　企业工程业绩	近 5 年承担过下列 6 类中的 2 类工程的施工，其中 1～4 类至少 1 类，5～6 类至少 1 类，工程质量合格。 （1）河势控导工程 1300 延米以上； （2）水中进占丁坝 12 道以上； （3）2 级堤防险工 2000 延米以上； （4）投资 500 万以上或用石料 1 万立方米以上的防汛抢险施工工程； （5）年疏浚或水下土方挖方 650 万立方米以上； （6）年吹填土方 400 万立方米以上
1.1.4　技术装备	具有单船功率 1100 千瓦以上的专业疏浚船只不少于 2 条；专业施工设备装机总功率 5000 千瓦以上
1.1.5　承包工程范围	可承担各类河道、水库、湖泊以及沿海相应工程的河势控导、险工处理、疏浚与吹填、清淤、填塘固基工程的施工
\multicolumn{2}{c}{1.2　二级资质标准}
1.2.1　企业资产	净资产 2000 万元以上
1.2.2　企业主要人员	（1）水利水电工程专业注册建造师不少于 8 人。 （2）技术负责人具有 8 年以上从事工程施工技术管理工作经历，且具有水利水电工程相关专业高级职称或水利水电工程专业一级注册建造师执业资格；水利水电、治河、船舶机械等专业中级以上职称人员不少于 15 人，且专业齐全。 （3）持有岗位证书的施工现场管理人员不少于 15 人，且施工员、质量员、安全员、材料员、资料员等人员齐全。 （4）经考核或培训合格的中级工以上技术工人不少于 20 人
1.2.3　企业工程业绩	近 5 年承担过下列 6 类中的 2 类工程的施工，其中 1～4 类至少 1 类，5～6 类至少 1 类，工程质量合格。 （1）河势控导工程 700 延米以上； （2）水中进占丁坝 6 道以上； （3）3 级堤防险工 1000 延米以上； （4）投资 300 万以上或用石料 5000 立方米以上的防汛抢险施工工程； （5）年疏浚或水下土方挖方 300 万立方米以上； （6）年吹填土方 150 万立方米以上

指标	2014版
1.2.4 技术装备	具有单船功率500千瓦以上的专业疏浚船只不少于2条；专业施工设备装机总功率2600千瓦以上
1.2.5 承包工程范围	可承担堤防工程级别2级以下堤防相应的河道、湖泊的河势控导、险工处理、疏浚与吹填、填塘固基工程的施工
1.3 三级资质标准	
1.3.1 企业资产	净资产400万元以上
1.3.2 企业主要人员	(1) 水利水电工程专业注册建造师不少于5人。 (2) 技术负责人具有5年以上从事工程施工技术管理工作经历，且具有水利水电工程相关专业中级以上职称或水利水电工程专业注册建造师执业资格；水利水电、治河、船舶机械等专业中级以上职称人员不少于8人，且专业齐全。 (3) 持有岗位证书的施工现场管理人员不少于10人，且施工员、质量员、安全员、材料员、资料员等人员齐全。 (4) 经考核或培训合格的中级工以上技术工人不少于15人。 (5) 技术负责人（或注册建造师）主持完成过本类别资质二级以上标准要求的工程业绩不少于2项
1.3.3 企业工程业绩	
1.3.4 技术装备	
1.3.5 承包工程范围	可承担堤防工程级别3级以下堤防相应的河湖疏浚整治工程及吹填工程的施工

44. 输变电工程专业承包资质标准（送变电工程变更，表3-44）

输变电工程专业承包资质标准　　　　表3-44

指标	2014版
1.1 一级资质标准	
1.1.1 企业资产	净资产5000万元以上
1.1.2 企业主要人员	(1) 机电工程专业一级注册建造师不少于10人。 (2) 技术负责人具有10年以上从事工程施工技术管理工作经历，且具有电力工程相关专业高级职称；电力工程相关专业中级以上职称人员不少于60人。 (3) 持有岗位证书的施工现场管理人员不少于40人，且质量员、安全员、资料员、造价员等人员齐全。 (4) 经考核或培训合格的线路架设工、变电安装工等中级工以上技术工人不少于40人
1.1.3 企业工程业绩	近5年承担过下列3类中的2类工程的施工，工程质量合格。 (1) 220千伏送电线路累计600公里； (2) 220千伏电压等级变电站累计8座； (3) 220千伏电缆工程累计100公里
1.1.4 承包工程范围	可承担各种电压等级的送电线路和变电站工程的施工
1.2 二级资质标准	
1.2.1 企业资产	净资产3000万元以上

续表

指标		2014版
1.2.2	企业主要人员	(1) 机电工程专业注册建造师不少于8人。 (2) 技术负责人具有8年以上从事工程施工技术管理工作经历，且具有电力工程相关专业高级职称或机电工程专业一级注册建造师执业资格；电力工程相关专业中级以上职称人员不少于40人。 (3) 持有岗位证书的施工现场管理人员不少于30人，且质量员、安全员、资料员、造价员等人员齐全。 (4) 经考核或培训合格的线路架设工、变电安装工等中级工以上技术工人不少于30人
1.2.3	企业工程业绩	近5年承担过下列3类中的2类工程的施工，工程质量合格。 (1) 110千伏送电线路累计500公里； (2) 110千伏电压等级变电站累计6座； (3) 110千伏电缆工程累计100公里
1.2.4	承包工程范围	可承担220千伏以下电压等级的送电线路和变电站工程的施工
1.3 三级资质标准		
1.3.1	企业资产	净资产800万元以上
1.3.2	企业主要人员	(1) 机电工程专业注册建造师不少于3人。 (2) 技术负责人具有5年以上从事工程施工技术管理工作经历，且具有电力工程相关专业中级以上职称或机电工程专业注册建造师执业资格；电力工程相关专业中级以上职称人员不少于20人。 (3) 持有岗位证书的施工现场管理人员不少于20人，且质量员、安全员、资料员、造价员等人员齐全。 (4) 经考核或培训合格的线路架设工、变电安装工等中级工以上技术工人不少于20人。 (5) 技术负责人（或注册建造师）主持完成过本类别工程业绩不少于2项
1.3.3	企业工程业绩	
1.3.4	承包工程范围	可承担110千伏以下电压等级的送电线路和变电站工程的施工

45. 核工程专业承包资质标准（保留，表3-45）

核工程专业承包资质标准　　　　　　　　　　表3-45

指标		2014版
1.1 一级资质标准		
1.1.1	企业资产	净资产6000万元以上
1.1.2	企业主要人员	(1) 机电工程专业一级注册建造师不少于8人。 (2) 技术负责人具有10年以上从事工程施工技术管理工作经历，且具有工程序列高级职称；工程序列中级以上职称人员不少于80人。 (3) 持有岗位证书的施工现场管理人员不少于50人，且施工员、质量员、安全员、材料员、机械员、造价员、资料员等人员齐全。 (4) 经考核或培训合格取得核级焊工资格的技术工人不少于50人

续表

指标	2014版
1.1.3 企业工程业绩	近10年独立承担过下列5类中的1类工程施工，工程质量合格。 （1）单项合同额5000万元以上核燃料元件工程或核同位素分离工程； （2）单项合同额5000万元以上放射性化工工程或铀冶金等核工程； （3）单项合同额5000万元以上核废料处理工程； （4）单项合同额3000万元以上铀矿山工程； （5）单项合同额2000万以上核电站核岛检修维修工程2项
1.1.4 承包工程范围	可承担各类核反应堆、放射性化工、核燃料元件、核同位素分离、铀冶金、核废料处理、核电站检修和维修以及铀矿山工程的施工
1.2 二级资质标准	
1.2.1 企业资产	净资产3200万元以上
1.2.2 企业主要人员	（1）机电工程专业注册建造师不少于6人。 （2）技术负责人具有8年以上从事工程施工技术管理工作经历，且具有工程序列高级职称或机电工程专业一级注册建造师执业资格；工程序列中级以上职称人员不少于50人。 （3）持有岗位证书的施工现场管理人员不少于30人，且施工员、质量员、安全员、材料员、机械员、造价员、资料员等人员齐全。 （4）经考核或培训合格取得核级焊工资格的技术工人不少于20人。 （5）技术负责人（或注册建造师）主持完成过本类别工程业绩不少于2项工程
1.2.3 企业工程业绩	
1.2.4 承包工程范围	可承担合同额6000万以下的放射性化工、核燃料元件、核同位素分离、铀冶金、核废料处理、核电站检修和维修以及铀矿山工程的施工

46. 海洋石油工程专业承包资质标准（保留，表3-46）

海洋石油工程专业承包资质标准　　表3-46

指标	2014版
1.1 一级资质标准	
1.1.1 企业资产	净资产10亿元以上
1.1.2 企业主要人员	（1）机电工程专业一级注册建造师不少于15人。 （2）技术负责人具有10年以上从事工程施工技术管理工作经历，且具有工程序列高级职称；海洋油气（或海洋工程或（油气田）地面建设或油气储运或油气田开发或石油化工或石油炼制）、结构、电气、机械、自动控制和安全环保等专业中级以上职称人员不少于80人，且专业齐全。 （3）持有岗位证书的施工现场管理人员不少于50人，且质量员、安全员等人员齐全。 （4）经考核或培训合格的中级工以上技术工人不少于100人
1.1.3 企业工程业绩	近5年独立承担过单项合同额1亿元以上的中型海洋石油工程3项，工程质量合格

续表

指标	2014版
1.1.4 技术装备	具有下列技术装备： (1) 4000吨以上承载力的滑道、与海洋工程施工配套的工程码头； (2) 符合中国船级社（CCS）《钢质海船入级规范》要求的400吨以上全旋转式或800吨以上固定式起重船； (3) 符合中国船级社（CCS）《钢质海船入级规范》要求的75吨以上张紧能力铺管船
1.1.5 承包工程范围	可承担各类型海洋石油工程和其他海洋工程的施工、维修、改造等
1.2 二级资质标准	
1.2.1 企业资产	净资产5000万元以上
1.2.2 企业主要人员	(1) 机电工程专业注册建造师不少于5人，其中一级注册建造师不少于3人。 (2) 技术负责人具有8年以上从事工程施工技术管理工作经历，且具有工程序列高级职称或机电工程专业一级注册建造师执业资格；海洋油气（或海洋工程或（油气田）地面建设或油气储运或油气田开发或石油化工或石油炼制）、结构、电气、机械、自动控制和安全环保等专业中级以上职称人员不少于40人，且专业齐全。 (3) 持有岗位证书的施工现场管理人员不少于20人，且质量员、安全员等人员齐全。 (4) 经考核或培训合格的中级工以上技术工人不少于40人。 (5) 技术负责人（或注册建造师）主持完成过本类别资质一级标准要求的工程业绩不少于2项
1.2.3 企业工程业绩	
1.2.4 技术装备	具有下列3项中的1项技术装备： (1) 2000吨以上承载力的滑道、与海洋工程施工配套的工程码头； (2) 符合中国船级社（CCS）《钢质海船入级规范》要求的200吨以上全旋转式或400吨以上固定式起重船； (3) 符合中国船级社（CCS）《钢质海船入级规范》要求的50吨以上张紧能力铺管船
1.2.5 承包工程范围	可承担项目投资额8亿元以下海洋油气开发工程或3亿元以下海底管道工程，以及其他海洋工程的施工、维修、改造等

注：海洋石油工程大中型项目划分标准对照表

建设项目		单位	大型	中型	备注
海洋石油工程	海洋油气开发工程	亿元	≥8	8~4	项目投资额
	海底管道工程	亿元	≥3	3~1	项目投资额

47. 环保工程专业承包资质标准（保留，表3-47）

环保工程专业承包资质标准　　　　　表3-47

指标	2014版
1.1　一级资质标准	
1.1.1　企业资产	净资产2000万元以上
1.1.2　企业主要人员	（1）一级注册建造师不少于5人。 （2）技术负责人具有10年以上从事工程施工技术管理工作经历，且具有工程序列高级职称；环保、结构、机械、通风、给水排水（水处理）、电气控制等专业中级以上职称人员不少于20人，且专业齐全。 （3）持有岗位证书的施工现场管理人员不少于20人，且施工员、质量员、安全员、材料员、机械员、造价员、资料员等人员齐全。 （4）经考核或培训合格的电工、焊工、瓦工、木工、油漆工、除尘工等中级工以上技术工人不少于30人
1.1.3　企业工程业绩	近5年承担过2项大型或3项中型环保工程，工程质量合格
1.1.4　承包工程范围	可承担各类环保工程的施工
1.2　二级资质标准	
1.2.1　企业资产	净资产600万元以上
1.2.2　企业主要人员	（1）注册建造师不少于5人。 （2）技术负责人具有8年以上从事工程施工技术管理工作经历，且具有工程序列高级职称或一级注册建造师执业资格；环保、结构、机械、通风、给水排水（水处理）、电气控制等专业中级以上职称人员不少于10人，且专业齐全。 （3）持有岗位证书的施工现场管理人员不少于15人，且施工员、质量员、安全员、材料员、机械员、造价员、资料员等人员齐全。 （4）经考核或培训合格的电工、焊工、瓦工、木工、油漆工、除尘工等中级工以上技术工人不少于20人
1.2.3　企业工程业绩	近5年承担过2项中型或3项小型环保工程，工程质量合格
1.2.4　承包工程范围	可承担污染修复工程、生活垃圾处理处置工程大型以下及其他中型以下环保工程的施工
1.3　三级资质标准	
1.3.1　企业资产	净资产150万元以上
1.3.2　企业主要人员	（1）注册建造师不少于2人。 （2）技术负责人具有5年以上从事工程施工技术管理工作经历，具有工程序列中级以上职称或注册建造师执业资格；工程序列中级以上职称人员不少于5人。 （3）持有岗位证书的施工现场管理人员不少于10人，且施工员、质量员、安全员、材料员、机械员、造价员、资料员等人员齐全。 （4）经考核或培训合格的电工、焊工、瓦工、木工、油漆工、除尘工等中级工以上技术工人不少于10人。 （5）技术负责人（或注册建造师）主持完成过本类别工程业绩不少于2项

续表

指标	2014版
1.3.3 企业工程业绩	
1.3.4 承包工程范围	可承担污染修复工程、生活垃圾处理处置工程中型以下及其他小型环保工程的施工

注：环保工程主要指水污染防治工程、大气污染防治工程、固体废物处理处置工程、物理污染防治工程和污染修复工程等，其中：水污染防治工程包括工业废水防治工程、城镇污水污染防治工程（不含市政管网、泵站以及厂内办公楼等公共建筑物）、污废水回用工程及医院、畜禽养殖业、垃圾渗滤液等特种行业废水污染防治工程；大气污染防治工程包括烟尘、粉尘、气态及气溶胶、室内空气等污染防治工程；固体废物处理处置工程包括生活垃圾（不含办公楼等公共建筑物）、一般工业固体废物、危险固体废物及其他固体废物处理处置工程；物理污染防治工程包括交通噪声、建筑施工噪声、工业噪声、室内噪声、电磁及振动等污染防治工程；污染修复工程包括污染本体、污染土壤、矿山及其他生态修复或恢复工程。

环保工程规模划分表：

环保工程类别		单位	大型	中型	小型	备注
水污染防治工程	工业废水治理	废水量：吨/日	≥5000	1000～5000	<1000	
		COD负荷：公斤/日	≥10000	4000～10000	<4000	
	城镇污水处理	污水量：吨/日	≥20000	8000～20000	<8000	
	污（废）水回用	污（废）水量：吨/日	≥10000	2000～10000	<2000	
大气污染防治工程	工业蒸汽锅炉烟气治理	单台装机容量：蒸吨/小时	≥65	35～65	<35	
	发电锅炉烟气治理	单台装机容量：兆瓦	≥100	25～100	<25	
	工业炉窑烟气治理	废气量：万立方米/小时	≥20	6～20	<6	
	其他工业废气治理	废气量：万立方米/小时	≥10	3～10	<3	
固体废物处理处置工程	一般工业固体物处理与利用	投资额：万元	≥2000	500～2000	<500	
	危险废物处理处置（其中医疗废物处理）	处理量：吨/日	≥20（≥10）	10～20（5～10）	<10（<5）	
	生活垃圾焚烧工程	处理量：吨/日	≥200	50～200	<50	统称"生活垃圾处理处置工程"
	生活垃圾卫生填埋工程	处理量：吨/日	≥500	200～500	<200	
	生活垃圾堆肥工程	处理量：吨/日	≥300	100～300	<100	
物理污染防治工程	噪声与振动治理	投资额：万元	≥150	50～150	<50	
	电磁污染防治	投资额：万元	≥400	100～400	<100	
污染修复工程	污染本体、土壤、矿山修复等工程	投资额：万元	≥3000	500～3000	<500	

48. 特种工程专业承包资质标准（保留，表3-48）

特种工程专业承包资质标准　　　　　　　　　　　　　　　　表 3-48

指标	2014 版
企业资产	净资产 240 万元以上
企业主要人员	（1）技术负责人具有 5 年以上从事工程施工技术管理工作经历，且具有工程序列中级以上职称或注册建造师执业资格；相应的专业技术人员齐全。 （2）持有岗位证书的施工现场管理人员不少于 10 人，且施工员、质量员、安全员、材料员、资料员等人员齐全。 （3）经考核或培训合格的中级工以上技术工人不少于 5 人。 （4）技术负责人主持完成过相应专业工程业绩 2 项
企业工程业绩	
承包工程范围	可承担相应特种专业工程的施工

注：特种工程是指未单独设立的特殊专业工程，如：建筑物纠偏和平移、结构补强、特殊设备起重吊装、特种防雷等工程。

第 4 节　施工劳务序列企业资质标准

一、资质标准

1. 企业资产

（1）净资产 200 万元以上。

（2）具有固定的经营场所。

2. 企业主要人员

（1）技术负责人具有工程序列中级以上职称或高级工以上资格。

（2）持有岗位证书的施工现场管理人员不少于 5 人，且施工员、质量员、安全员、劳务员等人员齐全。

（3）经考核或培训合格的技术工人不少于 50 人。

二、承包业务范围

可承担各类施工劳务作业。

第4章 建筑业企业资质申报事项

第1节 《建筑业企业资质申请表》[①] 填报注意事项

一、申请表填写的一般要求

1. 建筑业企业资质申请表及附件材料

企业法人营业执照、现有资质证书正副本、企业章程、法定代表人、技术负责人资料、财务资料、代表性工程的合同及质量验收、安全评估资料、中级及以上职称人员、现场管理人员和技术工人资料及其他资料等是建筑业企业资质申报材料的关键及主要内容之一,在首次申请、增项、升级、延续时重新核定。不符合简单审批手续情况的,跨省变更、企业合并(吸收合并及新设合并)、企业全资子公司间重组分立、国有企业改制重组分立、企业外资退出等申请事项中,都需要提交该申请表,审核专家首先也审核该申请表及附件材料,建筑业企业资质申请表填写质量好坏,直接关系到企业申报成功的概率,必须引起各申报企业的高度重视。

2. 建筑业企业资质申请表中填报的内容应与申请附件材料相对应一致,必须要找到原始依据。

3. 申请指标应以独立企业法人为主体填写,母公司、子公司、管理公司等相应内容不应纳入;各项指标应以企业资质申请表申请内容为准;凡申请表中未填报人员、业绩,审核时均不予认定。

4. 申请多项资质的,净资产指标、主要人员指标不需要累加,满足标准要求最高的指标即可;资质标准中要求的专业注册建造师、技术职称人员、现场管理人员、技术工人、工程业绩、技术装备需分别达到各类资质标准的指标要求。

5. 已取得工程设计综合资质、行业甲级资质,但未取得建筑业企业资质的企业、直接申请相应类别一级及以下建筑业企业资质建筑业企业资质管理规定,应按照满足相应资质标准填报。

6. 企业发生合并、分立、重组后,按照有关规定需要重新申请核定资质的,除要提供新企业的申请,原企业仍具有的资质也应同时提供申请表。企业重组、分立后,一家企业承继原企业某类资质的,其他企业同时申请该类资质时按首次申请提交申请表。重组、分立后的企业再申请资质的,只对该企业重组、分立后承接的代表工程业绩予以认定;合并后的新企业再申请资质的,可以以原企业在合并前承接的工程作为代表工程业绩申报。

[①] 见附录2-1-1。

7. 外商投资建筑业企业，是指根据中国法律、法规的规定，在中华人民共和国境内投资设立的外资建筑业企业，包括：

1) 全部资本由外国投资者投资的建筑业企业；

2) 中外合资经营建筑业企业中方占25%以上；

3) 中外合作经营建筑业企业；

4) 已经在中国境内依法设立的外商独资，中外合资或合作企业，在我国境内再投资新设立建筑业企业或收购其他建筑业企业投资股权的企业。

外商投资建筑业企业申请资质的，应提交商务部门颁发的外商投资企业批准证书，其中，中外合资、合作投资企业，中方出资人的出资额不低于注册资本的25%（以外币出资的按出资时的汇率计算）。

二、封面

1. 申报企业名称：按工商营业执照内容填写全称，并加盖企业公章。申报单位需具有独立企业法人资格。申报单位为事业单位或其申报人员有事业单位编制的（军队单位除外），不批准资质增项、升级申请。

2. 填报日期：按本表报送（提交）时间填写。

三、企业申请资质类别和等级

本表格的内容是根据企业资质证书填写的，现有资质等级及取得时间按照资质许可的程序规范的填写；申请类型及资质类别须认真填写，法定代表人签字、盖章要清晰、齐全。

注意审查标准栏按照标准值填写，单位的印章应为本单位公章或行政许可专用章，单位内设机构印章无效。申报住房和城乡建设部许可资质的，每项资质填写一张审核表。

1. 现有资质等级：指本企业此次申请资质前的原资质等级。首次申请企业不填写。

2. 批准时间：指本企业此次申请资质前每一项原资质等级所批准的时间，特别注意资质批准时间与业绩时间的前后逻辑关系；首次申请企业不填写。

3. 现有资质证书编号：指本企业此次申请资质前的现有资质证书号码；首次申请企业不填写。

4. 企业申请资质类别和等级：申请资质类别和等级须认真填写，搞清本次申请资质类别和等级，搞清申请资质的项数，批准单位是哪个级别。

四、企业法定代表人声明

企业法定代表人声明/签名/签名日期/企业公章要清晰，齐全。

五、企业基本情况

1. 企业名称：按工商营业执照内容填写全称。

2. 企业注册地址：按工商营业执照内容填写。

3. 企业详细地址：填写本企业经营常驻地的地址，用全称或规范简称填写。

4. 营业执照注册号：按工商营业执照的内容填写。

5. 企业组织机构代码：按企业组织机构代码证填写，含校验码。
6. 企业类型：或称经济性质，按工商营业执照内容填写。
7. 建立时间：或称成立时间，按工商营业执照内容填写。
8. 联系电话：填写本企业经营常驻地行政办公室电话号码。
9. 传真：填写本企业经营常驻地的传真号码。
10. 企业网址：按本企业在互联网上注册的网络地址全称填写。
11. 电子邮箱：按本企业在互联网上注册的常用电子邮箱全称填写。
12. 法定代表人：按工商营业执照内容填写。
13. 企业经理：按照企业或者上级任命文件填写，不作强制要求。
14. 总工程师：按照企业或者上级任命文件或者分工文件填写，不作强制要求。
15. 施工安全生产许可证编号及有效期：按照施工安全生产许可证内容填写。

六、企业从业人员状况

1. 注册人员人数：按本企业申报（受理或提交）前拥有的各类注册人数填写。
2. 中级及以上职称人员人数：按企业申报（受理或提交）前拥有的工程序列中级以上人数填写。
3. 现场管理人员：按本企业申报（受理或提交）前拥有的取得岗位证书的现场管理人员数量填写。
4. 技术工人：按企业申报（受理或提交）前拥有的自有技术工人数和全资或控股公司技术工人数量填写。

七、企业财务状况

1. 注册资本：按工商营业执照内容填写。
2. 资产总额：指本企业拥有或控制的能以货币计量的经济资源，包括各种财产、债权和其他权利。按本报告期期末财务报告数据填写。
3. 固定资产：指本企业使用期超过一年的房屋及建筑物、机器、机械、运输工具以及其他与生产经营有关的设备、器具、工具等。按本报告期期末财务报告数据填写。
4. 流动资产：指本企业可以在一年或超过一年的一个营业周期内变现或耗用的资产。按本报告期期末财务报告数据填写。
5. 负债总额：指本企业全部资产总额中，所承担的能以货币计量、将以资产或劳务偿付的债务。按本报告期期末财务报告数据填写。
6. 净资产：又称所有者权益，指投资人对企业净资产的所有权。企业净资产等于企业全部资产减去全部负债后的余额。按本报告期期末财务报告数据填写。企业净资产以上年度经审计的财务报表中"所有者权益"为准进行填写。对上年度净资产不满足标准要求，但近期通过增资等符合标准要求的，按照申报前经审计的财务报表中"所有者权益"填写。首次申请资质的，以企业营业执照所载注册资本为准填写；申请多项资质的，企业净资产不累加计算考核，按企业所申请资质和既有资质标准要求的净资产最高值考核。
7. 国有资本：指有权代表国家投资的政府部门或者机构以国有资产投入企业形成的资本金。按本企业经工商行政管理部门备案的章程有关内容填写。

8. 法人资本：指其他法人单位以其依法可以支配的资产投入企业形成的资本金。按本企业经工商行政管理部门备案的章程有关内容填写。

9. 个人资本：指社会个人或者企业内部职工以个人合法财产投入企业形成的资本金。按本企业经工商行政管理部门备案的章程有关内容填写。

10. 港澳台商资本：指我国香港、澳门和台湾地区投资者投入企业形成的资本金。按本企业经工商行政管理部门备案的章程有关内容填写。须注明港澳台资本出资方所在地区。

11. 外商资本：指外国投资者投入企业形成的资本金。按本企业经工商行政管理部门备案的章程有关内容填写。须注明外资方所在国家或地区。

12. 生产厂房：

1）标准中对生产厂房有明确要求的，需填写提交房产证等相关证明材料，其厂房面积需符合要求；

2）租赁的生产厂房可以认可，但需填写提交其租赁协议和出租方的房产证明等材料，且租赁到期日期应不早于受理之日。

八、设备

1. 机械设备总台数：指归本企业所有，属于本企业固定资产的生产性机械设备年末总台数。它包括施工机械、生产设备、运输设备以及其他设备。按本企业报告期末"固定资产"台账据实填写。

2. 机械设备总功率：指本企业自有施工机械、生产设备、运输设备以及其他设备等列为在册固定资产的生产性机械设备年末总功率，按能力或查定能力计算，包括机械本身的动力和为该机械服务的单独动力设备，如电动机等。计量单位用千瓦，动力换算按1马力＝0.735千瓦折合成千瓦数。电焊机、变压器、锅炉不计算动力。

3. 机械设备原值：指企业自有机械设备的购置（购置发票）价。按本企业报告期末"固定资产"台账据实填写。

4. 机械设备净值：指企业自有机械设备经过使用、磨损后实际存在的价值，即原值减去累计折旧后的净值。按本企业报告期末"固定资产"台账据实填写。

5. 动力装备率：又称动力装备系数或动力装备程度。

动力装备率 ＝ 机械设备总功率 ÷ 从业人员年平均人数 ×（千瓦／人）

6. 技术装备率：又称技术装备系数或技术装备程度。

技术装备率 ＝ 机械设备净值 ÷ 从业人员年平均人数 ×（元／人）

九、企业简介

填写企业的基本情况、发展演变过程（含企业名称变更、分立合并等情况）、主要工程业绩（建议尽量多地反映申报工程业绩）等。

十、企业主要人员

企业主要人员包括：注册执业人员、技术职称人员（包括技术负责人）、现场管理人员、技术工人4类。

1. 企业主要人员应满足年龄在 60 周岁及以下且由企业为其缴纳社会保险。年龄以身份证为准，企业为其主要人员缴纳社会保险情况以社会保险证明为准。军队企业主要人员不需要提交其社会保险证明，但需提交所在单位上级人事主管部门的人事证明等相关材料。时间节点以初审部门受理时间为准。如：初审部门受理时间 2015 年 9 月，则主要人员的出生日期应在 1955 年 9 月以后，其社会保险证明文件应为 2015 年 6~8 月的，但首次申请不符合简化审批手续的重新核定，其社会保险证明文件应为 2015 年 8 月的；社会保险证明是指社会统筹保险基金管理部门出具的基本养老保险对账单或加盖社会统筹保险基金管理部门公章的单位缴费明细以及企业缴费凭证（社会保险缴费发票或银行转账凭证等证明）；社会保险证明应至少体现以下内容：缴纳保险单位名称、人员姓名、社会保障号（身份证号）、险种、缴费期限等。社会保险证明中缴费单位应与申报单位一致，上级公司、子公司、事业单位、人力资源服务机构等其他单位缴纳或个人缴纳社会保险均不予认定，分公司缴纳的社会保险可以填写。

2. 企业主要人员同时受聘或注册于两家或以上单位的人员不要填写，审核发现后将不予认定。注册人员信息在申报前建议先查询，特别是注意公司新引进人才相关信息查询。

3. 企业申请某一类别资质，企业主要人员中每类人员数量、专业、工种均应满足《建筑业企业资质标准》要求；一个人同时具有注册证书、技术职称、岗位证书、技术工人培训合格证书或职业技能等级证书中两个及以上的，只能作为一人考核；但一个人同时拥有注册证书和技术职称的，可同时作为注册人员和技术支持人员考核。

4. 企业申请多个类别资质，企业主要人员中每类人员数量、专业、工种等应分别满足《建筑业企业资质标准》要求，每类人员数量不累加考核。如：企业同时申请建筑工程和市政公用工程施工总承包一级资质，企业只要拥有 150 名中级工以上技术工人即可分别满足两个类别的技术工人指标要求。

一个人具有两个及以上技术职称（注册资格）或专业工种的，分别考核，如一个人同时具有建筑工程职称证书和道路工程毕业证书，可分别作为企业申请建筑工程和市政公用工程总承包资质要求的职称人员考核。

5. 除注册人员外，主要人员的证书上单位和申报单位可不一致，但社会保险必须在申报单位。

十一、技术负责人名单

按照企业所申报资质填写，其中负责资质类别是指该技术负责人作为该项资质的技术负责人申报。

1. 技术负责人的资历、专业、职称、业绩、注册执业资格（如要求）应按照各类资质标准要求填写。

2. 企业申请多个类别资质的应按照企业明确的每个申报资质的 1 名技术负责人填写。同一个技术负责人只要分别满足所申请类别资质的相应标准要求，也可以申报。可不提供任命文件。

3.《建筑业企业资质标准》中对技术负责人有个人业绩要求的按照《建筑业企业资质管理规定实施意见》中的附件 3"技术负责人（或注册人员）基本情况及业绩表"进行填写。

十二、技术负责人简历

按照满足标准要求的实际情况填写，并由本人签名。

十三、注册建造师名单

只填报申报所需注册建造师，按照一、二级顺序填写。

1. 注册建造师以部（省厅）注册人员库信息为准填写，凡注册人员库中无记录的人员不要填写。

2. 申报注册建造师的各专业人员数量应符合相应资质标准要求，申请两个及以上资质的注册建造师数量应分别满足相应类别资质标准要求。

3. 企业现有注册建造师的专业和数量应满足既有资质标准的要求。

4. 注册人员若存在重复注册情况，若作为注册人员填写进入申请表，其注册执业资格不予认定，审核不予通过；若未作为注册人员填写进入申请表，审核时不会作为重复注册人员考核。

5. 临时建造师不得作为资质标准要求的有效注册建造师申报，审核时不予认定。

6.《建筑业企业资质标准》中要求×××专业，×××专业注册建造师合计不少于××人，不要求所列专业必须齐全，如建筑工程、机电工程专业一级注册建造师合计不少于12人，其中建筑工程专业一级注册建造师不少于9人。

十四、中级及以上职称人员名单

只填写申报所需有职称人员，由高级到中级依次填写。

1. 技术职称人员是指取得有职称评审权限部门颁发的职称证书的人员，不包括只取得各类执业资格证书、从业资格证书、培训证书的人员。

职称是指设区的市级及以上人事主管部门或其授权的单位评审的工程系列专业技术职称。

《建筑业企业资质标准》中的职称人员都按照中级及以上工程系列职称填写，"相关专业"按照职称证书的岗位专业或毕业证书中所学专业填写。

2.《建筑业企业资质标准》中对职称人员专业作了限定且要求专业齐全的，按照申报人员应由具有相应专业的技术职称人员组成且每个专业至少有1人填写。如：建筑工程施工总承包一级资质标准中要求"建筑工程相关专业中级以上职称人员不少于30人，且结构、给水排水、暖通、电气等专业齐全"，是指30人应当由结构、给水排水、暖通、电气等4个专业中级以上有职称人员组成，且结构、给水排水、暖通、电气各专业至少有1人，其他专业人员不予认可。

3.《建筑业企业资质标准》未对技术职称人员专业作限定，但要求部分专业齐全的，按照要求齐全的专业至少有1人，其余申报人员专业不作限定填写。如：防水防腐保温工程专业承包一级资质标准中要求"工程序列中级以上职称和注册建造师合计不少于15人，且结构、材料或化工等专业齐全"，是指具有工程序列中级以上技术职称人员或注册建造师数量或两者之和的数量为15人，但其中至少应有1名结构专业、1名材料或化工专业人员，其他人员专业不作要求。

4.《建筑业企业资质标准》中对技术职称人员专业作了限定，但未要求专业齐全的，按照相应专业的申报人员数量达到标准要求即可，每一类专业人员数量不做要求。如：水利水电工程施工总承包一级资质标准中要求"水利水电工程相关专业中级以上职称不少于60人"，指具有水利水电工程相关专业人员总数满足60人即可，每个专业人数不限，也不要求所有专业齐全。

5. 职称人员中如具有教学、研究等系列职称的人员从事建筑施工的，一律不予认定。

6. 外商投资建筑企业人员：港、澳资企业管理和技术人员按资质标准要求进行考核。聘用外国服务者应提供劳动合同；聘用的外国服务者，大学本科以上学历、10年本科专业经历可认定为高级职称；大专以上学历、5年本专业经历可认定为中级职称。

7.《建筑业企业资质标准》中结构专业包括土木工程、工民建、结构、建筑施工、建筑工程等专业；岩土专业包括岩土工程、地下工程、水文地质工程、隧道工程、矿山工程、地质勘探与矿山等专业；机械专业包括：机械工程、自动化、机电工程、设备工程、自动控制、机械设计、机械等专业。

8.《建筑业企业资质标准》中相关专业职称的定义：

建筑工程相关专业职称包括结构、给水排水、暖通、电气、机械设备、机械电气等专业职称；

公路工程相关专业职称包括公路工程、桥梁工程、公路与桥梁工程、交通土建、隧道（地下结构）工程、交通工程等专业职称；

铁道工程相关专业职称包括铁道工程、桥梁工程、隧道工程以及铁路线路、站场、路基、轨道等专业职称；

水利水电工程相关专业职称包括水利水电工程建筑、水利工程施工、农田水利工程、水电站动力设备、电力系统及自动化、水力学及河流动力学、水文与水资源、工程地质及水文地质、水利机械等水利水电类相关专业职称；

电力工程相关专业职称包括热能动力工程、水能动力工程、核电工程、风电、太阳能及其他能源工程、输配电及用电工程、电力系统及其自动化等专业职称；

矿山工程相关专业职称包括矿建、结构、机电、地质、测量、通风安全等专业职称；

冶金工程相关专业职称包括冶金工程、金属冶炼、金属材料、焦化、耐火材料、采矿、选矿、机械、建筑材料、结构、电气、暖通、给水排水、动力、测量等专业职称；

市政工程相关专业职称包括道路与桥梁、给水排水、结构、机电、燃气等专业职称；

通信工程相关专业职称包括通信工程、有线通信、无线通信、电话交换、移动通信、卫星通信、数据通信、光纤通信、计算机通信、计算机、电子信息、软件、电子工程、信息工程、网络工程、自动化、信号、计算机应用、数据及多媒体、电磁场与微波技术等专业职称；

机电工程相关专业职称包括暖通、给水排水、电气、机械设备、焊接、自动化控制等专业职称。

十五、现场管理人员名单

只填报申报所需现场管理人员，按照施工员、质量员、安全员、机械员、资料员、劳务员、测量员、试验员、标准员顺序填写。

1. 现场管理人员是指按规定取得省级住房城乡建设主管部门或有关部门颁发的相应岗位证书的人员，以及住房城乡建设部或国务院有关部门认可的行业协会颁发的相应岗位证书的人员。以岗位证书中注册的岗位种类考核。

2. 《建筑业企业资质标准》中"持有岗位证书的施工现场管理人员不少于 M 人，且 A 员、B 员、C 员等人员齐全"，是指持有岗位证书的施工现场管理人员 M 人中至少有 A 员、B 员、C 员各 1 人，其余人员可以是施工员、质量员、安全员、材料员、资料员、劳务员、测量员、实验员、标准员、机械员等任意一种岗位种类的人员。如：机场场道专业承包一级资质标准中要求"持有岗位证书的施工现场管理人员不少于 30 人，且施工员、质量员、安全员、材料员、资料员等人员齐全"，是指持有岗位证书的施工现场管理人员 30 人中至少有施工员、质量员、安全员、材料员、资料员各 1 人，其余人员可以是施工员、质量员、安全员、材料员、资料员、劳务员、造价员、测量员、试验员、标准员、机械员等任意一种人员。

十六、技术工人人员名单

填写申报资质所需技术工人名单，注明是否为企业自有技术工人，其中全资或控股企业拥有的技术工人填写"否"，非本企业自有、全资或控股企业拥有的技术工人不得填在本表之中。

1. 技术工人是指取得住房城乡建设部、国务院有关部门、省级住房城乡建设主管部门或有关部门认可的机构或建筑业企业颁发的职业培训合格证书或职业技能等级证书的人员。以职业培训合格证书或职业技能等级证书中的工种和等级填写。

2. 企业以其全资或控股的劳务企业技术工人作为企业主要人员申请施工总承包资质的，应提交其全资或绝对控股的劳务企业为技术工人缴纳社会保险的情况及全资或控股劳务企业的章程。

3. 《建筑业企业资质标准》中未对技术工人的工种做出要求的，技术工人总数满足要求即可。

4. 填写过程中要特别注意身份证、职业培训合格证书或职业技能等级证书、社保证明之间的关系和有效性。

5. 填写时注意技术工人的年龄、工种、等级及社保情况。

6. 汇总并判断技术工人总数和工种等级是否符合要求。

十七、企业自有的主要机械设备

1. 《建筑业企业资质标准》中明确要求的设备应为企业自有设备，二手设备不予认可，以企业设备购置发票为准进行考核。

2. 《建筑业企业资质标准》对设备的规格、性能、数量有要求的按标准进行考核，发票上不能体现规格、性能的，应延伸考核企业提供的相关证明材料，如设备使用说明书等。其中，申请港口与航道施工总承包资质的，应提供设备主要性能指标证明、所属权证明和检验合格证明。

3. 租赁设备不予认可。

4. 标准中未明确要求的设备，无须填写。

十八、企业代表工程业绩一览表

填写企业完成的主要工程业绩。企业代表工程业绩主要包括某类项目工程或累计工程，一般提交中标通知书、施工承包合同、竣工及质量证明材料、反映指标的相关材料。

1. 申报业绩数量

一般应按照资质标准要求的企业代表工程数量进行填写，企业多申报的业绩可以不填报（考核累计指标的除外）。专家审查是按企业资质申请表中的排序进行的。

2. 中标通知书、施工承包合同

（1）每项代表工程业绩均应提交中标通知书。依法可以不进行招标的项目，可以提交业主单位或招标代理机构出具的有关中标文件，如直接发包通知书/工程交易单等。

（2）中标通知书、施工承包合同、竣工验收证明等材料上的工程开、竣工时间应符合建设工程法定程序，如竣工验收证明的开工日期不应早于中标通知书、施工承包合同的签订时间。

（3）施工承包合同应提交合同主体内容及反映技术指标的部分内容为主，合同通用条款内容可以不提交。

3. 竣工及质量证明材料

（1）每项代表工程业绩均应提交相应的竣工证明材料。工程竣工（交工）验收文件或有关部门出具的工程质量鉴定书复印件需包含参与验收的单位及人员、验收的内容；验收的结论、验收的时间等内容；境外工程还应包括驻外使领馆经商部门出具的工程真实性证明文件；参与验收方的签章及时间必须符合逻辑关系。

（2）申报建筑工程施工总承包资质的，单位工程竣工验收合格后，方可作为业绩考核。

4. 反映指标的相关材料

（1）建筑工程施工总承包资质标准中涉及的业绩指标（层数、高度、单位建筑面积、跨度），均应审查能反映技术指标的图纸复印件。

（2）除建筑工程施工总承包资质外的资质标准中涉及的业绩指标，在中标通知书、施工承包合同及质量证明材料能明确反映且反映指标的相同内容相对一致，只提交中标通知书、施工承包合同或竣工及质量证明材料即可；不能明确反映指标的，还需提交能反映该项技术指标的图纸或其他有效的证明材料。

（3）工程图纸至少应含图签、设计单位出图章，有些图纸按照相关要求还应含注册人员签章等，均应是合法有效的。

1）图签中的工程项目名称、图纸名称、设计人员签字、出图时间、出图版本等应是齐全、清晰、有效的。

2）设计单位出图章的编号和注册人员签章的编号应该一致。

3）注册人员签章应按其专业签盖在相应专业图纸上。如建筑图上加盖的是注册结构师印章，则该图纸非有效图纸。

4）设计单位出图章和注册人员签章、印签章的有效期与图纸的出图时间均应符合相应逻辑关系。如出图时间为 2010 年 11 月，而注册结构师印章的有效期至 2014 年 7 月，则该图纸非有效图纸。（注：注册结构师注册有效期为 3 年，注册建筑师注册有效期为 2

年,设计单位出图章有效期为5年)

5. 其他有关代表工程业绩的考核原则

(1) 一项单位工程业绩同时满足多项技术指标的只作为一项指标考核。若分别考核累计和单项技术指标的,同一工程业绩可同时考核,但铁路方面资质除外。

(2) 业绩中要求的"×类中的×类"必须分别满足,不能相互替代。如建筑工程一级资质标准,要求企业完成"4类中的2类以上工程",是指企业完成的工程中,高度、层数、单体面积、跨度4类考核指标中至少应满足2类,否则即为业绩不达标。

(3) 企业申请多个类别资质的工程业绩应当分别满足各类别资质标准条件。

(4) 已取得工程设计综合资质、行业甲级资质的企业,但未取得建筑业企业的资质企业,申请建筑业企业资质时,完成相应规模的工程总承包业绩可以按其代表工程业绩申报。

(5) 申请专业承包资质的,应提交企业依法单独承接的本专业工程业绩。以总承包承接的工程业绩作为专业承包资质的代表工程业绩申报不予认可。

(6) 施工总承包工程范围包括主体工程和配套工程。配套工程不得单独作为企业施工总承包资质的代表工程业绩申报。

(7)《建筑业企业资质标准》中要求的"近2年"或"近10年"的业绩,是指自申请资质年度起倒推5年或10年期间竣工的工程业绩。如:申报年度为2015年,"近5年"的业绩是指2010年1月1日之后竣工(交工)验收合格的项目。超过时限的代表工程业绩不予认可。

(8) 超越本企业资质承接范围的工程不得作为代表工程业绩申报,包括不是在其所取得的资质等级所对应的承包工程范围的、超出所取得资质等级时间的、超出所得的资质等级有设限要求的、与所申报类别资质的工程内容不符的。如企业申请晋升钢结构工程专业承包资质升级的应具备低等级的钢结构工程专业承包资质,所提供的工程业绩应为在其钢结构工程承包范围内承接的相应规模的工程,超出对应钢结构资质承包范围的工程不予认可。企业以境外承包工程作为代表工程业绩申报的不考核其是否超越资质承包工程范围。

(9) 企业申报的工程业绩中,项目负责人违反有关规定同时在两个及以上项目担任项目负责人的,或在项目实施时(限2008年3月1日以后中标承接工程)非本企业注册建造师、不具备注册建造师资格、超越注册建造师执业范围执业的,该项工程业绩不能申报。

(10) 企业不得以保密工程作为代表工程业绩申报。

(11) 单项合同额是指一个承包合同所载合同价。以承包合同价为准,工程结算单作为工程完成且工程款已到位的验证,承包合同未载明合同价的,以工程结算单为准申报。

(12) 建筑工程高度应为从标高正负零算起至檐口的高度。

(13) 建筑工程层数是指正负零到檐口之间的楼层数。其中设备层不计算在内,跃层按单层计算。

(14) 群体建筑(无论基础是否相连)不得作为单体建筑面积业绩申报。但群体中某一单体的地下室与其他单体相连且为整体基础的,其地下建筑面积可与其上的某一单体建筑合并后作为单体建筑的总面积进行申报。

(15) 轻钢、网架结构跨度业绩不应作为建筑工程施工总承包跨度业绩申报。

(16) 以联合体方式承接的工程不应作为有效业绩申报。

(17) 企业因负有工程质量、生产安全事故责任被降级、吊销、撤销资质，或因工程业绩弄虚作假申报资质被通报批评或撤销资质的，相应工程业绩不应作为有效业绩申报。

被降级、吊销、撤销资质以及弄虚作假被通报的企业如同时对其进行"在限定时间内不得申请某项资质"处理的，该企业在上述限定时间内发生重组、合并、分立等情况时，其受到资质处理前的工程业绩不应作为有效业绩申报。

(18) 代表工程业绩的完成单位和申报单位不一致时，填写时应尽量不用，确实要使用的，要结合企业简介交代清楚。

(19) 全国建筑市场监管与诚信信息发布平台（以下简称"发布平台"）中已有的工程业绩、注册人员信息，无需提供有关证明材料。对上述工程业绩，省级住房城乡建设主管部门应在《建设工程企业资质申报企业业绩核查汇总表》"备注"栏内和企业资质申请表中初审部门审查意见栏中注明。若企业申报的工程业绩未进入发布平台，或在发布平台中的信息不能证实满足相应资质标准指标的，企业应按规定提供相应证明材料。

对于申请建筑工程施工总承包，市政公用工程施工总承包资质，企业在已联网省市完成的工程业绩以发布平台信息为准；在已联网省市完成，未进入发布平台的企业业绩，不予认定为有效业绩。

十九、企业代表工程业绩情况

1. 工程名称：按工程承包合同名称填写。
2. 工程类别：按建筑业企业资质等级标准的有关规定分类后填写。
3. 工程地址：详细填写工程地址，须明确工程所在街道及门牌号；其中线性工程须填写工程起点和终点详细地址。

第2节 企业资质申报常见问题解析

一、企业资质申报综合问题

1. 建设工程企业行政许可有哪几项？

答：建设工程企业资质行政许可包括：工程勘察资质、工程设计资质、建筑业企业资质、工程监理企业资质。

2. 建设工程企业资质标准如何获取？

答：可在住房和城乡建设部网站上获取。具体获取方式为：住房和城乡建设部网站→建设工程企业资质行政审批专栏 → 资质标准，即可获取拟申报资质的相应资质标准。如申报工程设计资质，点击"工程设计资质标准"。

3. 建设工程企业资质的申报渠道是什么？

答：申请住房和城乡建设部审批的资质，可以通过企业工商注册所在地省级住房城乡建设主管部门提出申请，其中国务院国资委直接监管的企业及其下属一层级的企业申请工程勘察资质、工程设计资质和建筑业企业资质的（建筑业企业资质仅限国务院国有资产管理部门直接监管的 12 家建筑企业），可以通过国务院国资委直接监管的企业向住房和城乡建设部提出申请。

申请省级及以下住房城乡建设主管部门审批的资质，申报程序由省级住房城乡建设主管部门依法确定。

4. 建设工程企业资质申请等级有何要求？

答：企业首次申请、增项申请资质，其资质等级按照最低等级核定。但符合以下几种情形，可以受理其资质申请：

（1）具有一级及以上施工总承包资质的企业申请相应类别工程设计甲级资质；

（2）已取得工程设计综合资质、行业甲级资质、建筑工程专业甲级资质的企业，申请相应类别建筑业企业一级资质；

（3）具有甲级设计资质或一级及以上施工总承包资质的企业申请与主营业务相对应的专业工程类别甲级工程监理企业资质。

5. 建设工程企业申请资质升级有年限要求吗？

答：建设工程企业申请工程设计资质、建筑业企业资质、工程监理企业资质等升级时没有年限限制，只需达到相应资质标准即可。

建设工程企业申请工程勘察资质升级时有年限限制，工程勘察专业资质乙级升级甲级，申报企业需要具有 5 年及以上工程勘察资历；工程勘察专业资质升级工程勘察综合资质，申报企业需要具有 10 年及以上工程勘察资历。

6. 建设工程企业资质审批流程是什么？

答：住房和城乡建设部负责审批建设工程企业资质审批的基本流程是：

企业申报→住房和城乡建设部集中受理办公室接受申报材料→专家审查→公示审查意见→公告审批结果。

公示意见不同意企业资质申请事项的，企业可以在规定时限内针对公示意见提交陈述材料，逾期未提出陈述材料的，视为企业对公示意见无疑义，且资质许可机关不再接受任何补充材料。

7. 企业首次申请、增项申请、升级申请建设工程企业资质，审查公示意见为"业绩、人员不达标"，企业在陈述时可否补充新的业绩和人员材料？

答：不允许。企业的陈述只能针对原有材料做出说明，不能增加新的业绩或补充新的人员。

8. 企业针对公示意见提交了陈述材料，如何获知最终审查结论？

答：可在住房和城乡建设部网站上获取。具体获取方式为：住房和城乡建设部网站→政务服务平台→受理发证信息查询。

9. 建设工程企业资质证书全国通用吗？

答：各级住房城乡建设主管部门依法颁发的建设工程企业资质证书全国有效。各地区不得另行设置附加市场准入条件，限制外地企业依法承揽业务。

10. 企业信息发生变化，如何办理资质证书变更？

答：企业在资质证书有效期内名称、地址、注册资本、法定代表人等信息发生变更的，应当在工商部门办理变更手续后 30 日内办理资质证书变更手续。

工程勘察资质、工程设计资质、工程监理企业资质证书由住房和城乡建设部颁发，且涉及企业名称变更的，由住房和城乡建设部负责办理。除此以外的资质证书变更，由企业工商注册所在地的省级或设区的市级住房和城乡建设主管部门负责办理。

建筑业企业资质证书由住房和城乡建设部颁发的，证书内容变更由住房和城乡建设部负责办理。

11. 企业申请注册地址跨省变更，如何办理资质变更手续？

答：企业资质证书由住房和城乡建设部颁发的，按照《住房和城乡建设部关于建设工程企业发生重组、合并、分立等情况资质核定有关问题的通知》（建市〔2014〕79号）的规定，可简化审批手续，发放有效期1年的证书。企业通过申报软件提交以下材料扫描件：

（1）经企业主管部门同意的企业跨省变更的文件（企业有主管部门的）；

（2）企业股东大会（董事会）的决议、国有企业的职工代表大会的决议；

（3）所有企业（包括原企业和新企业）的企业章程；

（4）原企业工商营业执照注销证明或变更通知书；

（5）原企业资质注销申请；

（6）新企业工商营业执照正、副本；

（7）《企业资质申请表》1份。

发放有效期1年的证书后，企业应在有效期内将有关人员变更到位，按规定申请重新核定，并提交首次申请资质的全部材料。

省级及以下住房城乡建设主管部门颁发的资质的跨省变更，由省级住房城乡建设主管部门参照上述程序办理。

12. 企业营业执照发生变更后，资质证书多长时间内必须变更？若资质证书未及时变更，有什么后果？

答：企业在资质证书有效期内名称、地址、注册资本、法定代表人等发生变更的，应当在工商部门办理变更手续后30日内办理资质证书变更手续。其他日常资质证书变更事项，也需在30日内办理变更手续。

企业未按照规定及时办理资质证书变更手续的，由县级以上地方人民政府建设主管部门责令限期办理；逾期不办理的，处以1000元以上1万元以下的罚款。

13. 企业重组、合并、分立，是否需要重新核定资质？

答：按照《住房和城乡建设部关于建设工程企业发生重组、合并、分立等情况资质核定有关问题的通知》（建市〔2014〕79号）的规定，下列类型的建设工程企业发生重组、合并、分立等情况申请资质证书的，可按照有关规定简化审批手续，经审核净资产和注册人员等指标满足资质标准要求的，直接进行证书变更。

（1）企业吸收合并，即一个企业吸收另一个企业，被吸收企业已办理工商注销登记并提出资质证书注销申请，企业申请被吸收企业资质的；

（2）企业新设合并，即有资质的几家企业，合并重组为一个新企业，原有企业已办理工商注销登记并提出资质证书注销申请，新企业申请承继原有企业资质的；

（3）企业合并（吸收合并及新设合并），被吸收企业或原企业短期内无法办理工商注销登记的，在提出资质注销申请后，合并后企业可取得有效期1年的资质证书。有效期内完成工商注销登记的，可按规定换发有效期5年的资质证书；逾期未提出申请的，其资质证书作废，企业相关资质按有关规定重新核定；

（4）企业全资子公司间重组、分立，即由于经营结构调整，在企业与其全资子公司之间、或各全资子公司间进行主营业务资产、人员转移，在资质总量不增加的情况下，企业申请资质全部或部分转移的；

（5）国有企业改制重组、分立，即经国有资产监管部门批准，几家国有企业之间进行主营业务资产、人员转移，企业申请资质转移且资质总量不增加的；

（6）企业外资退出，即外商投资建筑业企业（含外资企业、中外合资企业、中外合作企业）外国投资者退出，经商务主管部门注销外商投资批准证书后，工商营业执照已变更为内资，变更后新企业申请承继原企业资质的；

在重组、合并、分立等过程中，所涉企业如果注册在两个或以上省（自治区、直辖市）的，经资质转出企业所在省级住房城乡建设行政主管部门同意后，可以向资质转入企业所在省级住房城乡建设行政主管部门提交申请材料。

上述情形以外的建设工程企业重组、合并、分立，企业申请办理资质的，按照有关规定重新进行核定。

14. 企业重组、分立后，一家企业承继原企业某项资质的，其他企业同时申请该项资质的如何办理？

答：企业重组、分立后，一家企业承继原企业某项资质的，其他企业同时申请该项资质时按首次申请办理。

15. 按照《住房和城乡建设部关于建设工程企业发生重组、合并、分立等情况资质核定有关问题的通知》（建市〔2014〕79号）的规定，可简化审批手续的，应提交哪些材料？

答：符合《住房和城乡建设部关于建设工程企业发生重组、合并、分立等情况资质核定有关问题的通知》（建市〔2014〕79号）的规定，可简化审批手续的，按照以下情形提供材料。

序号	申报材料	跨省变更	企业合并（吸收合并及新设合并）	企业全资子公司间重组分立	国有企业改制	企业外资退出
1	《建设工程企业资质变更受理信息采集表》（涉及企业均需填写并加盖本单位公章）	√	√	√	√	√
2	所有具有部批资质企业的《企业资质申请表》	√	√	√	√	√
3	经企业的工商注册地省级住房城乡建设主管部门同意的《建设工程企业资质证书变更审核表》	√	√	√	√	√
4	工商营业执照复印件（含原企业和新企业）	√	√	√	√	√
5	企业部批资质证书复印件	√	√	√	√	√
6	企业章程复印件（含原企业和新企业）	√	√	√	√	√
7	可反映企业净资产的合法财务报表（新企业，如原企业变更后仍具有资质也需提供）	√	√	√	√	√

续表

序号	申报材料	跨省变更	企业合并（吸收合并及新设合并）	企业全资子公司间重组分立	国有企业改制	企业外资退出
8	原企业法人营业执照注销证明或跨省迁出证明	√	√			
9	省级注册管理部门出具的注册执业人员预注册证明材料（标准中要求考核的注册人员，新企业因无建设工程企业资质无法完成注册的，需提供）	√	√	√		
10	新企业中满足标准要求的主要专业技术人员近一个月社保证明（仅勘察设计企业变更）	√	√	√	√	√
11	企业迁出地工商注册所在地省级住房城乡建设主管部门同意资质变更的书面意见	√				
12	企业上级行政主管部门（或母公司）或国有资产监管部门的批复文件复印件				√	
13	改制、重组、分立等方案复印件		√	√		
14	企业股东大会（董事会）的决议和职工代表大会的决议复印件	√	√	√	√	√
15	原企业法律承续（含债权债务）或分割情况的说明材料（需所有企业共同签署）		√	√	√	

注：1."原企业"是指申请变更的资质在变更前，具有该项资质的企业，"新企业"是指申请变更的资质在变更后，具有该项资质的企业。

2. 企业合并、企业全资子公司间重组分立、国有企业改制重组分立中，涉及企业跨省的，还应提供第11项；企业合并、企业全资子公司间重组分立、企业外资退出中，涉及企业有上级行政主管部门（或母公司）的，还应提供第12项；企业性质由外资变为内资的，还应提供外商投资批准证书注销证明。

3.《建设工程企业资质变更受理信息采集表》通过软件填写。软件下载路径为"住房和城乡建设部官网-办事大厅-《企业资质申请受理信息填报软件》免费下载"。

4.《建设工程企业资质证书变更审核表》参见《关于建设部批准的建设工程企业办理资质证书变更和增补有关事项的通知》（建市函〔2005〕375号）。

5.《企业资质申请表》参见"住房和城乡建设部官网-建设工程企业资质行政审批专栏-资质申报示范文本"。

6. 外商投资工程设计企业办理资质证书经济性质变更，直接按建市函〔2005〕375号办理，不需按照建市〔2014〕79号提交材料。

16. 施工总承包特级资质企业申请重组、分立事项需要审核哪些指标？

答：按照《建筑业企业资质管理规定》（住房和城乡建设部令第22号发布，第32号、第45号修正）第二十一条和《住房和城乡建设部关于建设工程企业发生重组、合并、分立等情况资质核定有关问题的通知》（建市〔2014〕79号）有关规定，施工总承包特级资质企业申请重组、分立，需审核《施工总承包企业特级资质标准》（建市〔2007〕72号）《住房和城乡建设部关于建筑业企业资质管理有关问题的通知》（建市〔2015〕154号）规定的"企业资信能力""企业主要管理人员和专业技术人员要求""科技进步水平"三方面指标。

17. 建设工程企业资质证书的有效期为几年？有效期满后如何办理延续？资质证书上的所有资质需同时提出延续申请吗？

答：建设工程企业资质证书的有效期为 5 年。企业应在资质证书载明的有效期届满 60 日前，向原资质许可机关按原申报程序申请办理资质证书有效期延续手续。资质证书上的所有资质应同时提出延续申请。逾期未提出延续申请的，资质证书自动失效。

18. 新设立企业，改制、分立、合并产生的新公司，及跨省变更的新企业，因尚未取得建设工程企业资质，注册人员无法注册或变更，申请资质怎么办？

答：注册人员可提供企业注册所在地省级注册管理部门出具的初始注册表或变更注册申请表。资质批准后，企业应在 3 个月内完成注册人员初始注册或变更注册工作，逾期未完成的，其批准的资质无效。

19. 企业申报资质需要提供社保证明材料吗？

答：企业在申请工程勘察资质、工程设计资质、建筑业企业资质（含新申请、升级、延续、变更）时，不需提供人员社保证明材料。由资质申报企业的法定代表人对人员社保真实性、有效性签字承诺，并承担相应法律责任。资质审批部门根据工作需要对企业申报资质人员缴纳社保情况进行核查。

工程监理企业资质不考核人员社保。

20. 社会保险必须以申报企业名义为员工缴纳吗？社会保险能否以个人名义缴纳？社会保险必须在申报企业注册所在地缴纳吗？

答：用于申请资质的人员社会保险必须以申报企业或申报企业分支机构名义缴纳，以个人名义缴纳无效。

申报企业按以下情形为人员缴纳社会保险，可以认可：

（1）在企业注册所在地以本企业名义为有关人员缴纳社会保险；

（2）在企业注册所在地以外的地区以本企业名义为有关人员缴纳社会保险（需提供在当地取得的社保登记证）；

（3）在企业注册所在地以外的地区以本企业分支机构名义为有关人员缴纳社会保险（需提供分支机构营业执照及在当地取得的社保登记证）。

21. 注册执业人员是否必须注册在申报企业，是否可以注册在无建设工程资质的关联企业？

答：注册执业人员必须注册在申报企业，注册在其他企业，包括申报企业的上级公司、下级公司、控股公司或参股公司，其注册执业资格均不予认可。

22. 企业申报材料中所列的个别注册执业人员存在重复注册问题，但剔除该注册执业人员后，企业注册执业人员数量仍然达标，其资质申请是否可以认可？

答：不可以。当申报企业存在注册执业人员重复注册问题没有纠正之前，不批准该企业的资质申请。

23. 存在违法违规行为或发生质量安全事故的企业和个人业绩是否认可？

答：存在违法违规行为或发生质量安全事故的项目，作为企业和个人业绩申报时，不予认可。

24. 外商投资企业申请建设工程企业资质有何规定？

答：外商投资企业申请建设工程企业资质的申请条件和申报材料与内资企业要求

一致。

25. 在建设工程企业资质审查中,哪些中、高级职称证书能够予以认可?

答:对于有地市级人力资源社会保障主管部门授权文件,且符合授权文件要求评定的中级职称可予以认可。

对于有省级人力资源社会保障主管部门授权文件,且符合授权文件要求评定的高级职称可予以认可。

26. 申报建设工程企业资质,取得建造师临时执业证书人员作为建造师申报,是否认可?

答:取得建造师临时执业证书人员作为企业注册人员申报不予认可。

27. 企业净资产指标如何考核?

答:企业净资产就是企业所有者(即投资方或股东)权益,是指所有者在企业资产中享有的经济利益,其金额为资产减去负债后的余额,即企业年度财务报表中的"所有者权益"。所有者权益包括实收资本(或者股本)、资本公积、盈余公积和未分配利润等。

企业应提供申请资质的上年度或当期合法的财务报表(全套报告)。

首次申请资质的,以提供的企业营业执照所载注册资本考核净资产。

申请多类资质的,企业净资产不累加计算考核,按企业所申请资质和已拥有资质标准要求的净资产指标最高值为准。

28. 在何处可以查询公示意见中发生过质量安全事故的具体情况?

答:质量安全事故情况可登录住房城乡建设部网站→工程质量安全监管→事故快报栏目查询。

29. 专家审查意见公示为不同意的企业,如何查询具体意见?

答:专家审查意见公示为不同意的企业,可通过以下方式查询具体意见:住房和城乡建设部网站→政务服务平台→受理发证信息查询。

30. 被列为"失信被执行人"的企业可否按照建市〔2014〕79号办理重组、合并、分立事项?

答:按照中共中央办公厅、国务院办公厅《关于加快推进失信被执行人信用监督、警示和惩戒机制建设的意见》,被列为"失信被执行人"的企业,除企业外资退出、国有企业改制两种情形外,不予办理重组、合并、分立事项。

31. 如何下载建设工程企业资质申报软件?

答:建设工程企业资质申报软件下载网址:jsb.justonetech.com。

32.《住房和城乡建设部办公厅关于进一步推进勘察设计资质资格电子化管理工作的通知》(建办市〔2017〕67号)第三条"未进入全国建筑市场监管公共服务平台的企业业绩和个人业绩,在资质审查时不作为有效业绩认定的",涉及哪些资质项?

答:申请建筑行业、市政行业及其相应专业(人防工程专业除外)工程设计甲级资质,具体如下:

(1) 建筑行业甲级、市政行业甲级、市政行业(燃气工程、轨道交通工程除外)甲级。

(2) 建筑行业(建筑工程)甲级、建筑设计事务所甲级、结构设计事务所甲级、机电设计事务所甲级、市政行业(给水工程、排水工程、城镇燃气工程、热力工程、道路工程、桥梁工程、城市隧道工程、公共交通工程、载人索道工程、轨道交通工程、环境卫生工程）专业甲级。

申请上述资质升级、增项、新申请，未进入全国建筑市场监管公共服务平台的企业业绩和个人业绩，在资质审查时不作为有效业绩认定。

33. 2018年1月1日后，如何填报企业业绩和个人业绩？

答：申报企业应按照建设工程企业资质申报软件提示要求，填报企业业绩和个人业绩资料，并填写全国建筑市场监管公共服务平台相应工程项目的16位项目编号，未要求在全国建筑市场监管公共服务平台发布企业业绩和个人业绩的可不填写项目编号。

个人业绩需上传本人亲笔签名并加盖申报企业公章的"专业技术人员基本情况及业绩表"原件扫描件，不需提交其他证明材料。

34. 建设工程企业资质延续如何申报？

答：申报流程：住房城乡建设部政务服务门户→企业行政审批事项→选取对应资质延续事项在线办理。

按照《住房城乡建设部建筑市场监管司关于建设工程企业资质延续有关事项的通知》（建司局函市〔2013〕116号），资质延续申请企业按照有关资质管理规定及资质标准有关要求提交申请，对材料真实性、合法性作出承诺，并对承诺内容负责，承担全部法律责任。收到企业资质延续申请后，住房和城乡建设部按照资质标准对企业注册人员等内容进行核查，经核查合格的，准予延续。

其中，按照《住房城乡建设部办公厅关于做好有关建设工程企业资质证书换领和延续工作的通知》（建办市〔2023〕47号），施工总承包一级资质、专业承包一级资质企业，资质证书有效期于2024年9月15日前届满的，企业申请延续时，可选择申请资质证书延续5年有效期或1年有效期。申请1年有效期资质证书的，暂不对企业的注册建造师等进行核查。企业应在资质证书1年有效期届满前，按有关资质管理规定和资质标准申请延续，经核查合格的颁发5年有效期资质证书。

企业于资质证书有效期届满后再申请资质证书有效期延续的，住房和城乡建设部不予受理，资质证书逾期自动作废。

二、建筑业企业资质申报问题

1. 如何查找《建筑业企业资质管理规定》（以下简称《规定》）、《建筑业企业资质标准》（以下简称《标准》）、《建筑业企业资质管理规定和资质标准实施意见》（以下简称《实施意见》）？

答：可以到住房和城乡建设部网站查找：住房和城乡建设部网站→建设工程企业资质行政审批专栏→部门规章、资质标准、政策文件。

2. 各级资质许可机关（住房和城乡建设部、省级城乡建设主管部门、设区的市城乡建设主管部门）审批的资质类别和等级具体有哪些？

答：各级资质许可机关审批的资质类别和等级具体见《规定》的第九、十、十一条款。

3. 企业申请资质的类别、等级、数量、年限有何要求？

答：企业可以申请施工总承包、专业承包、施工劳务资质三个序列的各类别资质，申请资质序列、类别、数量不受限制。

企业首次申请（即不具有建筑业企业资质的企业，申请建筑业企业资质的）或增项申请（即已具有建筑业企业资质的企业，申请增加其他类别的建筑业企业资质的）资质的，应从最低等级申请。

企业申请资质升级（即已具有建筑业企业资质的企业，申请同类别高一等级资质的）不受年限限制，但需逐级申请资质升级。

4. 企业申请资质需要提供什么申请材料？有何要求？

企业申请资质应按照首次、增项、升级、延续、简单变更、遗失补办、重新核定等申请事项和要求，提交相应材料，见《实施意见》附件2：《建筑业企业资质申报材料清单》。

申请材料要求：①对同一审批机关许可的资质，企业应按照《实施意见》附件1-1提供《建筑业企业资质申请表》一式一份，附件材料一套。其中涉及公路、水运、水利、通信、铁路、民航等方面资质的（见《实施意见》的"五、有关说明和指标解释"中第三十五条款），每涉及一个方面的，须另增加《建筑业企业资质申请表》一份、附件材料一套。②附件材料应按"综合资料、人员资料、工程业绩资料"的顺序装订，规格为A4（210mm×297mm）型纸（但不得对资料原件放大或缩小），并有标明页码的总目录及申报说明，采用软封面封底，逐页编写页码。③申报材料必须数据齐全、填表规范、印鉴齐全、字迹清晰，材料必须清晰、可辨。④企业的申报材料必须使用中文，材料原文是其他文字的，须同时附翻译准确的中文译本。⑤资质受理机关受理后，申报材料不得修改更换。

5. 申请表中的每一项都要填写吗？

答：考核企业申请资质的指标是以企业资质申请表中申报的各项指标为准。凡申请表中未填报的人员、业绩等，均不能作为有效指标认定。申请表中的每一项应据实填报，确无某一项的应填写为"——"。

6. 企业申请资质时可以利用其母公司、子公司、管理公司等相应资源吗？

答：不可以。企业申请资质应以独立企业法人所拥有的主要人员、资本、业绩、技术装备等情况进行申报，不能使用其母公司、子公司、管理公司等相应资源，如人员、资产、设备、业绩等。

7. 事业单位可以申请建筑业企业资质吗？资质申报中有事业编制的人员可以吗？

答：不可以。资质申报单位需具有独立企业法人资格。

资质申报中有事业编制的人员不予认定。

8. 资质标准中的"以上""以下""不少于""超过""不超过"如何理解？

答："以上""不少于""超过"是下限，"以下""不超过"是上限。"以上""以下""不少于""超过""不超过"均包含本数。比如：标准中的"净资产1000万元以上"是指净资产最少为1000万元（含）；标准中的"开挖深度不超过12米的基坑围护工程"是指可承接开挖深度最大为12米（含）的基坑围护工程。

9. 标准中要求的生产厂房，可以是租赁的吗？提供什么证明材料？企业具有多处厂房的，可以累计考核吗？

答：可以是租赁的。

标准中有明确要求的生产厂房，属于企业自有的，需提供厂房面积符合要求的不动产权证等材料；属于企业租赁的，需提供厂房面积符合要求的租赁协议和出租方的不动产权证等材料，且租赁到期日期应不早于企业资质申请受理之日。

企业具有多处厂房的，可以累计考核。

10. 标准中要求的设备，可以是租赁的吗？上级划拨的是否可以？提供什么证明材料？

答：不可以是租赁的。

标准中明确要求的设备应为企业自有设备，需提供企业设备购置发票（除港口与航道施工总承包资质外）。上级单位划拨的应同时提供划拨或分割证明，否则不予认可。标准中对设备的规格、性能、数量有要求的，发票上不能体现的，企业应延伸提供相关证明材料，如设备使用说明书等。港口与航道施工总承包资质要求的设备，应提供所属权证明和检验合格证明。

标准中未明确要求的设备，申请表中可以不填写，也不需要提供证明材料。

11. 标准中企业主要人员有哪些？年龄有要求吗？

答：企业主要人员包括：注册执业人员、技术职称人员（含技术负责人）、现场管理人员、技术工人等4类。

企业主要人员年龄均为60周岁及以下且由企业为其缴纳社会保险。

12. 企业主要人员可以受聘或注册于两家或以上单位吗？其证书中的单位必须与申报单位一致吗？

答：企业主要人员不能同时受聘或注册于两家或以上单位。

除注册执业人员外，主要人员的证书上单位和申报单位可以不一致，但社会保险必须在申报单位。

13. 企业申请某一类别资质时，某一个人具有多个证书，能否分别申报考核？

答：企业申请某一类别资质时，主要人员中每类人员数量、专业、工种均应满足《标准》要求。某一个人具有注册证书、技术职称、岗位证书、技术工人培训合格证书或职业技能等级证书中两个及以上的，只能作为一人申报考核；但一个人同时拥有注册证书和技术职称的，可同时作为注册人员和技术职称人员申报考核。

14. 企业申请多个类别资质时，某一个人具有多个证书，能否分别在各类别资质中申报考核？

答：企业申请多个类别资质时，主要人员中每类人员数量、专业、工种等应分别满足所申请类别资质《标准》要求，不需累加每类人员数量指标。某一个人具有注册证书、技术职称、岗位证书、技术工人培训合格证书或职业技能等级证书中两个及以上的，可分别在各类别资质中申报考核，如一个人同时具有建筑工程职称证书和道路工程毕业证书，可分别作为建筑工程和市政公用工程施工总承包资质要求的职称人员申报考核，但在申报市政公用工程施工总承包资质时，应提交其毕业证书。

15. 标准中要求的技术负责人必须是企业的总工程师吗？企业如何明确技术负责人？

答：《标准》中要求的技术负责人不一定是企业的总工程师。企业的总工程师可以是某类资质要求的技术负责人。

企业申请1个或多个类别资质的，技术负责人的资历、专业、职称、业绩、注册执业资格（如要求）应满足各类资质标准要求，应在申请表中明确每个类别资质的1名技术负责人。同一个技术负责人只要分别满足所申请类别资质的相应标准要求,可以同时明确为多个类别资质的技术负责人。

《标准》中对技术负责人有个人业绩要求的,应提供《实施意见》中的附件3:技术负责人(或注册人员)基本情况及业绩表,不需再提供个人业绩的其他材料。

16. 技术职称人员包括经济类及教学、研究人员吗?技术职称人员的专业如何考核认定?

职称是指设区的市级及以上人事主管部门或其授权的单位评审的工程系列专业技术职称。技术职称人员是指取得有职称评审权限部门颁发的职称证书的人员,不包括经济类人员,也不包括具有教学、研究等系列职称的人员。

《标准》中的职称人员均指中级及以上工程系列职称人员,其专业按职称证书的岗位专业或毕业证书中所学专业为准。

《标准》中对职称人员专业作了限定,且要求专业齐全的,按照申报人员应由具有相应专业的技术职称人员组成,且每个专业至少有1人;《标准》中对技术职称人员专业作了限定,但未要求专业齐全的,按照相应专业的申报人员数量达到标准要求即可,每一类专业人员数量不作要求;《标准》中未对技术职称人员专业作限定,但要求部分专业齐全的,按照要求齐全的专业至少有1人,其余申报人员专业不作限定。

17. 提供的技术职称人员的专业与标准要求的专业相近,能否申报认定?

答:提供的技术职称人员的专业与标准要求的专业相近,且资质许可部门认可的是可以申报的。如:《标准》中结构专业包括:土木工程、工民建、结构、建筑施工、建筑工程等专业;岩土专业包括:岩土工程、地下工程、水文地质工程、隧道工程、矿山工程、地质勘探与矿山等专业;机械专业包括:机械工程、自动化、机电工程、设备工程、自动控制、机械设计、机械制造、机械设备、机械电气等专业;焊接专业包括:焊接技术与工程、压力容器、金属材料、热工(热处理)、机械制造(制造工程)、锅炉、材料力学、材料科学与工程等专业;光源与照明专业包括:电光源、光电子技术科学、光电信息工程、光学、光学工程等专业。

18. 企业申请资质一般应提供代表工程业绩的什么材料?必须提供图纸、工程结算单等材料吗?若需要,应提供什么样的材料?

答:企业申请资质一般应提供代表工程业绩的中标通知书、工程合同(协议书)、竣工验收证明等材料。

建筑工程施工总承包资质标准中涉及的业绩指标(层数、高度、单体建筑面积、跨度),均应提供能反映技术指标的图纸;除建筑工程施工总承包资质外的资质标准中涉及的业绩指标,中标通知书、工程合同(协议书)、竣工验收证明等材料中能明确反映业绩考核指标的,不需要提供图纸、工程结算单等材料,不能明确反映指标的,需要提供能反映该项技术指标的图纸或其他有效的证明材料。

19. 企业提供的代表工程业绩图纸有何规定要求?

答:主要有:(1)提供的图纸能清楚有效反映代表工程业绩的技术指标;(2)工程图纸至少应含图签、设计单位出图章,有些图纸按照相关要求还应包含注册人员签章等;(3)图签中的工程项目名称、图纸名称、设计人员签字、出图时间、出图版本应是齐全、有效的;(4)设计单位出图章的编号和注册人员签章的编号应该一致;(5)注册人员签章应按其专业签盖在相应专业图纸上；（6）设计单位出图章和注册人员签章、印签章的有效期与图纸的出图时间均应符合相应逻辑关系。

20. 如何理解标准中代表工程业绩要求的"近5年"或"近10年"？

答：《标准》中代表工程业绩要求的"近5年"或"近10年"业绩，是指自申请资质年度起倒推5年或10年期间竣工验收合格的工程业绩。如：申报年度为2015年，"近5年"的业绩是指2010年1月1日之后竣工（交工）验收合格的工程项目。超过此时限的代表工程业绩不能认可。

21. 企业申报的某项代表工程业绩，同时满足业绩标准中的多项技术指标，能否作为多项代表工程业绩申报？

答：《实施意见》中明确为：一项单位工程业绩同时满足多项技术指标的，只能作为一项工程业绩指标申报。企业申报的该项代表工程业绩是一项单位工程，无论满足多少项技术指标，只能作为一项业绩申报；由多个单位工程组成的单项工程，且每一单位工程分别满足不同的技术指标，可以作为多项业绩申报。

22. 同一工程业绩可否同时按照《标准》中的累计指标和单项技术指标作为代表工程业绩申报？

答：《标准》中分别为累计指标和单项技术指标的，同一工程业绩可同时作为代表工程业绩申报，但铁路方面资质除外。

23. 企业可否以总承包资质承接的工程业绩中的某项专业工程作为专业承包资质的代表工程业绩申报？

答：不可以。申请专业承包资质的企业应提供其依法单独承接的所申请资质类别的专业工程业绩。

24. 配套工程可否单独作为企业施工总承包或专业承包资质的代表工程业绩申报？

答：不可以。

25. 标准中"单项合同额"指标的代表工程业绩，需要提供结算单吗？同一工程项目分期发包，签订多个施工合同的，可以按照累加的合同额作为代表工程业绩申报吗？

答：需要提供结算单。

单项合同额是指一个承包合同所载合同价。以承包合同价为准，工程结算单作为工程完成且工程款已到位的验证；承包合同未载明合同价的，以工程结算单为准。

同一工程项目分期发包，签订多个施工合同的，不可以作为考核合同额指标的代表工程业绩申报。

26. 标准中建筑工程高度、层数如何计算的？

答：建筑工程高度应从标高正负零算起至檐口的高度。

建筑工程层数是指正负零到檐口之间的楼层数，其中，设备层不计算在内，跃层按单层计算。

27. 重组、分立后的企业再申请资质时，原企业的业绩是否可以作为代表工程业绩申报？

答：重组、分立后的企业再申请资质的，应申报重组、分立后承接的工程项目作为代表工程业绩；合并后的新企业再申请资质的，原企业在合并前承接的工程项目可作为代表工程业绩申报。

28. 建筑工程中的轻钢、网架结构跨度业绩能否作为建筑工程施工总承包业绩申报？

答：不可以。

29. 什么是超资质范围承接的工程？此类工程是否可以作为代表工程业绩？

答：超资质范围承接的工程是指超越本企业资质等级中工程承接范围的工程，包括不是在企业所取得的资质等级所对应的承包工程范围内的、超出所取得资质等级时间的、超出所取得的资质等级有设限要求的等。

此类工程不能作为代表工程业绩申报。但企业以境外承包工程作为代表工程业绩的，无论其是否超越资质承包工程范围均可以申报。

30. 保密工程能否作为代表工程业绩申报？

答：不可以。

31. 企业因某项工程的问题受到相关处理的，该项业绩还可以作为代表工程业绩申报吗？

答：不可以。具体情况有：企业因该工程负有工程质量、生产安全事故责任被降级、吊销、撤销资质、停业整顿，或因该工程业绩弄虚作假申报资质被通报批评或撤销资质的，相应工程业绩不应作为代表工程业绩申报。

32. 企业申报的代表工程业绩中的该项目负责人是否需要考核？考核什么？

答：需要考核。考核企业申报的代表工程业绩中的项目负责人是否存在违反有关规定同时在两个及以上项目担任项目负责人，或在项目实施时（限2008年3月1日以后中标承接的工程）为非本企业建造师，或不具备建造师资格，或超越建造师执业范围执业。如果存在以上情况，不予认定该项代表工程业绩，也就是该项工程业绩不能作为代表工程业绩申报。

33. 建筑装修装饰工程专业承包资质的代表工程业绩可以包括建筑幕墙工程吗？

答：不可以。

34. 某工程项目没有中标通知书，是否可以不提供该代表工程业绩的中标通知书？

答：不可以。每项代表工程业绩均应提供中标通知书。依法可以不进行招标的项目，可以提供业主单位或招标代理机构出具的有关中标文件，如直接发包通知书等。

35. 代表工程业绩的合同（协议书）是否需要全部提供？

答：不需要。每项代表工程业绩合同均应提供施工承包合同协议书和专用条款。提供合同的基本组成要素（甲乙方的基本信息、基本约定、双方签章等）、反映主体内容及技术指标的部分主要内容，合同通用条款不需要提供。

36. 代表工程业绩竣工（交工）证明材料是什么？需要哪些单位认可签章？

答：每项代表工程业绩均应提供相应的竣工验收证明材料即工程竣工（交工）验收文件或有关部门出具的工程质量鉴定书，境外工程还应包括驻外使领馆经商部门出具的工程真实性证明文件。

竣工验收证明材料需包含参与验收的单位及人员签章、验收的内容、验收的结论、验收的时间等内容。参与验收的单位一般有建设（业主）、勘察设计、监理、施工等单位。

申报建筑工程施工总承包资质的，单位工程竣工验收合格后，方可作为代表工程业绩申报。

37. 已取得工程勘察资质的单位，是否可以申请地基基础工程施工专业承包资质？

答：可以。但应从最低等级开始申请。

38. 具有设计资质的企业能否申请建筑业企业资质？

答：已取得工程设计综合资质、行业甲级资质的企业，可以直接申请相应类别施工总承包一级资质，企业自行完成或者以联合体形式完成的相应规模工程总承包业绩可以作为其工程业绩申报。工程设计资质与施工总承包资质类别对照表见《实施意见》附件4—1。

其中，具有工程设计综合资质、建筑行业甲级资质、建筑工程专业甲级资质、市政行业甲级资质、市政行业（燃气工程、轨道交通工程除外）甲级资质的企业，可以直接申请相应的建筑工程、市政公用工程施工总承包一级资质，企业自行完成或者以联合体形式完成的工程总承包业绩，可以作为其工程业绩申报。

除以上两种情形外，工程设计企业应按照《实施意见》中首次申请的要求申请建筑业企业资质。

39. 外商独资企业是否可以申请建筑业企业资质，其承包工程范围有何要求？

答：外商独资企业可以申请建筑业企业资质，其承包范围以其取得的资质许可为准。

40. 取得建筑工程施工总承包壹级（限钢结构主体工程）资质企业业务承揽范围是什么？

答：可承担以钢结构为主体的各类建筑工程的施工。包括：单层建筑体系中的排架、框架、刚架结构的柱、梁为钢构件的工程；单层、多层轻钢龙骨房屋；多高层建筑体系中框架、简体结构中的柱、梁、支撑为钢构件的工程（包括钢结构住宅等）；大跨度建筑中钢结构覆盖建筑面积大于其单体建筑面积70%（含）以上的工程，且其中的拱、桁架、网架、网壳、悬索、索网及其组合形成结构中的构件为钢构件的工程；全钢结构的构筑物（包括钢结构立体停车库等）等。

41. 以建筑装修装饰、建筑幕墙等专业承包资质承接项目（工程内容包含模板脚手架）时，是否必须同时具有模板脚手架专业承包资质？

答：以建筑装修装饰、建筑幕墙等专业承包资质承接项目（工程内容包含模板脚手架）时，企业可以对承接的专业工程全部自行组织施工，不要求同时具有模板脚手架专业承包资质。

42. 施工总承包企业承接工程后，可将劳务作业分包给劳务企业，材料均由施工总承包企业提供，劳务企业不具有相关的专业承包资质，此类发承包方式是否合法？

答：施工总承包企业承接工程后，可将劳务作业分包给劳务企业，材料均由施工总承包企业提供，不要求劳务企业具有相关的专业承包资质，但必须具有施工劳务资质。

43. 企业以建筑装修装饰专业承包资质承接工程后，可否将施工范围内的消防、机电等内容分包给具备相应资质的专业承包企业？

答：企业以建筑装修装饰专业承包资质承接工程后，不得将工程再分包给具备相应资质的专业承包企业。

44. 《国务院关于取消一批职业资格许可和认定事项的决定》取消了造价员资格认定后，是否还考核造价员指标？

答：建筑业企业资质不再考核造价员指标。

45. 建筑工程施工总承包三级资质的技术负责人业绩有什么要求？

答：技术负责人主持完成过的业绩不少于2项。对于建筑工程施工总承包业绩标准，需满足建筑施工总承包二级或建筑施工总承包一级的业绩标准4类中的2类即可，不考核技术负责人申报业绩年限，不限制技术负责人所在企业资质等级。

第3节　建筑业企业资质资料审查常见问题

一、工程业绩不予认定的情形

1. 合同显示工期总日历天数与中标通知书显示工期不符，存疑，不予认定。
2. 工程合同工期、计划竣工时间与实际竣工日期跨度较大，存疑，不予认定。
3. 所有业绩竣工日期与验收日期为同一天，不合常规。
4. 所有业绩中项目完工时间与合同约定竣工时间完全一致，且竣工验收时间刚好也在同一天，不符合国内项目施工常理和实情，存疑，不予认定。
5. 中标通知书早于图纸设计时间。
6. 业绩工程的合同无签订日期，无效合同。
7. 业绩图纸的出图日期与执业印章有效期不一致，存疑，不予认定。
8. 业绩工程的设计图纸上的建设单位同中标通知书和验收表、合同上的建设单位不一致，不予认定。
9. 项目设计负责人的签字在施工图纸图签与竣工验收中不一致，存疑。
10. 图纸中设计单位项目负责人与竣工报告中设计单位项目负责人不一致，存疑，不予认定。
11. 在全国建筑市场监管公共服务平台中均无记录，非有效业绩，不予认定。
12. 业绩规模不符合资质标准要求，不予认定。
13. 业绩数量不达标。
14. 建筑面积不足。
15. 建筑面积与图纸总建筑面积不一致，存疑。
16. 业绩未提交各层平面布置图，面积无法考核，不予认定。
17. 业绩超注册专业范围，不予认定。
18. 业绩为超资质承揽，不予认可。
19. 业绩未体现特定指标，不予认定。
20. 工程真实性存疑。
21. 设计图纸出图专用章、建筑师个人执业印章不清晰，图纸存疑，不予认定。
22. 工程承建单位非申报单位，不予认定。
23. 所附图纸均不规范（非完整图纸），不予认定。
24. 设计部分不予认定。
25. 提供业绩中未提供图纸，无法反映考核指标，不予认定。
26. 业绩竣工验收证明中的验收结论栏内容为同版复制，不予认定。
27. 所有业绩中竣工验收报告里没有合同结算价款，存疑，不予认定。
28. 业绩工程结算审核报告书无造价人员签章，存疑，不予认定。
29. 业绩均未按要求提供合同专用条款，不予认定。

30. 业绩工程项目资金来源均为财政拨款，合同中均不显示工程立项批准文号，存疑，不予认定。

31. 各项政府投资项目均未招标备案，存疑，不予认定。

32. 业绩工程的中标通知书中明确为招标工程，但在施工合同中注明为非招标工程，前后矛盾，不予认定。

33. 提供的资料不能证明项目建设期间变更增加层高手续依法合规，不予认定。

34. 未提供竣工验收证书或工程试运行证明。

35. 业绩工程的审计报告存疑。

36. 业绩工程的施工合同中造价大小写不一致，存疑，不予认定。

37. 所有代表工程业绩的中标通知书、工程合同、竣工验收证明，时间跨度从 2009 年到 2016 年，格式雷同，存疑，不予认定。

38. 业绩工程的中标通知书签字盖章不清晰。

39. 代表业绩的竣工验收报告中的工程概况内容有误，存疑，不予认定。

40. 结构类型与建筑设计说明不符，存疑，不予认定。

41. 建造师等执业人员重复注册，不予认定。

42. 建造师在申报前 6 天才转注到该企业，不予认定。

43. 项目经理的注册单位非资质申报企业。

44. 项目经理超执业范围承接工程。

45. 项目经理无证上岗，建造师的初始注册时间晚于中标时间，不予认定。

46. 项目经理不是本单位人员。

47. 业绩工程的项目经理未查询到其建造师信息，不予认定。

48. 业绩资料中人员名称与查询项目经理不一致，存疑，不予认定。

49. 技术负责人申请表中填报的个人业绩与附件材料中业绩不一致，存疑，不予认定。

50. 技术负责人专业技术管理经历年限不达标。

51. 竣工验收资料中总监理工程师签名与施工合同中的总监理工程师非同一人，存疑，不予认定。

52. 技术负责人的毕业证出生时间与身份证出生时间不一致，存疑，不予认定。

53. 技术负责人未提供职称证书、身份证明，不予认定。

54. 企业财务负责人提供的附件资料不能反映其具有高级会计师职称及注册会计师资格，不予认定。

55. 工程含桩基单方造价仅 1000 元/平方米，严重与市场不符，存疑。

56. 单位造价过低，存疑，不予认定。

57. 图纸为本单位自制，非设计单位（贵州省建筑设计院）出图，无效图纸，不予认定。

58. 未提供技术负责人社保证明材料，不予认定。

59. 未按规定提供社保缴费凭证，不予认可。

60. 未提供反映净资产指标的证明材料，不予认定。

61. 提供的近三年银行授信证明未覆盖全年，不予认定。

62. 提供的安全生产许可证非申报单位，不予认定。

63. 企业净资产不满足要求。

二、企业资质不予认定的其他情形

(一) 不能认定为企业业绩的工程

1. 单位工程未竣工验收或验收不合格,不能作为申请建筑工程施工总承包资质的业绩考核。

2. 配套工程不得单独作为企业申报施工总承包资质工程业绩考核。

3. 超过时限的工程业绩不予认可。

《建筑业企业资质标准》中要求的"近5年"或"近10年"业绩,是指自申请资质年度起逆推5年或10年期间竣工的工程业绩。例如,申报年度为2015年,"近5年"的业绩是指2010年1月1日之后竣工(交工)验收合格的项目。

4. 超越本企业资质承包工程范围的工程业绩不予认可。

(注:企业以境外承包工程作为代表工程业绩申报的,不考核其是否超越资质承包工程范围。)

5. 项目负责人不规范执业。

企业申报的工程业绩中,项目负责人在项目实施时存在非本企业注册建造师、不具备注册建造师资格、超越注册建造师执业范围执业或违反有关规定同时在两个及以上项目担任项目负责人的,企业该项工程业绩不予认可。

6. 保密工程不得作为企业代表工程业绩申报。

7. 群体建筑(无论基础是否相连)不作为单体建筑面积业绩考核。

8. 轻钢、网架结构跨度业绩,不作为建筑工程施工总承包跨度业绩考核。

9. 企业因负有工程质量、生产安全事故责任被降级、吊销资质,其相应工程业绩不得作为代表工程业绩申报。

10. 工程业绩弄虚作假申报资质被通报批评或撤销资质的,其相应工程业绩不得作为代表工程业绩申报。

(二) 设计、图纸问题

1. 项目未提供图纸。

2. 工程立面图纸不清晰,且未能反映项目为单体建筑。

3. 项目图纸无设计单位出图章、设计人员注册执业印章。

4. 工程提供图纸未能反映考核指标。

5. 图纸中设计单位出图章有效期、图纸设计人员注册执业印章有效期和图纸出图日期不符,非有效图纸。

6. 图纸设计人员注册执业印章存疑。

7. 设计部分不予认定。

(三) 合同、文件问题

1. 工程中标单位非申报单位。

2. 工程中标日期晚于合同签订日期。

3. 合同协议书明确发包人建设内容与合同名称及竣工验收内容不符。

4. 没有工程合同专用条款。

5. 合同签订日期早于直接发包情况报告书签发日期。
6. 单位工程质量竣工验收记录及竣工验收备案表中无竣工验收日期，不予认定。
7. 竣工验收备案表中印章不清晰，不予认定。

（四）项目负责人问题

1. 项目负责人非建筑工程专业。
2. 项目负责人在任职时非一级注册建造师，属超范围执业。
3. 项目负责人超二级建造师执业范围执业。
4. 项目负责人未注册在申报单位。
5. 项目负责人在开工后变更注册至另一单位。
6. 中标通知书中的项目负责人与合同中不一致。
7. 一级注册建造师证书取得日期晚于项目中标日期。
8. 项目负责人个人业绩不达标。

（五）人员、设备问题

1. 一级注册建造师重复注册。
2. 机械设备不达标。
3. 提供的设备购置发票不清晰，未能反映设备名称及技术指标，不予认定。

虽然企业资质弱化是趋势，但是在目前的资信不完善的情况下，企业资质依然是建筑企业进入市场的重要通行证，企业资质不仅有利于企业的健康发展，从整体建筑市场来讲，更是稳定市场秩序、规范市场良性竞争的重要手段。

（六）其他需要注意的事项

1. 满足多项技术指标的单位工程，只作为一项指标考核。

《建筑业企业资质标准》中分别考核累计指标和单项技术指标的，同一工程业绩可同时考核，但铁路方面资质除外。

2. 《建筑业企业资质标准》中业绩要求的"×类中的×类"必须分别满足，不能相互替代。例如，建筑工程施工总承包一级资质标准，要求企业完成"4类中的2类以上工程"，是指企业完成的工程中，高度、层数、单体面积、跨度等4类考核指标中至少应满足2类，否则即为业绩不达标。
3. 企业申请多个类别资质的，工程业绩应当分别满足各类别资质标准条件。
4. 企业以施工总承包方式承接的工程，不论该工程是否实行分包，均可作为其施工总承包业绩考核。
5. 申请专业承包资质的，以企业依法单独承接的专业工程业绩考核。

第4节　建筑业企业资质审核案例

一、企业资质审核案例1

公示日期：自2018年05月28日至2018年06月08日
公示意见：不同意建筑工程施工总承包壹级。原因：

综合卷：1. 技术负责人汪文堂出生于 1963 年，中等专业学校毕业证书显示其 2005 年入校，入校年龄 42 岁，存疑，不予认可。

业绩卷：

1. 惠大生物发电有限公司烟囱项目：根据提供的烟囱详图 A－A 剖面，高度为 13000mm，看不出是 110 米的烟囱，图纸真实性存疑。

2. 凤凰城商住小区 2 号楼：21 层的房子无地下室，存疑。

3. 金源大酒店建设工程：18 层的楼房无地下室，存疑。

公告意见：经对企业陈述材料复核，不同意建筑工程施工总承包一级。

原因：技术负责人汪文堂于 2005 年 9 月进入河北省怀州市建筑工程学校学习，2008 年就取得高级工程师职称，且未提供破格评审的相关文件资料佐证，不予认定。

业绩卷：

1. 惠大生物发电有限公司烟囱项目：补充的图纸图签中无签字，图纸有效性不予认定。

2. 凤凰城商住小区 2 号楼：21 层的楼房有无地下室对考核指标无影响，予以认定。

3. 金源大酒店建设工程：18 层的楼房有无地下室对考核指标无影响，予以认定。

二、企业资质审核案例 2

公示日期：自 2018 年 12 月 26 日至 2019 年 01 月 09 日

公示意见：不同意建筑工程施工总承包壹级。

原因：业绩资料不实

（一）天润商住小区 5 号楼

1. 竣工验收报告中，工程竣工验收采用 GB 50300—2001 标准（应为 2014 年 6 月 1 日开始执行的 GB 50300—2013 版本），不予认可。

2. 该工程提供的结构施工图盖的一级注册结构工程师杨大洪执业印章有效期为 2016 年 6 月，其出图日期为 2013 年 12 月，而注册结构工程师注册有效期为 2 年，致使出图时间未在加盖的执业印章有效期内，不予认定。

（二）定军山新能源发电有限公司精炼项目

1. 竣工验收报告中，工程竣工验收采用 GB 50300—2001 标准（应为 2014 年 6 月 1 日开始执行的 GB 50300—2013 版本），不予认可。

2. 该企业提供的施工合同签订日期为 2016 年 6 月 29 日，经平台查询，合同签订日期为 2015 年 6 月 26 日，两者不一致，不予认定。

（三）梅园大酒店建设工程

竣工验收报告中，工程竣工验收采用 GB 50500—2001 标准（应为 2014 年 6 月 1 日开始执行的 GB 50300—2013 版本），不予认可。

综合卷：

1. 设备发票无法体现性能指标。

2. 技术负责人刘长顺的任命文件为项目部任命的技术负责人。

业绩卷：

1. 忻州市热电联产配套管网工程供热管网二标段：该工程管网直径 0.5 米，项目经理李天成为二级建造师，超执业范围。

2. 忻州市热电联产配套管网工程供热管网三标段：该工程管网直径 0.5 米，项目经理陈世平为二级建造师，超执业范围。

3. 工业园区集中供热项目（管道工程），项目经理邓双林为二级建造师，超执业范围。

三、企业资质审核案例 3

公示意见：不同意建筑工程施工总承包一级。

综合卷：

1. 企业所提供的 2017 年度审计报告中的资产负债表中，法定代表人、主管会计负责人、会议机构负责人栏目，未见相关人员的签字、盖章，不合规，不予认可。

2. 企业技术负责人于 2010 年本科自考毕业，却于 2015 年获得高级工程师资格证书（虽然其于 2002 年中专毕业但中专毕业生仅能参加评初级职称），根据相关行业惯例，"取得中级职称需要本科毕业且具有初级职称四年，取得高级职称需要本科毕业且具备中级职务五年"，故其高级职称资格评聘不符合逻辑，存疑，不予认定。

业绩卷：

1. 企业代表业绩商住楼的合同中显示楼高 95.5 米，而施工图的总说明显示楼高 85.5 米，前后不一致，存疑。

2. 施工图的立面图第 21 层、22 层标高标识错误。

四、企业资质审核案例 4

公示意见：不同意钢结构专业承包一级。

1. 新建化工制品厂生产线项目 2 号厂房，建设项目施工设计图加盖天京盛海设计工程有限公司出图印章有效期为 2016 年 9 月 30 日，经全国监管平台查询，其有效期为 2015 年 11 月 8 日至 2010 年 1 月 8 日，前后矛盾；验收报告没有勘察单位，存疑；立面图和剖面的最高处均没有标高标注，存疑；平面图和剖面图显示有 35 米和 40 米两跨，但合同和中标通知书上只写了 35 米一种跨度，不一致，存疑。提供的图纸不能反映钢结构跨度指标，不予认定。

2. 新建化工制品厂生产线项目 3 号厂房，建设项目施工设计图加盖天京盛海设计工程有限公司出图印章有效期为 2016 年 9 月 30 日，经全国监管平台查询，其有效期为 2015 年 11 月 8 日至 2010 年 1 月 8 日，前后矛盾；且未提供图纸设计说明，不予认定。验收报告没有勘察单位，存疑；平面图和剖面图显示有 25 米和 30 米两跨，但合同和中标通知书上只写了 25 米一种跨度，不一致，存疑。

3. 图纸上注册结构工程师王伟印章的格式是建筑师印章的格式，存疑。

4. 提供的图纸不能反映钢结构面积指标，不予认定。

第 5 章　建设工程企业资质审批制度

第 1 节　告知承诺制概述

证明事项告知承诺制是指行政机关在办理有关许可登记等事项时，以书面形式将法律法规规定证明的义务或者证明条件一次性告知当事人，由申请人书面进行承诺，已经符合这些条件、标准和要求，同时也愿意承担承诺不实的法律责任，行政机关就不再索要证明，直接予以办理。

2019 年 5 月 5 日，国务院常务会议提出，重点推进建立证明事项告知承诺制。2019 年 5 月 7 日，司法部印发了《开展证明事项告知承诺制试点工作方案》，在 13 个省（市）和 5 个国务院部门开展试点。

随着我国"放管服"改革的持续深入进行，不必要的审批和证明事项减少，放权于企业、还权给民众成为当下政府改革的创新点。近日，司法部印发《开展证明事项告知承诺制试点工作方案》（以下简称《工作方案》），将"放管服"改革推向纵深。

从某种意义上看，证明事项告知承诺制不仅是简政放权、优化服务的具体体现，更是构建政府与企业、政府与公民之间的良好信任关系的重要举措。根据《工作方案》，证明事项告知承诺制是指行政机关在办理有关事项时，以书面（含电子文本）形式将法律法规中规定的证明义务和证明内容一次性告知申请人，申请人书面承诺已经符合告知的条件、标准、要求，愿意承担不实承诺的法律责任，行政机关不再索要有关证明而依据书面（含电子文本）承诺办理相关事项。不难看出，证明事项告知承诺制是基于行政机关对申请人的充分信任，而申请人以口头承诺的方式与行政机关达成契约的制度，也是政府采取的一种合同式治理方式。

良好的信任关系本身就体现了一种契约精神。而良好的契约精神不仅是社会主义市场经济的必要基础，更是反映一个国家或地区营商环境的重要标志。所以，从这个意义上看，证明事项告知承诺制的实施，是推动政府职能转变，深化"放管服"改革和法治政府、服务型政府建设以及优化营商环境的一项重要举措。

根据试点的《工作方案》，天津、河北等 13 个省（市）和公安部、司法部等 5 个国务院部门将进行告知承诺制试点。实际上，在此之前，许多地方都已经开展了行政许可中的证明事项告知承诺制，也收到了很好的效果：不仅解决了人民群众反映强烈的办事难、办事慢、办事繁等问题，让人民群众切实感受到了改革的成果；也收获了市场主体、普通民众对政府的信任。本次《工作方案》正是要在全国各地取得成功经验的基础上，进一步巩固改革成果，扩大告知承诺事项的范围，其目的就是要推动形成标准公开、规则公平、预期合理、各负其责、信用监管的治理模式，也就是要形成政企、政民互相信任的良好社会风气。

但是，也应该看到，告知承诺制并非所有事项均可适用，如直接涉及国家安全、生态环境保护以及直接关系公民人身、重大财产安全的证明事项,就不可以适用告知承诺制。这是因为,如果这些事项采取告知承诺制,一旦造成损害将会不可挽回。为此,这就要求各个试点地区、部门应该根据实际情况,确定实行告知承诺制试点的证明事项清单,并向社会公示。与此同时,各地还应该积极探索失信惩戒模式,依法建立起申请人诚信档案和虚假承诺黑名单制度,加大失信联合惩戒力度,加强跨部门联动响应,完善"一处失信、处处受限"的联合惩戒机制。

证明事项告知承诺制作为一项创新,是对以人民为中心发展理念的生动践行,是不断加快转变政府职能、创新政府服务管理方式的一次积极探索,也是在简政放权和厘清政府边界的基础上,积极培育市场主体和民众自我治理能力的一次新尝试。有理由相信,该项制度的实施将加快人民满意的服务型政府的建设进程,有助于构建和谐、信任的良好社会氛围。

第2节 建筑业企业资质审批告知承诺制

一、告知承诺制试点

2017年11月9日,住房和城乡建设部办公厅印发了《关于开展建筑业企业资质告知承诺审批试点的通知》。

为贯彻落实《国务院办公厅关于促进建筑业持续健康发展的意见》(国办发〔2017〕19号),进一步深化建筑业"放管服"改革,提高建设工程企业资质行政审批效率,加强事中事后监管,决定在北京、上海、浙江3省(市)开展建筑业企业资质告知承诺审批试点。

> 建筑业企业资质告知承诺审批试点方案
> 为贯彻落实《国务院办公厅关于促进建筑业持续健康发展的意见》(国办发〔2017〕19号),进一步深化建筑业简政放权改革,提高建设工程企业资质行政审批效率,完善建筑市场监管体系,探索推行"互联网+政务服务",制定试点方案。
> 本方案所指告知承诺审批,是指对提出资质行政审批申请的申请人,由行政审批机关一次性告知其审批条件,申请人以书面形式承诺符合审批条件,行政审批机关根据申请人承诺直接作出行政审批决定的制度。
> 一、总体要求
> (一)指导思想。按照国办发〔2017〕19号文件部署,准确把握建筑业"放管服"改革方向,不断创新和改进政府对建筑市场的监管机制,围绕"减少审批环节、提高审批效能、服务企业发展"的总体思路,探索建立"诚信规范、审批高效、监管完善"的告知承诺资质审批新模式,推动资质管理向"宽准入、严监管、强服务"转变,激发建设工程企业发展活力,完善建筑市场信用体系,助推建筑业更好更快发展。
> (二)基本原则。
> 简化审批流程。行政审批部门一次性告知企业办理资质审批事项所应满足的审批条件,企业作出满足审批条件的承诺,行政审批部门依企业承诺直接办理相关资质审批手续。

加强事后监管。加强信息互联互通，依托建筑市场监管公共服务平台，在对企业承诺内容进行重点比对核验的同时，着力强化审批事中事后监管力度，实现对承诺内容现场核查全覆盖。

完善诚信建设。强化企业诚信监督机制，对以虚构、造假等欺骗手段取得资质的企业，依法撤销其相应资质，并列入建筑市场主体"黑名单"。

提升服务效能。落实"放管服"改革要求，最大幅度减少企业申报材料，最大限度提高审批效率，最大程度方便企业办事，逐步实现服务标准化和智能化。

（三）试点目标。通过审批试点，总结建设工程企业资质告知承诺审批经验，形成一批可复制、可推广的改革成果，为完善资质标准体系、优化资质审批流程、提升资质管理效能、健全建筑市场监管体系和助推建筑业发展提供支撑。

（四）试点范围。按照地方自愿原则，确定以建设工程企业较多、市场监管水平较高、电子化资质审批成效明显的北京市、上海市、浙江省作为试点地区，对工商注册地为试点地区的建筑工程、市政公用工程施工总承包一级资质开展告知承诺审批试点。

二、工作流程

住房和城乡建设部建筑市场监管司总体负责建设工程企业资质告知承诺审批试点工作。试点省（市）住房城乡建设主管部门负责本行政区内告知承诺资质审批的具体实施工作。

（一）申请。申请人登录试点省（市）住房城乡建设门户网站政务服务系统，以告知承诺方式申请资质，按相关提示在网上提交申报材料，并完成《行政审批告知承诺书》电子签名。

（二）受理。住房和城乡建设部行政审批集中受理办公室接收申请人告知承诺申请，并出具受理单。

（三）审批。住房和城乡建设部依据申请人提交的告知承诺申请材料及全国建筑市场监管公共服务平台有关信息直接办理资质审批手续，提出审批意见。

（四）公示。审批意见通过住房和城乡建设部和试点省（市）住房城乡建设门户网站政务服务系统等渠道公示，公示期10个工作日，接受社会各界监督。

（五）公告。对公示期间未收到举报的，住房和城乡建设部在门户网站向社会公告，颁发资质证书。

（六）核查。在作出准予行政审批决定后的6个月内，由住房和城乡建设部建筑市场监管司及相关专家组成核查组，对涉及的企业业绩全部实地核查，重点是对被审批人承诺的关于企业业绩指标是否符合标准要求进行检查。

三、监督管理

（一）核查中发现被审批人实际情况与承诺内容不相符的（除企业技术负责人发生变更），住房和城乡建设部将依法撤销其相应资质，并列入建筑市场"黑名单"。被撤销资质企业自资质被撤销之日起3年内不得申请该项资质。

（二）在实地核查完成之前，对采用告知承诺方式取得资质的被审批人，如发生重组、合并、分立等情况涉及资质办理的，不适用《住房和城乡建设部关于建设工程企业发生重组、合并、分立等情况资质核定有关问题的通知》（建市〔2014〕79号）第一款的规定，按照企业资质重新核定有关要求办理。

（三）试点地区应健全和完善全国建筑市场监管公共服务平台企业信息数据库，确保相关信息公开、完整、准确，以便于企业业绩指标核对工作的正常开展。

四、工作安排

（一）试点地区于2017年11月月底前编制完成本省（市）《建设工程企业资质告知承诺审批试点方案》及操作规程。

（二）试点地区于2017年12月月底前完成企业资质告知承诺审批系统相应模块开发，完成《告知承诺书》《实地核查表》、办事指南等告知承诺审批配套材料，并选择申请单位进行测试。

（三）2018年1月起正式推行告知承诺审批试点工作。

五、有关要求

（一）加强组织管理。各试点地区要结合本地实际，制定细化、可操作性强的试点方案及操作规程，做好涉及资质审批各部门组织协调，确定目标和分工任务，组织落实好有关企业的培训、教育等工作。

（二）做好舆论引导。加强告知承诺审批试点宣传工作，使试点地区企业充分了解试点工作内容，正确引导社会舆论。

（三）稳妥试点评估。试点地区要积极探索，力争形成可复制、可推广的试点经验。住房和城乡建设部建筑市场监管司要及时总结试点情况，并采取综合评估方式，对试点措施执行情况、实施效果、群众反映等进行全面评估，根据评估情况进一步改进和完善试点措施，不断提高审批效率和质量，力争试点工作取得更大成功。

附件：建筑业企业资质申请表（限告知承诺方式）

二、告知承诺制实施

为贯彻落实《国务院办公厅关于促进建筑业持续健康发展的意见》（国办发〔2017〕19号），深入推进建筑业"放管服"改革，决定在全国范围对建筑工程、市政公用工程施工总承包一级资质审批实行告知承诺制。

（一）告知承诺审批基本原则

围绕"减少审批环节、提高审批效能、服务企业发展"的总体思路，探索建立"诚信规范、审批高效、监管完善"的告知承诺审批新模式，推动资质管理向"宽准入、严监管、强服务"转变，推动建筑业高质量发展。

简化审批流程。企业根据建设工程企业资质标准作出符合审批条件的承诺，住房和城乡建设部依据企业承诺直接办理相关资质审批手续，不再要求企业提交证明材料，提高审批效率，提升服务效能。

加强事后监管。依托全国建筑市场监管公共服务平台，在对企业承诺内容进行重点比对核验的同时，着力强化审批事中事后监管力度，实现对企业承诺的业绩现场核查全覆盖。

完善诚信建设。强化企业诚信监督机制，对以虚构、造假等欺骗手段取得资质的企业，依法撤销其相应资质，并列入建筑市场主体"黑名单"。

(二）告知承诺审批流程

1. 申请。申报企业可通过建设工程企业资质申报软件（下载地址：jsb.justonetech.com）或登录省级住房和城乡建设主管部门门户网站政务服务系统，以告知承诺方式申请资质，按相关提示在网上填报申报信息，自动生成《建筑业企业资质申请表（限告知承诺方式）》并完成签字、盖章。

2. 受理。住房和城乡建设部行政审批集中受理办公室接收申报企业告知承诺申请，并出具受理单。

3. 审批。住房和城乡建设部依据申报企业提交的告知承诺申请及全国建筑市场监管公共服务平台有关信息直接办理资质审批手续，提出审批意见。

4. 公示。审批意见通过住房城乡建设部和省级住房和城乡建设主管部门门户网站政务服务系统等渠道公示，公示期10个工作日，接受社会各界监督。

5. 公告。对公示期间未收到举报的，住房和城乡建设部在门户网站向社会公告，颁发资质证书。

6. 核查。公告后12个月内，由住房和城乡建设部建筑市场监管司、省级住房和城乡建设主管部门及相关专家组成核查组，对涉及的企业业绩全部实地核查，重点检查企业业绩指标是否符合要求。

(三）监督管理

1. 审批事中事后监管中发现申报企业承诺内容与实际情况不相符的（企业技术负责人发生变更除外），住房和城乡建设部将依法撤销其相应资质，并列入建筑市场"黑名单"。被撤销资质企业自资质被撤销之日起3年内不得申请该项资质。

2. 在实地核查完成之前，对采用告知承诺方式取得资质的申报企业，如发生重组、合并、分立等情况涉及资质办理的，不适用《住房和城乡建设部关于建设工程企业发生重组、合并、分立等情况资质核定有关问题的通知》（建市〔2014〕79号）第一款的规定，按照企业资质重新核定有关要求办理。

3. 各省级住房和城乡建设主管部门应健全和完善全国建筑市场监管公共服务平台企业信息数据库，确保相关信息公开、完整、准确，以便正常开展企业业绩指标核对工作。

(四）工作安排

1. 2019年4月1日起，住房和城乡建设部负责审批的建筑工程、市政公用工程施工总承包一级资质（不含重新核定、延续）实行告知承诺审批。

2. 省级住房和城乡建设主管部门自行开发的资质申报系统，应按照统一数据交换标准，与住房和城乡建设部建设工程企业资质申报和审批系统进行对接。

(五）有关要求

1. 加强组织管理。各省级住房和城乡建设主管部门要结合本地实际，做好涉及资质审批各部门组织协调，确定工作目标和任务分工，组织落实好有关企业的培训、教育等工作。

2. 做好宣传服务。加强告知承诺审批宣传工作，使建筑业企业充分了解告知承诺审批工作内容，及时回应社会关切。

企业资质审批告知承诺制实行情况请及时反馈住房和城乡建设部建筑市场监管司。

三、建筑业企业资质告知承诺制申请表

建筑业企业资质申请表
（限告知承诺方式）

企申报企业：×××××××××××（公章）

填报日期：××××年××月××日

填 表 须 知

一、本表适用于建筑业企业申请资质及核定、换证、增项、升级和资质延续。

二、本表要求用计算机打印,不得涂改。

三、本表第一至第十一部分由企业填写。企业应如实逐项填写,不得有空项。

四、本表数字均使用阿拉伯数字;除万元、百分数保留一位小数外,其余均为整数。

五、本表中带□的位置,用√选择填写。

六、本表在填写时如需加页,一律使用A4(210mm×297mm)型纸。

七、本表须附有关附件材料。附件材料按"企业法人营业执照、现有资质证书正副本、企业章程、法定代表人、技术负责人资料、财务资料、代表性工程的合同及质量验收、安全评估资料、中级及以上职称人员、现场管理人员和技术工人资料及其他资料"的顺序分册装订。

企业申请资质类别和等级

<table>
<tr>
<td rowspan="3">现有资质等级</td>
<td>住房和城乡建设部颁发资质证书编号：
有效期至：
资质类别及批准时间：
1.××××施工总承包资质（取得时间：××××年××月××日）
2.</td>
</tr>
<tr>
<td>省级住房城乡建设主管部门颁发资质证书编号：
有效期至：
资质类别及批准时间：
1.××××施工总承包资质（取得时间：××××年××月××日）
2.</td>
</tr>
<tr>
<td>设区的市级住房城乡建设主管部门颁发资质证书编号：
有效期至：
资质类别及批准时间：
1.××××施工总承包资质（取得时间：××××年××月××日）
2.</td>
</tr>
<tr>
<td>申请类型</td>
<td>首次申请□　　增项□　　升级□　　重新核定□　　延续□
跨省变更□　　吸收合并、企业合并（吸收合并及新设合并）□
企业全资子公司间重组分立□　　国有企业改制重组、分立□
企业外资退出□　　资质换证□</td>
</tr>
</table>

本企业申请建筑业资质		
1.×××× 类别 × 级	2.×××× 类别 × 级	3.×××× 类别 × 级
4.×××× 类别 × 级	5.×××× 类别 × 级	6.×××× 类别 × 级

法定代表人签字：　　　　　　　　（公章）

　　　　　　　　　　　　　　　　　　　　　××××年××月××日

指标类别	序号	考核指标		审查标准	审查认定值	达标情况
\multicolumn{7}{c}{省级主管部门审查意见（特级企业除外）}					
资产与技术装备	1	净资产				
	2	机械设备				
	3	其他申请条件（是否越级申请等）				
主要人员	4	技术负责人				
	5	注册建造师	××××专业			
			××××专业			
			××××专业			
			××××专业			
	6	中级及以上职称人员				
		现场管理人员				
		技术工人				
业绩指标	7	代表工程业绩	代表工程1			
			代表工程2			
			代表工程3			
			代表工程4			
			累计完成数			
诚信记录		是否存在违反《建筑业企业资质管理规定》第二十三条的行为		□是 □否		
复印件与原件核对一致			□是 □否	核对人签字		

（此栏内应填写明确意见）
负责人签字：
单位盖章：
　　　　　　　　　　　　　　　　　　　　　　　年 月 日

企业法定代表人声明

本人×××（法定代表人）××××××××××（身份证号码）郑重声明：

本企业此次填报的《建筑业企业资质申请表》及附件材料的全部数据、内容是真实的，本企业申请前一年内不存在《建筑业企业资质管理规定》第二十三条所列违法行为，同样我在此所做的声明也是真实有效的。我知道隐瞒有关真实情况和填报虚假资料是严重的违法行为，此次资质申请提供的资料如有虚假，本企业及本人愿接受住房城乡建设行政主管部门及其他有关部门依据有关法律法规给予的处罚。

企业法定代表人：（签字）×××　　（公章）

××××年××月××日

一、企业基本情况

企业名称	××××××××			
企业注册地址	××省（自治区、直辖市）××（市、州、盟）××（区、市、旗）			
	××（路、道、巷、乡、镇）××号（村）		邮政编码	××××
企业详细地址	××省（自治区、直辖市）××地区（市、州、盟）××县（区、市、旗）			
	××街(路、道、巷、乡、镇)××号(村)		邮政编码	×××××
营业执照注册号	×××××××	组织机构代码	×××××××××	
企业类型	××××	建立时间	××××年××月××日	
联系电话	×××××××	传　真	×××××××	
企业网址	×××××××	电子信箱	×××××××	
法定代表人	×××	职务	×××	职称	×××
企业经理	×××	职务	×××	职称	×××
总工程师	×××	职务	×××	职称	×××
施工安全生产许可证编号		有效期至		

企业主要人员状况	从业人员年末人数×××人；年末离退休人员×××人			
^	从业人员年平均人数×××人；其中：管理人员×××人			
^	注册人员			
^	总数××人			
^	其中	一级注册建造师 ××人	二级注册建造师 ××人	
^	^	其他注册人员 ××人		
^	中级及以上职称人员			
^	总数××人			
^	其中	高级职称 ××人	中级职称 ××人	
^	现场管理人员			
^	总数××人			
^	其中	施工员 ×× 人	造价员 ×× 人	
^	^	质量员 ×× 人	劳务员 ×× 人	
^	^	安全员 ×× 人	测量员 ×× 人	
^	^	机械员 ×× 人	试验员 ×× 人	
^	^	资料员 ×× 人	标准员 ×× 人	
^	^	材料员 ×× 人		
^	技术工人			
^	总数××人			
^	其中	自有技术工人 ×× 人	全资或控股劳务企业技术工人 ×× 人	
^	^	中级工及以上 ×× 人		
企业财务状况	注册资本	×××万元	其中：	
^	资产总额	×××万元	国有资本	×××万元
^	固定资产	×××万元	法人资本	×××万元
^	流动资产	×××万元	个人资本	×××万元
^	负债总额	×××万元	港澳台商资本	×××万元
^	净资产	×××万元 达标□	外商资本	×××万元
^	港澳台投资方	□香港 □澳门 □台湾	外商投资方	×××国
设备	机械设备总台数	×××台（件）	机械设备总功率	×××千瓦
^	机械设备原值	×××万元	技术装备净值	×××万元
^	动力装备率	×××千瓦/人	技术装备率	××万元/人
厂房	企业自有厂房面积	×××平方米	企业租赁厂房面积	×××平方米

二、企 业 简 介

注：本简介可复制加页。

三、技术负责人名单

建筑工程总承包一级资质技术负责人要求：具有 10 年以上从事工程施工技术管理工作经历，且具有结构专业高级职称；年龄 60 周岁及以下且申请单位已为其缴纳社会保险。

市政公用工程总承包一级资质技术负责人要求：具有 10 年以上从事工程施工技术管理工作经历，且具有市政工程相关专业（道路与桥梁、给水排水、结构、机电、燃气等专业）高级职称；年龄 60 周岁及以下且申请单位已为其缴纳社会保险。

序号	姓名	学历	职称	身份证号码	职称专业/学历专业	负责资质类别	是否达标
1	×××	××	×××	×××××××	×××××/×××××	×××	是□否□
2	×××	××	×××	×××××××	×××××/×××××	×××	是□否□
3	×××	××	×××	×××××××	×××××/×××××	×××	是□否□
4	×××	××	×××	×××××××	×××××/×××××	×××	是□否□
5	×××	××	×××	×××××××	×××××/×××××	×××	是□否□
6	×××	××	×××	×××××××	×××××/×××××	×××	是□否□
……							
……							
……							

四、技术负责人简历

姓名	×××	性别	×	出生年月	××/××	照片
职称	××××	职称专业	×××××	执业资格	×××	
身份证	××××××××××	注册证书编号		×××××		
何时/何校/何专业毕业		××/××/××		最高学历	×××	
工程管理资历		××年	负责资质类别		××××××	

工作简历	由何年何月至何年何月	在何单位、从事何工作、任何职		
	××年×月至××年×月	××××××××	××××	××××
	××年×月至××年×月	××××××××	××××	××××
	××年×月至××年×月	××××××××	××××	××××
	…			
	…			

本人签字：
××××年××月××日

注：1. 工作简历从参加工作开始连续填写；
  2. 每名技术负责人1页。

五、企业自有的主要机械设备

建筑工程总承包一级资质技术装备要求：无。

市政公用工程总承包一级资质技术装备要求（下列 3 项中的 2 项机械设备）：1. 摊铺宽度 8 米以上沥青混凝土摊铺设备 2 台；2. 100 千瓦以上平地机 2 台；3. 直径 1.2 米以上顶管设备 2 台。

序号	设备及仪器名称	型号/产地/出厂日期	数量（台）	功率（千瓦）	价值（万元）		备注	是否达标
					原值	净值		
1	×××	××/××/××	×	××	×××	×××		是□否□
2	×××	××/××/××	×	××	×××	×××		是□否□
3	×××	××/××/××	×	××	×××	×××		是□否□
4	×××	××/××/××	×	××	×××	×××		是□否□
5	×××	××/××/××	×	××	×××	×××		是□否□
6	×××	××/××/××	×	××	×××	×××		是□否□
	……							
	……							
	……							
	……							
	……							
	……							

六、企业代表工程业绩一览表

建筑工程总承包一级资质业绩要求（近五年内承担过下列4类中的2类工程的施工总承包或主体工程承包，工程质量合格）。

序号	标准要求	指标描述	代表工程选择项"√"表示	达标情况	竣工情况
1	地上25层以上的民用建筑工程1项或地上18～24层的民用建筑工程2项	地上25层以上、100米以下的民用建筑工程1项		是□ 否□	是□ 否□
		地上18层以上、100米以下的民用建筑工程2项		是□ 否□	是□ 否□
2	高度100米以上的构筑物工程1项或高度80～100米（不含）的构筑物工程2项	高度100～120米的构筑物工程1项		是□ 否□	是□ 否□
		高度80～120米的构筑物工程2项		是□ 否□	是□ 否□
3	建筑面积12万平方米以上的建筑工程1项或者建筑面积10万平方米以上的建筑工程2项	建筑面积12万～15万平方米的建筑工程1项		是□ 否□	是□ 否□
		建筑面积10万～15万平方米的建筑工程2项		是□ 否□	是□ 否□
4	钢筋混凝土结构单跨30米以上（或钢结构单跨36米以上）的建筑工程1项或钢筋混凝土结构单跨27～30米（不含）[或钢结构单跨30～36米（不含）]的建筑工程2项	单跨30～39米的钢筋混凝土结构建筑工程1项		是□ 否□	是□ 否□
		单跨27～39米的钢筋混凝土结构建筑工程2项		是□ 否□	是□ 否□
		单跨36～39米以下的钢结构建筑工程1项		是□ 否□	是□ 否□
		单跨30～39米的钢结构建筑工程2项		是□ 否□	是□ 否□

第 2 节 建筑业企业资质审批告知承诺制

市政公用工程总承包一级资质业绩要求（近10年内承担过下列7类中的4类工程的施工，工程质量合格）。

序号	标准要求	指标描述	代表工程选择项"√"表示	达标情况	竣工情况
1（本类必须）	累计修建城市主干道25公里以上；或累计修建城市次干道以上道路面积150万平方米以上；或累计修建城市广场硬质铺装面积10万平方米以上	累计修建城市主干道长度为25公里以上		是□ 否□	是□ 否□
		累计修建城市次干道以上道路面积150万平方米以上		是□ 否□	是□ 否□
		累计修建城市广场硬质铺装面积10万平方米以上		是□ 否□	是□ 否□
2	累计修建城市桥梁面积10万平方米以上；或累计修建单跨40米以上的城市桥梁3座	累计修建城市桥梁面积10万平方米以上、桥梁单跨45米以下		是□ 否□	是□ 否□
		累计修建单跨为40～45米城市桥梁3座		是□ 否□	是□ 否□
3	累计修建直径1米以上的排水管道（含净宽1米以上方沟）工程20公里以上；或累计修建直径0.6米以上供水、中水管道工程20公里以上；或累计修建直径0.3米以上的中压燃气管道工程20公里以上；或累计修建直径0.5米以上的热力管道工程20公里以上	累计修建直径1米以上的排水管道（含净宽1米以上方沟）工程20公里以上		是□ 否□	是□ 否□
		累计修建直径0.6米以上供水、中水管道工程20公里以上		是□ 否□	是□ 否□
		累计修建直径0.3米以上的中压燃气管道工程20公里以上		是□ 否□	是□ 否□
		累计修建直径0.5米以上、供热面积150万平方米以下的热力管道工程20公里以上		是□ 否□	是□ 否□

续表

序号	标准要求	指标描述	代表工程选择项"√"表示	达标情况	竣工情况
4	修建8万吨/日以上的污水处理厂或10万吨/日以上的供水厂工程2项；或修建20万吨/日以上的给水泵站、10万吨/日以上的排水泵站4座	修建8万~10万吨/日以上污水处理厂工程2项		是□ 否□	是□ 否□
		修建10万~15万吨/日供水厂工程2项		是□ 否□	是□ 否□
		修建20万~25万吨/日给水泵站工程4座		是□ 否□	是□ 否□
		修建10万吨/日以上排水泵站工程4座		是□ 否□	是□ 否□
5	修建500吨/日以上的城市生活垃圾处理工程2项	修建500吨/日以上的城市生活垃圾处理工程2项		是□ 否□	是□ 否□
6	累计修建断面20平方米以上的城市隧道工程3公里以上	累计修建断面20~25平方米的城市隧道工程3公里以上		是□ 否□	是□ 否□
7	单项合同额3000万元以上的市政综合工程项目2项	完成单项合同3000~4000万元的市政综合工程2项		是□ 否□	是□ 否□

诚信记录

在申请之日起前一年至资质许可决定作出前，无《建筑业企业资质管理规定》（住房和城乡建设部第22号令）第二十三条所列情形发生	是□ 否□

七、企业代表工程业绩情况

<table>
<tr><td rowspan="18">项目之一</td><td colspan="2">工程名称</td><td colspan="2">××××××××</td><td>工程项目编码</td><td colspan="2">×××××××××</td></tr>
<tr><td colspan="2">工程地址</td><td colspan="5">××省××市××县×××街道×××号</td></tr>
<tr><td colspan="2">或工程起始地址
（线性工程填写）</td><td>自</td><td colspan="2">××省××市××县 ×××××××</td><td>起</td><td></td></tr>
<tr><td colspan="2"></td><td>至</td><td colspan="2">××省××市××县 ×××××××</td><td>止</td><td></td></tr>
<tr><td colspan="2">合同编号</td><td>××××</td><td colspan="2">施工许可证号或开工报告批准文号</td><td colspan="2">××××××</td></tr>
<tr><td colspan="2">项目经理</td><td>×××</td><td colspan="2">建造师注册证书编号</td><td colspan="2">×××××××××</td></tr>
<tr><td colspan="2" rowspan="2">工程规模</td><td>工程类别</td><td colspan="2">技术指标</td><td>单位</td><td>数量</td></tr>
<tr><td>××××</td><td colspan="2">××××</td><td>×</td><td>×××××</td></tr>
<tr><td colspan="2">合同价</td><td>××××</td><td colspan="2">万元　结算价</td><td colspan="2">×××××　万元</td></tr>
<tr><td colspan="2">工程承包方式</td><td colspan="5">施工总承包□　专业承包□　工程总承包□　其他□（需说明）：</td></tr>
<tr><td colspan="2">施工组织方式</td><td colspan="5">自行施工□　专业分包□　劳务分包□</td></tr>
<tr><td colspan="2">开工时间</td><td colspan="2">××××年××月××日</td><td>竣工时间</td><td colspan="2">××××年××月××日</td></tr>
<tr><td colspan="2">计划工期</td><td>×××</td><td>实际工期</td><td>×××</td><td>延误原因</td><td>××</td></tr>
<tr><td colspan="2">质量评定</td><td>××</td><td>安全评价</td><td>××</td><td>获奖情况</td><td>×××</td></tr>
<tr><td colspan="2">建设单位</td><td colspan="2">×××××××</td><td>联系人　×××</td><td>联系电话</td><td>×××××××</td></tr>
<tr><td colspan="2">验收单位</td><td colspan="2">×××××××</td><td>联系人　×××</td><td>联系电话</td><td>×××××××</td></tr>
<tr><td colspan="7">其他说明：</td></tr>
<tr><td colspan="7"></td></tr>
<tr><td rowspan="18">项目之二</td><td colspan="2">工程名称</td><td colspan="5">××××××</td></tr>
<tr><td colspan="2">工程地址</td><td colspan="5">××省××市××县×××街道×××号</td></tr>
<tr><td colspan="2">或工程起始地址
（线性工程填写）</td><td>自</td><td colspan="2">××省××市××县 ×××××××</td><td>起</td><td></td></tr>
<tr><td colspan="2"></td><td>至</td><td colspan="2">××省××市××县 ×××××××</td><td>止</td><td></td></tr>
<tr><td colspan="2">合同编号</td><td>××××</td><td colspan="2">施工许可证号或开工报告批准文号</td><td colspan="2">××××××</td></tr>
<tr><td colspan="2">项目经理</td><td>×××</td><td colspan="2">建造师注册证书编号</td><td colspan="2">×××××××××</td></tr>
<tr><td colspan="2" rowspan="2">工程规模</td><td>工程类别</td><td colspan="2">技术指标</td><td>单位</td><td>数量</td></tr>
<tr><td>××××</td><td colspan="2">××××</td><td>×</td><td>××××</td></tr>
<tr><td colspan="2">合同价</td><td>××××</td><td colspan="2">万元　结算价</td><td colspan="2">×××××　万元</td></tr>
<tr><td colspan="2">工程承包方式</td><td colspan="5">施工总承包□　专业施工承包□　工程总承包□　其他□（需说明）：</td></tr>
<tr><td colspan="2">施工组织方式</td><td colspan="5">自行施工□　专业分包□　劳务分包□</td></tr>
<tr><td colspan="2">开工时间</td><td colspan="2">××××年××月××日</td><td>竣工时间</td><td colspan="2">××××年××月××日</td></tr>
<tr><td colspan="2">计划工期</td><td>×××</td><td>实际工期</td><td>×××</td><td>延误原因</td><td>××</td></tr>
<tr><td colspan="2">质量评定</td><td>×××</td><td>安全评价</td><td>×××</td><td>获奖情况</td><td>×××</td></tr>
<tr><td colspan="2">建设单位</td><td colspan="2">×××××××</td><td>联系人　×××</td><td>联系电话</td><td>×××××××</td></tr>
<tr><td colspan="2">验收单位</td><td colspan="2">×××××××</td><td>联系人　×××</td><td>联系电话</td><td>×××××××</td></tr>
<tr><td colspan="7">其他说明：</td></tr>
<tr><td colspan="7"></td></tr>
</table>

续表

项目之三	工程名称	××××××××				
	工程地址	×× 省 ××市××县×××街道×××号				
	或工程起始地址（线性工程填写）	自　×× 省××市××县　××××××××　起 至　×× 省××市××县　××××××××　止				
	合同编号	××××	施工许可证号或开工报告批准文号		××××××××	
	项目经理	×××	建造师注册证书编号			
	工程规模	工程类别	技术指标	单位	数量	
		×××××		×	×××××	
	合同价	×××× 万元	结算价		××××× 万元	
	工程承包方式	施工总承包□　专业承包□　工程总承包□　其他□（需说明）：				
	施工组织方式	自行施工□　　专业分包□　　劳务分包□				
	开工时间	××××年××月××日	竣工时间	××××年××月××日		
	计划工期	×××	实际工期	×××	延误原因	××
	质量评定	××	安全评价	××	获奖情况	××
	建设单位	××××××	联系人	×××	联系电话	××××××
	验收单位	××××××	联系人	×××	联系电话	××××××
	其他说明：					
项目之四	工程名称	××××××				
	工程地址	×× 省 ××市××县×××街道×××号				
	或工程起始地址（线性工程填写）	自　×× 省××市××县　××××××××　起 至　×× 省××市××县　××××××××　止				
	合同编号	××××	施工许可证号或开工报告批准文号		××××××××	
	项目经理	×××	建造师注册证书编号		××××××××	
	工程规模	工程类别	技术指标	单位	数量	
		×××××		×	×××××	
	合同价	×××××× 万元	结算价		×××××× 万元	
	工程承包方式	施工总承包□　专业施工承包□　工程总承包□　其他□（需说明）：				
	施工组织方式	自行施工□　　专业分包□　　劳务分包□				
	开工时间	××××年××月××日	竣工时间	××××年××月××日		
	计划工期	×××	实际工期	×××	延误原因	××
	质量评定	××	安全评价	××	获奖情况	××
	建设单位	××××××	联系人	×××	联系电话	××××
	验收单位	××××××	联系人	×××	联系电话	××××
	其他说明：					

注：企业代表工程情况表可复制加页。

第3节 告知承诺制资质申请表填写说明

一、封面

1. 申报企业名称：按工商营业执照内容填写全称，并加盖企业公章。
2. 填报日期：按本表报送时间填写。

二、企业申请资质类别和等级

1. 现有资质等级：指本企业此次申请资质前的原资质等级。首次申请企业不填写。
2. 批准时间：指本企业此次申请资质前每一项原资质等级所批准的时间，首次申请企业不填写。
3. 现有资质证书编号：指本企业此次申请资质前的现有资质证书号码。首次申请企业不填写。
4. 企业申请资质类别和等级：填写企业本次申请资质情况。

三、企业法定代表人声明

请企业法定代表人签名并加盖企业公章。

四、企业基本情况

1. 企业名称：按工商营业执照内容填写全称。
2. 企业注册地址：按工商营业执照内容填写。
3. 企业详细地址：填写本企业经营常驻地的地址，用全称或规范简称填写。
4. 营业执照注册号：按工商营业执照的内容填写。
5. 企业组织机构代码：按企业组织机构代码证填写，含校验码。
6. 企业类型：或称经济性质，按工商营业执照内容填写。
7. 建立时间：或称成立时间，按工商营业执照内容填写。
8. 联系电话：填写本企业经营常驻地行政办公室电话号码。
9. 传真：填写本企业经营常驻地的传真号码。
10. 企业网址：按本企业在互联网上注册的网络地址全称填写。
11. 电子邮箱：按本企业在互联网上注册的常用电子邮箱全称填写。
12. 法定代表人：按工商营业执照内容填写。

五、企业从业人员状况

1. 注册人员人数：按本企业申报前拥有的各类注册人数填写。
2. 中级及以上职称人员人数：按企业申报前拥有的工程序列中级以上人数填写。
3. 现场管理人员：按本企业申报前拥有的取得岗位证书的现场管理人员数量填写。
4. 技术工人：按企业申报前拥有的自有技术工人数和全资或控股公司技术工人数量填写。

六、企业财务状况

1. 注册资本：按工商营业执照内容填写。
2. 资产总额：指本企业拥有或控制的能以货币计量的经济资源，包括各种财产、债权和其他权利。按本报告期期末财务报告数据填写。
3. 固定资产：指本企业使用期超过一年的房屋及建筑物、机器、机械、运输工具以及其他与生产经营有关的设备、器具、工具等。按本报告期期末财务报告数据填写。
4. 流动资产：指本企业可以在一年或超过一年的一个营业周期内变现或耗用的资产。按本报告期期末财务报告数据填写。
5. 负债总额：指本企业全部资产总额中，所承担的能以货币计量、将以资产或劳务偿付的债务。按本报告期期末财务报告数据填写。
6. 净资产：又称所有者权益，指投资人对企业净资产的所有权。企业净资产等于企业全部资产减去全部负债后的余额。按本报告期期末财务报告数据填写。
7. 国有资本：指有权代表国家投资的政府部门或者机构以国有资产投入企业形成的资本金。按本企业经工商行政管理部门备案的章程有关内容填写。
8. 法人资本：指其他法人单位以其依法可以支配的资产投入企业形成的资本金。按本企业经工商行政管理部门备案的章程有关内容填写。
9. 个人资本：指社会个人或者企业内部职工以个人合法财产投入企业形成的资本金。按本企业经工商行政管理部门备案的章程有关内容填写。
10. 港澳台商资本：指我国香港、澳门和台湾地区投资者投入企业形成的资本金。按本企业经工商行政管理部门备案的章程有关内容填写。须注明港澳台资本出资方所在地区。
11. 外商资本：指外国投资者投入企业形成的资本金。按本企业经工商行政管理部门备案的章程有关内容填写。须注明外资方所在国家或地区。

七、设备

1. 机械设备总台数：指归本企业所有，属于本企业固定资产的生产性机械设备年末总台数。它包括施工机械、生产设备、运输设备以及其他设备。按本企业报告期末"固定资产"台账据实填写。
2. 机械设备总功率：指本企业自有施工机械、生产设备、运输设备以及其他设备等列为在册固定资产的生产性机械设备年末总功率，按能力或查定能力计算，包括机械本身的动力和为该机械服务的单独动力设备，如电动机等。计量单位用千瓦，动力换算按 1 马力＝0.735 千瓦折合成千瓦数。电焊机、变压器、锅炉不计算动力。
3. 机械设备原值：指企业自有机械设备的购置价。按本企业报告期末"固定资产"台账据实填写。
4. 机械设备净值：指企业自有机械设备经过使用、磨损后实际存在的价值，即原值减去累计折旧后的净值。按本企业报告期末"固定资产"台账据实填写。
5. 动力装备率：又称动力装备系数或动力装备程度。

$$动力装备率＝机械设备总功率÷从业人员年平均人数×（千瓦/人）$$

6. 技术装备率：又称技术装备系数或技术装备程度。

技术装备率＝机械设备净值÷从业人员年平均人数×(元/人)

八、企业简介

填写企业的基本情况、发展演变过程（含企业名称变更、分立合并等情况）、主要工程业绩等。

九、技术负责人名单

按照企业所申报资质填写，其中负责资质类别是指该技术负责人作为该项资质的技术负责人申报。

十、技术负责人简历

按照实际情况填写，并由本人签名。

十一、注册建造师名单

只填报申报所需注册建造师，按照一、二级顺序填写。

十二、中级及以上职称人员名单

只填写申报所需有职称人员，由高级到中级依次填写。

十三、现场管理人员名单

只填报申报所需现场管理人员，按照施工员、质量员、安全员、机械员、资料员、造价员、劳务员、测量员、试验员、标准员顺序填写。

十四、技术工人人员名单

填写申报资质所需技术工人名单，注明是否为企业自有技术工人，其中全资或控股企业拥有的技术工人填写"否"，非本企业自有、全资或控股企业拥有的技术工人不得填在本表之中。

十五、企业自有的主要机械设备

填写企业自有技术设备情况。

十六、企业代表工程业绩一览表

填写企业完成的主要工程业绩。

十七、企业代表工程业绩情况

1. 工程名称：按工程承包合同名称填写。
2. 工程类别：按《建筑业企业资质等级标准》的有关规定分类后填写。
3. 工程地址：详细填写工程地址，须明确工程所在街道及门牌号；其中，线性工程须填写工程起始和终点详细地址。

第 4 节　建设工程企业资质申请无纸化受理

为深入落实国务院"放管服"改革要求，不断推进"互联网＋政务服务"，2020 年 6 月 23 日，住房和城乡建设部办公厅印发了《关于建设工程企业资质申请实行无纸化受理的通知》，决定自 2020 年 6 月 29 日起，建设工程企业资质申请统一实行无纸化受理。

一、无纸化受理事项范围

住房和城乡建设部审批的工程勘察、工程设计、建筑业企业、工程监理企业资质（含涉及公路、铁路、水运、水利、信息产业、民航、海洋、航空航天等领域建设工程企业资质）的新申请、升级、增项、重新核定事项，均实行无纸化受理。

二、无纸化受理方式

（一）对实行无纸化受理的事项，企业不再报送纸质申请表和省级住房和城乡建设主管部门同意上报函，申报材料报送方式不变，仍按照《住房和城乡建设部办公厅关于建设工程企业资质统一实行电子化申报和审批的通知》（建办市函〔2018〕493 号）规定执行。企业通过建设工程企业资质申报软件填报完成后，将包含企业资质申请表的电子数据包交省级住房和城乡建设主管部门上传后，住房和城乡建设部行政审批集中受理办公室即可进行受理。

（二）住房和城乡建设部行政审批集中受理办公室完成资质申请的受理后，企业可在住房和城乡建设部门户网站首页→办事大厅→受理发证信息查询→企业用户登录栏目，注册查询受理审查进度，打印受理单。

三、有关要求

（一）使用自行开发的电子化申报和审批管理系统的省级住房和城乡建设主管部门，要按照统一数据交换标准，与住房和城乡建设部电子化申报和审批系统进行对接。

（二）对存在弄虚作假行为的企业，住房和城乡建设部将按照《关于印发〈建设工程企业资质申报弄虚作假行为处理办法〉的通知》（建市〔2011〕200 号）有关规定予以严肃处理。

第 5 节　建筑业企业资质审批权限与分工

住房和城乡建设部颁布的《建筑业企业资质管理规定》（中华人民共和国住房和城乡建设部令第 22 号）对行政机构的管理职责和审批权限都做了明确的规定。

一、行政机构管理职责

1. 国务院下属行政机构管理职责
（1）住房城乡建设部：负责全国建筑业企业资质的统一监督管理；

（2）国务院有关部门：国务院交通运输、水利、工业信息化等有关部门配合住房城乡建设部实施相关资质类别建筑业企业资质的管理工作。

2. 省级政府下属行政机构管理职责

（1）省级住房城乡建设主管部门：负责本行政区域内建筑业企业资质的统一监督管理；

（2）省级有关行业主管部门：省级人民政府交通运输、水利、通信等有关部门配合同级住房城乡建设主管部门实施本行政区域内相关资质类别建筑业企业资质的管理工作。

二、建筑业企业资质审批权限

1. 《建筑业企业资质管理规定》相关原文

第九条　下列建筑业企业资质，由国务院住房城乡建设主管部门许可：

（1）施工总承包资质序列特级资质、一级资质及铁路工程施工总承包二级资质；

（2）专业承包资质序列公路、水运、水利、铁路、民航方面的专业承包一级资质及铁路、民航方面的专业承包二级资质；涉及多个专业的专业承包一级资质。

第十条　下列建筑业企业资质，由企业工商注册所在地省、自治区、直辖市人民政府住房城乡建设主管部门许可：

（1）施工总承包资质序列二级资质及铁路、通信工程施工总承包三级资质；

（2）专业承包资质序列一级资质（不含公路、水运、水利、铁路、民航方面的专业承包一级资质及涉及多个专业的专业承包一级资质）；

（3）专业承包资质序列二级资质（不含铁路、民航方面的专业承包二级资质）；铁路方面专业承包三级资质；特种工程专业承包资质。

第十一条　下列建筑业企业资质，由企业工商注册所在地设区的市人民政府住房城乡建设主管部门许可：

（1）施工总承包资质序列三级资质（不含铁路、通信工程施工总承包三级资质）；

（2）专业承包资质序列三级资质（不含铁路方面专业承包资质）及预拌混凝土、模板脚手架专业承包资质；

（3）施工劳务资质；

（4）燃气燃烧器具安装、维修企业资质。

第十二条　申请本规定第九条所列资质的，应当向企业工商注册所在地省、自治区、直辖市人民政府住房城乡建设主管部门提出申请。其中，国务院国有资产管理部门直接监管的建筑企业及其下属一层级的企业，可以由国务院国有资产管理部门直接监管的建筑企业向国务院住房城乡建设主管部门提出申请。

省、自治区、直辖市人民政府住房城乡建设主管部门应当自受理申请之日起 20 个工作日内初审完毕，并将初审意见和申请材料报国务院住房城乡建设主管部门。

国务院住房城乡建设主管部门应当自省、自治区、直辖市人民政府住房城乡建设主管部门受理申请材料之日起 60 个工作日内完成审查，公示审查意见，公示时间为 10 个工作日。其中，涉及公路、水运、水利、通信、铁路、民航等方面资质的，由国务院住房城乡建设主管部门会同国务院有关部门审查。

2. 关于公路、水运、水利、铁路、民航、通信等方面涉及的资质说明

（1）公路：公路工程施工总承包、公路路基工程专业承包、公路路面工程专业承包、公路交通工程专业承包；

（2）水运：港口与航道工程施工总承包、航道工程专业承包、港口与海岸工程专业承包、通航建筑物工程专业承包、港航设备安装及水上交管工程专业承包；

（3）水利：水利水电工程施工总承包、河湖整治工程专业承包、水工金属结构制作与安装工程专业承包、水利水电机电安装工程专业承包；

（4）铁路：铁路工程施工总承包、铁路电务工程专业承包、铁路电气化工程专业承包、铁路铺轨架梁工程专业承包；

（5）民航：民航空管工程及机场弱电系统工程专业承包、机场场道工程专业承包、机场目视助航工程专业承包；

（6）通信：通信工程施工总承包。

3. 涉及多个专业的专业承包一级资质

桥梁工程专业承包、海洋石油工程专业承包、输变电工程专业承包、钢结构工程专业承包、核工程专业承包、隧道工程专业承包。

三、建筑业企业资质审批分工一览表（表5-1）

表5-1

专　　业	等级	部级审批资质				省级审批资质				省辖市、扩权县审核资质		
		住建部审批	交通部会审	水利部会审	工信部会审	住建厅审批	交通厅会审	水利厅会审	通管局会审	建设局审核	交通局会审	水利局会审
建筑工程施工总承包	特级	●										
	一级	●										
	二级					●						
	三级									●		
公路工程施工总承包	特级	●	●									
	一级	●	●									
	二级					●	●					
	三级									●	●	
铁路工程施工总承包	特级	●	●									
	一级	●	●									
	二级		●									
	三级					●	●					
港口和航道工程施工总承包	特级	●	●									
	一级	●	●									
	二级					●	●					
	三级									●	●	

第5节 建筑业企业资质审批权限与分工

续表

专　　业	等级	部级审批资质				省级审批资质				省辖市、扩权县审核资质		
		住建部审批	交通部会审	水利部会审	工信部会审	住建厅审批	交通厅会审	水利厅会审	通管局会审	建设局审核	交通局会审	水利局会审
水利水电工程施工总承包	特级	●		●								
	一级	●		●								
	二级					●		●				
	三级									●		●
电力工程施工总承包	特级	●										
	一级	●										
	二级					●						
	三级					●						
矿山工程施工总承包	特级	●										
	一级	●										
	二级					●						
	三级									●		
冶金工程施工总承包	特级	●										
	一级	●										
	二级					●						
	三级									●		
石油化工工程施工总承包	特级	●										
	一级	●										
	二级					●						
	三级									●		
市政公用工程施工总承包	特级	●										
	一级	●										
	二级					●						
	三级									●		
通信工程施工总承包	一级	●			●							
	二级					●			●			
	三级					●			●			
机电工程施工总承包	一级	●										
	二级					●						
	三级									●		
地基基础工程专业承包	一级					●						
	二级					●						
	三级									●		

第5章 建设工程企业资质审批制度

续表

专　　业	等级	部级审批资质				省级审批资质				省辖市、扩权县审核资质		
		住建部审批	交通部会审	水利部会审	工信部会审	住建厅审批	交通厅会审	水利厅会审	通管局会审	建设局审核	交通局会审	水利局会审
起重设备安装工程专业承包	一级					●						
	二级					●						
	三级									●		
预拌混凝土专业承包	不分级									●		
电子和智能化工程专业承包	一级					●						
	二级					●						
消防设施工程专业承包	一级					●						
	二级					●						
防水防腐保温工程专业承包	一级					●						
	二级					●						
桥梁工程专业承包	一级	●										
	二级					●						
	三级					●						
隧道工程专业承包	一级	●										
	二级					●						
	三级					●						
钢结构工程专业承包	一级	●										
	二级					●						
	三级									●		
模板脚手架专业承包	不分级									●		
建筑装修装饰工程专业承包	一级					●						
	二级					●						
建筑机电安装工程专业承包	一级					●						
	二级					●						
	三级									●		
建筑幕墙工程专业承包	一级					●						
	二级					●						
古建筑工程专业承包	一级					●						
	二级					●						
	三级									●		
城市及道路照明工程专业承包	一级					●						
	二级					●						
	三级									●		

续表

专 业	等级	部级审批资质				省级审批资质				省辖市、扩权县审核资质		
		住建部审批	交通部会审	水利部会审	工信部会审	住建厅审批	交通厅会审	水利厅会审	通管局会审	建设局审核	交通局会审	水利局会审
公路路面工程专业承包	一级	●	●									
	二级					●	●					
	三级									●	●	
公路路基工程专业承包	一级	●	●									
	二级					●	●					
	三级									●	●	
公路交通工程专业承包	一级	●	●									
	二级					●	●					
铁路电务工程专业承包	一级	●	●									
	二级	●	●									
	三级					●						
铁路铺轨架梁工程专业承包	一级	●	●									
	二级	●	●									
铁路电气化工程专业承包	一级	●	●									
	二级	●	●									
	三级					●						
机场场道工程专业承包	一级	●	●									
	二级	●	●									
民航空管工程及机场弱电系统工程专业承包工程	一级	●	●									
	二级	●	●									
机场目视助航工程专业承包工程	一级	●	●									
	二级	●	●									
港口与海岸工程专业承包	一级	●										
	二级					●	●					
	三级									●	●	
航道工程专业承包	一级	●	●									
	二级					●	●					
	三级									●	●	
通航建筑物工程专业承包	一级	●	●									
	二级					●	●					
	三级									●	●	
港航设备安装及水上交管工程专业承包	一级	●	●									
	二级					●	●					

续表

专业	等级	部级审批资质				省级审批资质				省辖市、扩权县审核资质		
		住建部审批	交通部会审	水利部会审	工信部会审	住建厅审批	交通厅会审	水利厅会审	通管局会审	建设局审核	交通局会审	水利局会审
水工金属结构制作与安装工程专业承包	一级	●		●								
	二级					●		●				
	三级									●		●
水利水电机电安装工程专业承包	一级	●		●								
	二级					●		●				
	三级									●		●
河湖整治工程专业承包	一级	●		●								
	二级					●		●				
	三级									●		●
输变电工程专业承包	一级	●										
	二级					●						
	三级					●						
核工程专业承包	一级	●										
	二级					●						
海洋石油工程专业承包	一级	●										
	二级					●						
环保工程专业承包	一级					●						
	二级					●						
	三级									●		
特种工种专业承包	纠偏					●						
	补强					●						
	吊装					●						
	防雷					●						
劳务资质	不分级									●		

第6章　建筑业企业资质动态监管

第1节　建筑业企业资质制度的作用

一、建立企业资质制度有利于维护建筑市场竞争秩序

在我国社会主义市场经济条件下，建筑市场管理的重要内容在于规范市场主体、市场交易行为和市场交易制度。按照《建筑法》的相关规定，应当建立工程项目、企业资质和人员资格三个方面的准入制度。这在法律制度层面上确立了建立和实施建筑业企业资质管理制度的合法地位。

根据我国工程建设领域的实际状况，加强和完善企业资质管理制度，对于发挥市场准入制度的功能和作用具有非常重要的现实意义。首先，建筑产品不同于一般商品，价值巨大，专业性强，营造过程复杂，直接关系到广大人民群众的生命财产安全，本着对人民对社会高度负责的态度，政府对建筑企业实行资质管理很有必要。其次，根据建筑产业生产方式的特点，业主购买的只是建筑企业的服务能力，而无法直接选择具体的产品。同时，业主方在选择建筑业企业时也缺乏对其专业技术上的优劣判断。因此，在目前市场还极不规范的情况下，通过制定资质标准并由行业专家进行认定评判，实施市场准入制度，能够较好地体现建筑企业是否具有相应的建造能力。

在发达国家和地区，政府对建筑市场也存在准入制度。例如，日本、新加坡、中国香港等地区，全面实行建筑企业资质管理，较好地保持了建筑市场竞争的良好秩序。欧美等发达国家和地区，虽然没有明确的企业资质等级分类的规定，但在其发展过程中已经形成了一整套完备的信用体系，如信用、担保、保险等，以此作为建筑市场主体在运行规则的保障。所以，在目前我国市场信用体系尚未健全、大量失信行为依然存在的前提下，还必须实行企业资质管理，这个"底线"不能丢。

在一定时期内，建筑业企业资质管理仍然是推动市场配置资源、政府调控供给和需求管理、引导行业发展的重要手段。

二、资质管理有利于增强建筑业企业竞争力

从建筑业企业资质标准的构成要素来看，资质是衡量资源要素、施工能力、以往业绩、企业信誉、人员状况、管理水平、报价水平、财务能力等众多因素的参照系，建筑资质等级的高低、类别，直接关系到企业的竞争力和品牌优势。

建筑企业承接施工项目时，要进行市场信息调研、展示企业形象、参与投标竞争活动。资质作为竞标活动的基本"门槛"，只有拥有它，才能表明其有实力在允许的行业、范围内从事相关建筑施工活动。不同等级的资质标准所应当拥有的资源要素，通常需要一

定的时间和工程实践经验的积累，这个过程也是企业通过市场竞争不断成长壮大的过程。此外，当企业在市场研究中发现新市场机遇时，必定会通过申报新资质来获取许可，寻求市场的初步认同，这实质上是激发了企业的活力。

资质的等级、类别、范围关系到企业在建筑市场中的竞争地位和能力标志，直接影响企业的市场地位、经营业绩，从而对企业的生存、发展产生重大影响。要提高企业经营开发能力以及产值规模、企业利润等经济指标，就要针对企业实力、社会需求、发展战略等外部市场环境和内部资源的约束，系统地加强资质管理。在现有条件下，资质管理是与企业定位和发展战略密切相关的。

党的十九大以来，创新驱动在国家经济发展全局中处于核心地位。在以建筑产业现代化、绿色建造和"走出去"为主要内容的建筑业结构调整、转型升级的过程中，通过对企业资质标准的优化和调整，充分运用资质标准的引导作用，推动建筑业转变发展方式，加快转型升级，培育企业的技术创新能力、自主研发能力和国际竞争力，引领建筑业企业保持持续的创新动力，资质管理制度依然能够发挥巨大的积极作用。

第2节 建筑业企业资质监管的新规定

为了更好地贯彻落实《建筑业企业资质管理规定》（住房和城乡建设部令第22号，以下简称《管理规定》）、《建筑业企业资质标准》（建市〔2014〕159号，简称《标准》）和《建筑业企业资质管理规定和资质标准实施意见》（建市〔2015〕20号，简称《实施意见》），切实做好换发2014版建筑业企业资质证书（简称换证）工作，住房和城乡建设部于2015年10月9号下发《关于建筑业企业资质管理相关问题的通知》（建市〔2015〕154号），同时废除了《住房和城乡建设部办公厅关于换发新版建筑业企业资质证书的通知》（建办市函〔2015〕385号）。该通知的要点有两方面：一是在进一步简政放权的背景下建立了建筑业企业资质换证的新规则；二是面向企业市场竞争放宽了资质标准的约束。

一、进一步简政放权、建立资质换证新规则

在《关于建筑业企业资质管理相关问题的通知》（建市〔2015〕154号）中，对换发2014版建筑业企业资质证书工作进行了重大调整的内容有两点：

1. 将《建筑业企业资质管理规定和资质标准实施意见》（建市〔2015〕20号）规定的资质换证调整为简单换证，资质许可机关取消对企业资产、主要人员、技术装备指标的考核，企业按照《建筑业企业资质管理规定》（住房和城乡建设部令第22号）确定的审批权限以及建市〔2015〕20号文件规定的对应换证类别和等级要求，持旧版建筑业企业资质证书到资质许可机关直接申请换发新版建筑业企业资质证书（具体换证要求另行通知）。将过渡期调整至2016年6月30日，2016年7月1日起，旧版建筑业企业资质证书失效。

2. 劳务分包（脚手架作业分包和模板作业分包除外）企业资质暂不换证。

如果按照住房和城乡建设部办公厅"建办市函〔2015〕385号"文件的规定进行换证工作，则需要经过两个阶段的审查和复核，一是"各省级住房城乡建设主管部门应严格按

《标准》审查,在《管理规定》规定的时限内完成审查工作(包括公示和受理申诉、调查举报等),并对审查结果负责。"二是由住房和城乡建设部"根据各省级住房城乡建设主管部门的审查结果,对企业的注册人员数量进行复核,满足《标准》要求的企业,颁发新版资质证书,不满足《标准》要求的企业,不同意其换证申请。"很显然,这两个阶段的审查和复核的工作量大,经历的时间也长。既增加企业的负担,主管部门也力不从心。更改为简单换证新规则后,取消对企业资产、主要人员、技术装备指标的考核,企业持旧证直接申请换新证。

二、面向企业市场竞争、放宽资质标准约束条件

在《关于建筑业企业资质管理相关问题的通知》(建市〔2015〕154号)中,以及住房和城乡建设部2015年11月9日印发的《关于调整建筑业企业资质标准中净资产指标考核有关问题的通知》(建市〔2015〕177号)中,与放宽企业资质标准有关的内容有五点:

1. 取消《建筑业企业资质管理规定和资质标准实施意见》(建市〔2015〕20号)第二十八条"企业申请资质升级(含一级升特级)、资质增项的,资质许可机关应对其既有全部建筑业企业资质要求的资产和主要人员是否满足标准要求进行检查"的规定;取消第四十二条关于"企业最多只能选择5个类别的专业承包资质换证,超过5个类别的其他专业承包资质按资质增项要求提出申请"的规定。

2. 取消《建筑业企业资质标准》(建市〔2014〕159号)中建筑工程施工总承包一级资质企业可承担单项合同额3000万元以上建筑工程的限制。取消《建筑业企业资质管理规定和资质标准实施意见》(建市〔2015〕20号)中特级资质企业限承担施工单项合同额6000万元以上建筑工程的限制以及《施工总承包企业特级资质标准》(建市〔2007〕72号)特级资质企业限承担施工单项合同额3000万元以上房屋建筑工程的限制。

3. 取消《施工总承包企业特级资质标准》(建市〔2007〕72号)中关于国家级工法、专利、国家级科技进步奖项、工程建设国家或行业标准等考核指标要求。对于申请施工总承包特级资质的企业,不再考核上述指标。

4. 将《建筑业企业资质标准》(建市〔2014〕159号)中钢结构工程专业承包一级资质承包工程范围修改为可承担各类钢结构工程的施工。

5. 将《建筑业企业资质管理规定和资质标准实施意见》(建市〔2015〕20号)中第三十七条第一款中"企业净资产以企业申请资质前一年度或当期经审计的财务报表中净资产指标为准考核"修改为"企业净资产以企业申请资质前一年度或当期合法的财务报表中净资产指标为准考核"。将《施工总承包企业特级资质标准实施办法》(建市〔2010〕210号)中第二部分指标说明"(一)资信能力"中第2条"企业净资产以企业申请资质前一年度或当期经审计的财务报表中为准"修改为"企业净资产以企业申请资质前一年度或当期合法的财务报表为准"。

经过上述这样的调整后,让企业集中更多的精力用于市场竞争,而不是想方设法应付政府的行政审批,这有利于促进建筑业健康发展,有利于促进经济稳定增长。

广大建筑业企业需要重视的是,以上这两方面的重大调整表明,建设行政主管部门逐步加强了对企业资质监管方式的改革,监管部门不再一味追求事前审批,而是要重点加强事中、事后监管,对已经取得建筑业企业资质的企业是否满足资质标准条件的要求,适时

地进行动态核查。因此，对现行企业资质标准内容的正确理解，包括建筑业企业首次申请资质以及资质的升级、增项时，如何填写申报表、如何计算各种指标等，企业依然必须给予高度关注，熟练掌握。这样，才能够避免因忽视小节而影响企业发展大局。

第3节 建筑业企业资质的动态监管

简政放权、科学行政是深化行政体制改革，建设职能科学、结构优化、廉洁高效、人民满意的服务型政府的重要内容。精简不必要的资质要求和审批手续，管好必须的资质条件和运行环节，有利于行政资源的优化配置和企业发展。对于涉及公共安全、国家和人民生命财产安全等的资质要素，必须依法、科学、有效地监管，既要尊重法治原则，依法行政，又要尊重市场规律，实施高效、简捷的监管方式，从而不断地激发市场经济主体的活力，释放创业创新的激情。

一、动态监管是企业资质管理的常态机制

自从建立建筑业企业资质管理制度以来，如何对企业资质进行运行过程的管理一直是建设主管部门关注的重要问题。2005年以前，资质年检是各地强化资质管理的主要手段。《行政许可法》实施后，建设部取消了资质年检。各省市建设行政主管部门结合本地实际情况，研究和制订地方的资质监管措施，在资质管理模式上进行了创新，用资质动态监管替代了以往的资质年检。

为引导、规范、监督建筑市场主体行为，建立和维护公平竞争、规范有序的建筑市场秩序，住房和城乡建设部于2010年制定了《关于加强建筑市场资质资格动态监管、完善企业和人员准入清出制度的指导意见》（建市〔2010〕128号，以下简称《指导意见》），明确了加强建筑市场动态监管、加快建立完善基础数据库、加强建筑市场诚信体系建设、强化质量安全事故"一票否决制"、加大对资质资格申报弄虚作假查处力度等重要举措。各地区建设主管部门积极落实《指导意见》，有效实施了资质主要条件普查、重点抽查、企业电子身份证等资质资格动态监管方式，及时查处弄虚作假等违法违规行为，清出不符合资质条件的企业。

按照《指导意见》的要求，省级住房城乡建设主管部门每年动态核查的比例应不低于在本地区注册企业总数的5%。

二、企业资质动态核查的主要内容

建设主管部门对企业取得资质后是否继续符合资质标准进行动态核查，核查的主要内容包括以下几个方面：

1. 核查企业的工程业绩和主要技术指标情况。
2. 核查企业的主要管理和技术、经济注册人员变动情况。
3. 核查包括企业资本金在内的有关财务指标变动等情况。
4. 重点核查企业工程质量和安全生产管理的各项制度、措施落实情况，是否发生工程质量、安全生产事故，或者存在质量安全隐患。

5. 核查企业是否存在其他违法违规行为。在核查企业时，要对注册在该企业的人员一并进行核查。重点核查其注册和在岗情况，以及是否存在出租、出借、倒卖或以其他形式非法转让执业资格证书、注册证书和执业印章，不履行执业责任，超越执业范围执业等违法违规行为。

对于资质动态核查中出现的不符合条件的企业，坚决依法撤销许可或降低资质等级。同时，把资质资格动态监管与诚信体系建设相结合，对违法违规企业，在依法重新核查其资质的同时，加大信用惩戒力度，通过向社会公示诚信信息，引导市场各方主体选择依法诚信经营的企业。

三、企业资质动态监管信息化平台

为了进一步改进监管手段、提高监管的效率和科学性，多年来，建设主管部门致力于借助信息技术，探索建立全国统一的数据信息平台，采用统一数据标准，建立数据采集、报送、发布制度，该数据信息平台能够覆盖工程建设全寿命期过程中的资质审批、招标投标管理、施工许可、质量安全监管、信用评价、劳保统筹、实名制管理、统计报表等重要事项，实现注册人员、企业、工程项目和质量安全事故数据库之间的动态关联，实现住房和城乡建设部数据库与省级住房城乡建设主管部门数据库数据信息的同步共享。该数据信息平台能够为各级监管机构提供全面、准确、动态的基础数据，精准掌握企业和人员现状及其市场行为，实施分类监管，优化监管资源，提高监管效率。同时，该数据信息平台还能够为政府部门提供科学、客观的政策制定和决策依据，为社会公众提供真实、便捷的信息查询服务。

为贯彻落实《关于推进建筑业发展与改革的若干意见》（建市〔2014〕92号），加快推进建筑市场监管信息化建设，保障全国建筑市场监管与诚信信息系统有效运行和基础数据库安全，2014年7月25日，住房和城乡建设部印发了《全国建筑市场监管与诚信信息系统基础数据库数据标准（试行）》和《全国建筑市场监管与诚信信息系统基础数据库管理办法（试行）》[建市〔2014〕108号]，同时废止原《全国建筑市场监管与诚信信息系统基础数据库（企业、注册人员）数据标准（试行）》（建市〔2012〕135号）。要求各省级住房城乡建设行政主管部门要进一步提高对建筑市场监管与诚信信息系统建设重要性、紧迫性的认识，按照该数据标准、管理办法的总体要求，结合本地实际，切实加强组织领导，将建筑市场监管信息化建设作为转变监管思路、完善监管手段的重要工作，在2015年底前完成本地区工程建设企业、注册人员、工程项目、诚信信息等基础数据库建设，建立建筑市场和工程质量安全监管一体化工作平台，动态记录工程项目各方主体市场和现场行为，有效实现建筑市场和施工现场监管的联动，全面实现全国建筑市场"数据一个库、监管一张网、管理一条线"的信息化监管目标。

四、一体化平台对企业资质监管的影响

住房和城乡建设部印发了《关于加强建筑市场监管一体化工作平台工程项目信息监管的通知》（建市招函〔2018〕10号），提出了强监管、常态化的要求。

（1）强监管：强化平台在建筑市场监管业务中的应用，数据要及时、准确。

（2）常态化：对已入库工程项目信息，采取定期检查、随机抽查等多种方式对其真实

性进行监管。

建市招函〔2018〕10号文件对建筑业企业申报的影响主要有以下两方面：

首先，企业的人员、业绩信息都来自于"四库一平台"。资质申报、评审过程，也由人工判断转为数据库自动甄别提取，系统智能判定。如果相关指标达不到资质标准要求，资质申报肯定是通不过的。因此，会有部分企业想到"造假"，即伪造人员或业绩信息，但这条路是行不通的。

其次，"四库一平台"正式上线前后，住房和城乡建设部接连发文，要求对工程业绩真实性进行核查。

（1）建市资函〔2016〕116号文要求：对2016年11月1日前，申请建筑工程、市政公用工程施工总承包特级、一级资质的企业开展业绩核查。

（2）建市资函〔2016〕136号文要求：重点核查申报项目是否真实，填报的开竣工时间，中标时间、中标价及主要技术指标（包括建筑面积、层数、结构跨度等内容）是否与实际一致。

2018年2月，住房和城乡建设部撤销4家单位建筑工程施工总承包一级资质，原因是"利用虚假材料、以欺骗的手段取得资质"。

此外，至少已有100多家建筑业企业因申报材料弄虚作假，被公开通报。

第4节　建筑业企业资质数字化监管

随着住房和城乡建设领域推进好房子、好小区、好社区、好城区"四好"建设以及保障性住房建设、"平急两用"公共基础设施建设、城中村改造"三大工程"全面启动，建筑业企业资质监管模式进入数字化时代。

一、加快建筑市场监管一体化平台建设

为了推进全国建筑市场信息化建设，建立建筑市场监管一体化工作平台。2017年6月21日，住房和城乡建设部办公厅印发了《关于扎实推进建筑市场监管一体化工作平台建设的通知》（建办市函〔2017〕435号）。通知要求，进一步贯彻落实《国务院办公厅关于促进建筑业持续健康发展的意见》（国办发〔2017〕19号），深化全国建筑市场监管公共服务平台（以下简称"全国平台"）应用，推进省级建筑市场监管一体化工作平台（以下简称"省级平台"）建设，切实提高数据质量。具体内容如下：

> 一、强化平台应用
> 各省级住房城乡建设主管部门要进一步完善省级平台功能，指导和服务建筑市场有关主体及时通过平台办理各项业务，防止业务办理与平台使用"两张皮"。省级平台应当覆盖本行政区域所有市县的建筑市场日常监管业务。采用数据对接模式建设的市县，要与省级平台保持数据一致，业务数据应及时上传至省级平台，并由省级平台上传至全国平台，确保实现全国建筑市场"数据一个库、监管一张网、管理一条线"的信息化工作目标。

二、提高数据质量

各级住房城乡建设主管部门要按照全国统一的数据标准，加强工程建设企业、注册人员、工程项目、诚信信息等基础数据库建设，采取有效措施加强数据治理，稳步提升入库建筑市场监管数据质量。按照"谁审批、谁监管，谁采集、谁负责"的原则，负责审批的住房城乡建设主管部门要将企业资质、人员资格等数据，及时通过各业务平台采集录入基础数据库；工程项目所在地住房城乡建设主管部门要将工程项目的招标投标、施工图审查、合同备案、施工许可、竣工验收备案等环节的数据全部纳入省级平台。

各省级住房城乡建设主管部门要进一步完善省级平台与全国平台对接机制，确保数据交换系统安全稳定运行，保障省级平台与全国平台实时对接联通，保证上传数据及时、准确、完整。

三、完善项目信息

工程项目（包括补录的工程项目）信息应通过工程所在地住房城乡建设主管部门平台采集录入。各级住房城乡建设主管部门应当制定工程项目信息采集管理办法，建立责任追溯制度，对进入省级平台的工程项目信息严格把关，防止虚假信息入库。对于在工程项目信息采集录入中弄虚作假的单位或个人要严格依法处理，并作为不良信用记录上报全国平台。省级住房城乡建设主管部门要严格审核项目信息，对报送到全国平台的工程项目信息的真实性负责。

各地要加强对工程项目信息补录工作的监督管理，严格审核，加快进程，2017年12月31日前完成补录工作。各地要将补录的工程项目纳入日常监管，不得单独设置仅用于资质申报的补录项目库。要进一步规范对涉密工程的保密管理，严格遵守保密法律法规，不得公开涉密工程信息，不得向全国平台报送涉密工程信息。各地要对已上报全国平台的项目进行全面清查，确保上报项目信息中不含涉密工程信息。

四、加快诚信建设

各级住房城乡建设主管部门要按照政府信息公开条例、《企业信息公示暂行条例》和《社会信用体系建设规划纲要（2014—2020年）》要求，及时公开工程建设企业和注册人员等建筑市场相关主体的信用信息。要进一步加大不良信用信息的采集和上报力度，在行政处罚决定生效后，及时通过省级平台上报到全国平台。住房和城乡建设部将定期对各地不良信用信息上报情况进行统计和考核，对于不及时上报信息的，将进行通报批评。

五、加强检查考核

各级住房城乡建设主管部门要进一步加大对建筑市场监管信息化建设工作的监督检查力度。住房和城乡建设部将加强对省级平台建设情况的检查，定期对各省（区、市）平台建设、数据报送、运行维护等情况进行考核，并公布考核结果。对于排名靠后，平台建设推进缓慢，数据上报数量偏少、质量不高的地方进行全国通报，并组织开展专项督查。

各省级住房城乡建设主管部门要加强对市县住房城乡建设主管部门在推进平台建设、数据采集上报等方面的检查考核，制定考核办法，定期组织检查。对工作推进不力的市县要采取约谈、通报等方式督促整改。

六、建立联络机制

各级住房城乡建设主管部门要加强沟通协调,建立完善建筑市场监管信息化工作联络员机制,确保省级平台稳定运行,做好技术支持及相关服务。省级住房城乡建设主管部门要明确专门机构负责省级平台建设及运行维护工作,分别确定1名业务管理人员和1名技术管理人员作为联络员,负责协调平台的运行和管理工作。

在此之后,为了贯彻落实《住房和城乡建设部办公厅关于扎实推进建筑市场监管一体化工作平台建设的通知》(建办市函〔2017〕435号)的要求,2018年4月23日,住房和城乡建设部印发《关于加强建筑市场监管一体化工作平台工程项目信息入库管理工作的通知》(建市招函〔2018〕16号)。进一步加强全国建筑市场监管公共服务平台(以下简称"全国平台")工程项目信息入库管理工作,提高数据的准确性和完整性,推进省级建筑市场监管一体化工作平台(以下简称"省级平台")建设,对工程项目信息监管提出以下要求。

一、明确平台功能定位,确保工程项目信息及时入库

各级住房城乡建设主管部门要切实加强省级平台应用,将日常监管业务统一纳入省级平台办理,确保省级平台的工程项目信息由日常业务活动产生,防止业务办理与平台应用"两张皮"。对于新建的工程项目,其招标投标、施工图审查、合同备案、施工许可、竣工验收备案等环节的信息应在业务活动中自动实时采集,不得通过信息补录方式进入省级平台。

二、统一开放工程项目信息补录端口,提高工程项目信息完整性

为解决部分地区以往工程项目数量多、信息采集和审核工作量大的实际困难,保障企业的正常资质升级和延续需求,进一步提高工程项目信息的准确性和完整性,推进资质审批信息化工作,决定统一开放工程项目信息补录端口,各级住房城乡建设主管部门应通过省级平台采集录入以往工程项目信息,并及时上传至全国平台。

三、强化责任意识,严格把关入库信息真实性

各级住房城乡建设主管部门应当严格按照本地区工程项目信息采集管理的相关规定,加强对相关工作人员的业务培训,强化责任意识,建立责任追溯制度,对录入省级平台的工程项目信息严格把关,防止虚假信息入库。省级住房城乡建设主管部门应当严格审核工程项目信息,对报送到全国平台的工程项目信息的真实性负责,不得以公示代替审核,不得先入库再审核,不得单独设置用于资质申报的补录项目库。对把关不严,造成本地区报送虚假工程项目信息较多的,将进行通报批评。

四、加强监督检查,严肃处理弄虚作假行为

各级住房城乡建设主管部门要加强对省级平台已入库工程项目信息的监督检查力度,完善常态化监管机制,采取"双随机、一公开"等方式对信息真实性进行监管,及时更正存在数据错误的工程项目信息,及时清除虚假信息,并按照《建筑市场信用管理暂行办法》对相关单位或个人进行严肃处理。

住房和城乡建设部建筑市场监管司将对报送至全国平台的工程项目信息进行数据比对校验,对认定的虚假工程项目信息进行标记并公开曝光。对使用虚假业绩申报资质的

企业，依法予以通报批评，不批准其资质申请，自通报印发之日起1年内不受理该企业申请该项资质，并将其不良行为在全国平台公布；对利用虚假材料、以欺骗手段取得资质的企业，依法撤销其资质，自撤销之日起3年内不得再次申请该项资质，并将其列入建筑市场主体"黑名单"，在全国平台上向社会曝光。

二、工程建设项目审批标准化规范化便利化

2023年7月31日，住房和城乡建设部印发《关于推进工程建设项目审批标准化规范化便利化的通知》（建办〔2023〕48号）。其中提出要推动工程审批系统与建筑市场公共服务平台、质量安全监管平台、智慧工地、房屋安全管理等系统互联互通、协同应用，加快推进工程审批系统向建设工程企业资质审批系统共享工程项目数据信息。

该文件的目的是为贯彻落实《国务院关于加快推进政务服务标准化规范化便利化的指导意见》（国发〔2022〕5号）和《国务院办公厅关于进一步优化营商环境降低市场主体制度性交易成本的意见》（国办发〔2022〕30号）部署要求，加快推进房屋建筑和城市基础设施等工程建设项目审批标准化、规范化、便利化，进一步提升审批服务效能，更好满足企业和群众办事需求，加快项目落地。主要内容如下：

一、大力推进审批标准化规范化

（一）加强审批事项管理。按照国务院关于行政许可事项、政务服务事项清单管理要求，结合本地实际，进一步优化完善工程建设项目审批事项清单，并与投资审批事项清单做好衔接，将工程建设项目全流程涉及的行政许可、行政确认、行政备案、第三方机构审查、市政公用报装接入等事项全部纳入清单，确保事项清单外无审批。推动事项实施规范统一，根据国务院有关部门制定的行政许可事项实施规范，逐项修改完善本地区工程建设项目审批事项办事指南、申请表单等，明确申请条件、申请材料、办理流程、办理时限，细化量化受理审查标准，并向社会公开，加快实现同一事项无差别受理、同标准办理。

（二）提升审批服务水平。加强工程建设项目审批窗口人员业务培训，增强窗口服务意识，严格执行首问负责、一次性告知、限时办结等制度，鼓励提供帮办、代办、预约办等个性化服务。严格按照公布的办理流程和实施规范开展审批，不得额外增加或变相增加办理环节、申请材料等。对审批涉及的技术审查、现场勘验、听证论证等实行清单化管理，建立限时办结机制并向社会公开。持续整治"体外循环"和"隐性审批"问题，严禁申报前增加预审、指定机构事先审查、线下预审线上补录等行为。各地应建立健全工程建设项目审批监督管理机制，落实责任分工，明确违规情形和问题处置机制，通过监督抽查、电子监察等多种方式对审批行为进行常态化监管，及时分析研判审批各环节存在的问题，并推动解决。

（三）规范审批服务办理用时。梳理并公开本地区工程建设项目从立项到竣工验收和市政公用报装接入全流程审批服务事项办理用时，明确起止时点、计时规则等，包括行政许可用时，审批部门组织、委托或购买服务的技术审查、专家评审、会议审查、现场勘验等用时。不得通过"体外循环"审批、违规暂停审批计时或变通审批时限计算规则等方式"表面"压减审批时间。

二、持续提升审批便利度

（四）深化区域评估。区域评估成果经相关主管部门确认后及时公开，供建设单位免费使用。明确根据区域评估简化单个项目相应审批手续的具体情形和规则。鼓励推行社会投资项目"用地清单制"改革，在土地供应前，可由相关部门开展地质灾害、地震安全、压覆矿产、气候可行性、水资源论证、防洪、考古调查勘探发掘等评估，并对文物、历史建筑保护对象、古树名木、人防工程、地下管线等进行现状普查，形成评估结果和普查意见清单，在土地供应时一并交付用地单位，避免用地单位拿地后重复论证。

（五）分类优化精简审批环节。进一步优化建设工程规划许可（设计方案审查）等事项审批流程，统一规范会议审议情形及时限，减少非必要的政府会议审核程序。结合实际优化既有建筑改造、老旧小区改造、市政管网更新改造等城市更新项目审批流程，对无需办理施工图审查、建设工程规划许可的，应细化项目类型和具体条件。

（六）推进集成联合办理。进一步优化阶段并联审批协同机制，推动更多关联性强、办事需求量大的审批事项集成化办理。进一步优化施工图联合审查机制，审查机构出具消防、人防、技防等技术审查报告后，相关审批部门不再进行技术审查。鼓励施工许可、质量监督、人防质量监督、消防设计审查等联合办理。进一步优化联合验收方式，未经验收不得投入使用的事项（如规划核实、人防备案、消防验收、消防备案、竣工备案、档案验收等）原则上应当纳入联合验收，工程质量竣工验收监督可纳入联合验收阶段同步开展，牵头部门统一受理验收申请，协调专项验收部门限时开展联合验收，统一出具验收意见。在符合项目整体质量安全要求、达到安全使用条件的前提下，对满足使用功能的单位工程，可单独开展联合验收。

（七）优化市政公用服务。大力推进水电气热信联合报装接入，实行"一站式"集中服务、主动服务，进一步优化报装接入服务流程，精简申报材料，公开服务标准和服务费用，加强服务监督，提高服务效率。建立市政配套统筹协调机制，推动市政公用单位在项目策划生成阶段提前主动开展技术指导，落实接线位置。对于市政公用接入工程涉及的建设工程规划许可、城市绿地树木审批、道路挖掘占用许可等实行全程并联办理。

三、进一步优化网上审批服务能力

（八）提升网上办事深度。深化工程建设项目审批管理系统（以下简称"工程审批系统"）应用，持续推动工程建设项目全流程在线审批。2023年底前实现工程审批系统覆盖全部县（区），消防设计审查验收全部纳入工程审批系统。进一步完善工程审批系统功能，更好支撑审批部门业务需求和工作特点，推广线上智能引导、智能客服等辅助申报方式，提高企业咨询、查询、填报、反馈等办事便利度。在工程审批系统开通市政公用联合报装、外线接入工程审批等集成化服务，拓展移动端应用，加快由网上可办向全程网办、好办易办转变。

（九）加强数据共享应用。进一步完善工程审批系统与投资、规划用地、生态环境、市政公用等系统的信息共享、协同应用机制，坚决杜绝重复登录、重复录入问题。大力推进工程建设项目全流程数字化报建，加快推进电子签名、电子印章、电子证照、电子材料、电子档案在网上办理过程中的归集共享，推动实现政府部门核发的材料一律免于提交，能够提供电子证照的一律免于提交实体证照。

（十）推进智能辅助审查。推进工程建设图纸设计、施工、变更、验收、档案移交全过程数字化管理，实现工程建设项目全程"一张图"管理和协同应用。鼓励有条件的地区在设计方案审查、施工图设计文件审查、竣工验收、档案移交环节采用建筑信息模型（BIM）成果提交和智能辅助审批，加强 BIM 在建筑全生命周期管理的应用。

四、加强事中事后监管

（十一）推进审管联动。健全审管衔接机制，对于实行相对集中行政许可权改革的地区，各地应逐事项明确审批、监管的职责和边界，加强协同配合，加快推动审批和监管信息实时共享。要明确容缺受理和告知承诺制审批事项的工作规程和监管规则，在规定时间内对补正材料情况和履行告知承诺情况进行检查，发现不实承诺、违反承诺、弄虚作假的，要依法责令限期整改或撤销行政审批决定，并追究申请人相应责任。

（十二）创新监管方式。完善基于工程风险的分类监管机制，根据工程类型、规模大小、技术复杂程度、人员密集程度、参建单位等因素确定工程风险等级，按照风险等级合理确定重点检查和随机抽查比例和频次。加强信用监管，强化工程建设项目相关市场主体信用信息归集，拓展多元化信用信息查询渠道，实现信用信息在审批过程中的自动核查与反馈。大力推进"互联网＋监管"，加快建立单体房屋建筑编码赋码用码机制，推动工程审批系统与建筑市场公共服务平台、质量安全监管平台、智慧工地、房屋安全管理等系统互联互通、协同应用，建立工程建设项目设计、施工、验收、运营维护全生命周期数字化监管机制。加快推进工程审批系统向建设工程企业资质审批系统共享工程项目数据信息。

五、保障措施

（十三）加强组织协调。各地要充分认识工程建设项目审批制度改革对促进投资建设、优化营商环境的重要意义，加强组织领导，充实工作力量，持续推动改革不断深化。各级工程建设项目审批制度改革牵头部门要主动作为，加强与相关部门的协同配合，完善工作机制，健全配套制度，及时协调解决改革工作推进过程中的矛盾问题，形成改革合力。鼓励各地开展工程建设项目标准化审批试点，住房和城乡建设部将及时总结推广各地形成的典型经验和创新做法。

（十四）加强宣传推广和监督评估。各地要加强改革政策宣传，通过多种形式向社会及时提供通俗易懂的政策解读，使企业和群众及时了解改革政策。严格落实政务服务"好差评"制度，方便企业和群众及时对审批服务作出评价。加强国家工程审批系统"工程建设项目审批制度改革建议和投诉"小程序推广应用，完善工程建设项目审批投诉举报处理机制，及时处理回复。

三、工程建设项目全生命周期数字化管理试点

2023 年 10 月 24 日，住房和城乡建设部办公厅印发《关于开展工程建设项目全生命周期数字化管理改革试点工作的通知》（建办厅函〔2023〕291 号）。该文件的目的是为贯彻落实国务院关于工程建设项目审批制度改革部署，按照全国住房和城乡建设工作会议关于"数字住建"工作部署要求，加快推进工程建设项目全生命周期数字化管理，在天津等 27 个地区开展工程建设项目全生命周期数字化管理改革试点工作。主要内容如下：

一、试点目标

加快建立工程建设项目全生命周期数据汇聚融合、业务协同的工作机制，打通工程建设项目设计、施工、验收、运维全生命周期审批监管数据链条，推动管理流程再造、制度重塑，形成可复制推广的管理模式、实施路径和政策标准体系，为全面推进工程建设项目全生命周期数字化管理、促进工程建设领域高质量发展发挥示范引领作用。

二、试点内容

试点自2023年11月开始，为期1年。重点开展以下工作：

（一）推进全流程数字化报建审批。完善工程建设项目审批管理系统（以下简称工程审批系统）功能，推进工程建设项目审批事项申请表单、申请材料标准化。加强电子文件、电子签章等应用，着力推进无纸化报建，审批结果全面实现电子证照。

（二）建立建筑单体赋码和落图机制。研究建立建筑单体划分、赋码、落图的工作规程和操作指南，在项目开工前首次办理相关审批事项时，按照《房屋建筑统一编码与基本属性数据标准》，为建筑单体赋予全生命周期唯一的编码，并与项目代码相关联，通过部门信息共享、数字化报建等方式，获取项目和建筑单体的空间位置信息。在办理后续审批事项，实施质量安全监管、建筑工人实名制管理等，均需核验项目代码、建筑单体编码和空间位置信息。

（三）建立全生命周期数据归集共享机制。推动工程建设项目审批、建筑市场监管、建筑工人实名制管理、质量安全监管、房屋安全管理等相关系统互联互通、协同应用。依托建筑单体编码和空间位置信息，建立工程建设项目审批、设计、施工、验收、运维等环节信息自动归集共享机制，实现各系统之间数据全面共享。以房屋建筑和市政设施调查数据为底板，将项目和建筑单体的空间位置信息实时归集落图，关联相关管理信息、审批信息等，实现工程建设管理数据矢量化、地图化。

（四）完善层级数据共享机制。按照《工程建设项目审批管理系统数据共享交换标准3.0》，率先实现与省级、国家工程审批系统对接。配合住房和城乡建设部建立关键审批事项信息层级校验机制，保障数据可信安全。按照住房和城乡建设部关于工程建设领域系统互联互通工作部署，根据"一数一源"原则和有关数据标准，调整相关系统数据内容并实时归集至省级、部级系统。

（五）推进工程建设项目图纸全过程数字化管理。全面应用数字化图纸，依托工程审批系统、施工图审查系统等，完善数字化图纸全过程应用功能，实现各方参建主体和施工图审查机构对图纸的审查、变更、确认、验收等在线业务协同，项目设计、施工、竣工、归档全过程"一套图"闭环管理，将数字化图纸作为相关部门监督检查、验收检查、质量安全事故调查等的依据，并为相关各方提供查阅、调用等服务。

（六）推进BIM报建和智能辅助审查。加强建筑信息模型（BIM）技术在建筑全生命周期中的应用，选取一批项目，在设计方案审查、施工图审查、竣工验收、档案移交等环节采用BIM成果提交和智能辅助审查，完善BIM成果交付和技术审查标准，探索基于BIM的建筑全生命周期审批监管创新模式和制度机制。

（七）推动数字化管理模式创新。深化数据融合应用，在企业资质智能化辅助审批、违法建设智能管控、质量安全数字化监管、智慧工地协同监管、工程档案数字化归档、信用联合奖惩等方面形成良好实践，挖掘数据潜力，在辅助政府投资决策、房屋预售监管、房屋安全管理等方面探索更多数字化管理模式。

其中，第（一）至（四）项为必选任务，第（五）至（七）项可结合地方实际自主选择，试点地区也可以根据试点目标拓展试点内容。

三、工作要求

（一）完善工作方案。省级住房城乡建设主管部门要组织试点地区进一步完善工作方案，明确试点目标、试点内容和保障措施，细化分解任务，明确责任部门和时间计划，于2023年11月8日前将完善后的工作方案及1名工作联系人报送住房和城乡建设部办公厅。

（二）强化组织实施。试点地区要高度重视，加强组织领导，严格落实工作方案，扎实推进试点工作，确保试点取得实效。省级住房城乡建设主管部门要加强对试点地区的支持力度，优化完善有关省级系统，督促指导工作方案落实。住房和城乡建设部将定期跟踪调研试点工作开展情况。试点期满，住房和城乡建设部将组织评估验收。

（三）总结推广经验。试点地区要及时总结试点工作经验、遇到的困难和问题，形成可感知、可量化、可评价的试点成果，每月底向住房和城乡建设部报送试点工作进展情况。住房和城乡建设部将推动试点地区之间的交流，及时向全国推广试点经验。

工程建设项目全生命周期数字化管理改革试点地区名单：1.天津市；2.河北省石家庄市；3.河北省唐山市；4.河北省保定市；5.吉林省吉林市；6.黑龙江省哈尔滨市；7.浙江省；8.安徽省亳州市；9.江西省南昌市；10.江西省景德镇市；11.江西省九江市；12.江西省上饶市；13.山东省济南市；14.山东省青岛市；15.山东省济宁市；16.山东省临沂市；17.湖南省长沙市；18.广东省广州市；19.广东省深圳市；20.广东省东莞市；21.广西壮族自治区南宁市；22.四川省成都市；23.贵州省遵义市；24.云南省昆明市；25.甘肃省兰州市；26.宁夏回族自治区；27.新疆维吾尔自治区阿克苏地区。

四、建筑市场监管平台全国对接数据共享

2023年12月29日，住房和城乡建设部办公厅印发《关于进一步加强全国建筑市场监管公共服务平台项目信息管理的通知》（建办市函〔2023〕391号），要求各省级平台于2024年3月31日前完成与全国平台对接，实现全国数据共享。企业资质申请业绩审核依据该平台数据。

一、完善工程项目数据标准

按照建设工程企业资质标准要求，住房和城乡建设部对全国建筑市场监管公共服务平台（以下简称全国平台）工程项目信息数据标准进行了修订，修订后的工程项目信息数据标准见附件。请省级住房城乡建设主管部门抓紧修订完善省级建筑市场监管一体化工作平台相关数据标准，做好平台改造升级工作，于2024年3月31日前完成与全国平台对接。

二、加快工程项目信息归集

（一）地方各级住房城乡建设主管部门要将本级建筑市场监管一体化工作平台产生的工程项目信息，按规定逐级推送至全国平台。工程建设项目审批管理等系统的工程项目信息可共享至同级建筑市场监管一体化工作平台，并逐级推送至全国平台。

（二）勘察、设计、施工、监理企业可通过各级建筑市场监管一体化工作平台录入工程项目信息，并对信息的真实性和准确性负责。在本通知印发之日前已竣工验收的工程项目，企业需对项目信息进行补录的，应抓紧向项目所在地省级住房城乡建设主管部门提出补录申请，补录截止时间为2024年12月31日。

三、加强工程项目信息审核管理

（一）工程项目信息实行分级管理。A级数据由省级住房城乡建设主管部门审核确认，B级数据由市级住房城乡建设主管部门审核确认，C级数据由县级住房城乡建设主管部门审核确认，D级数据由建筑市场主体填报、未经住房城乡建设主管部门审核确认。

（二）企业向负责项目监管的住房城乡建设主管部门提出工程项目信息确认申请后，地方各级住房城乡建设主管部门要认真审核工程项目信息，确定数据等级并逐级推送至全国平台。审核确认时应当结合在项目监管过程中产生的工程档案信息，项目立项、招标投标、施工图审查、施工许可、竣工验收备案等项目监管信息，以及工程项目共享信息。

（三）对于下级住房城乡建设主管部门推送的工程项目信息，上级住房城乡建设主管部门可审核后确认相应的数据信息等级再行推送，也可直接按照原数据等级进行推送。

四、强化资质申请业绩审核。

办理住房和城乡建设部资质审批事项所需企业业绩应由申请企业向项目在所在地省级住房城乡建设主管部门提出确认申请，个人业绩应由专业技术人员所在企业向项目所在地市级及以上住房城乡建设主管部门提出确认申请。住房城乡建设主管部门收到确认申请后，要向申请企业明确审核确认的办理时限，并向负责项目监管的住房城乡建设主管部门确认项目档案信息和项目监管信息。办理公路、水运、水利、通信、铁路、民航等专业工程资质的，由交通运输、水利、工业和信息化等专业部门确定业绩确认方式。

五、有关要求

（一）各级住房城乡建设主管部门要充分认识工程项目信息审核管理的重要性，进一步压实审核责任，严格把关，确保数据质量。省级住房城乡建设主管部门要制定本行政区域内统一的项目信息录入及审核规则，对市、县级住房城乡建设主管部门项目业绩录入工作实施审核、监督管理。对企业或个人将虚假项目信息录入平台的，经查实后记入企业或个人信用管理档案，并推送至全国平台标注为虚假项目。

（二）各级住房城乡建设主管部门要加强对权力运行的监督，责任落实到人，加强廉政风险防控，严禁工程项目信息数据审核监管工作中的权力寻租行为。省级住房城乡建设主管部门要建立违法违规案件报告和查处制度，健全本地区建筑市场监管一体化工作平台数据监控机制，指导平台运维单位开发数据异常系统预警功能，发现数据异常变化情况，及时调查处理并向住房和城乡建设部建筑市场监管司报告。

全国建筑市场监管公共服务平台工程项目信息数据标准（略）

附录1

建筑业企业资质管理规定

（住房城乡建设部第 22 号令）

《建筑业企业资质管理规定》已经第 20 次部常务会议审议通过，现予发布，自 2015 年 3 月 1 日起施行。

住房城乡建设部部长　陈政高

2015 年 1 月 22 日

建筑业企业资质管理规定

第一章 总 则

第一条 为了加强对建筑活动的监督管理，维护公共利益和规范建筑市场秩序，保证建设工程质量安全，促进建筑业的健康发展，根据《中华人民共和国建筑法》《中华人民共和国行政许可法》《建设工程质量管理条例》《建设工程安全生产管理条例》等法律、行政法规，制定本规定。

第二条 在中华人民共和国境内申请建筑业企业资质，实施对建筑业企业资质监督管理，适用本规定。

本规定所称建筑业企业，是指从事土木工程、建筑工程、线路管道设备安装工程的新建、扩建、改建等施工活动的企业。

第三条 企业应当按照其拥有的资产、主要人员、已完成的工程业绩和技术装备等条件申请建筑业企业资质，经审查合格，取得建筑业企业资质证书后，方可在资质许可的范围内从事建筑施工活动。

第四条 国务院住房城乡建设主管部门负责全国建筑业企业资质的统一监督管理。国务院交通运输、水利、工业信息化等有关部门配合国务院住房城乡建设主管部门实施相关资质类别建筑业企业资质的管理工作。

省、自治区、直辖市人民政府住房城乡建设主管部门负责本行政区域内建筑业企业资质的统一监督管理。省、自治区、直辖市人民政府交通运输、水利、通信等有关部门配合同级住房城乡建设主管部门实施本行政区域内相关资质类别建筑业企业资质的管理工作。

第五条 建筑业企业资质分为施工总承包资质、专业承包资质、施工劳务资质三个序列。

施工总承包资质、专业承包资质按照工程性质和技术特点分别划分为若干资质类别，各资质类别按照规定的条件划分为若干资质等级。施工劳务资质不分类别与等级。

第六条 建筑业企业资质标准和取得相应资质的企业可以承担工程的具体范围，由国务院住房城乡建设主管部门会同国务院有关部门制定。

第七条 国家鼓励取得施工总承包资质的企业拥有全资或控股的劳务企业。

建筑业企业应当加强技术创新和人员培训，使用先进的建造技术、建筑材料，开展绿色施工。

第二章 申请与许可

第八条 企业可以申请一项或多项建筑业企业资质。

企业首次申请或增项申请资质,应当申请最低等级资质。

第九条 下列建筑业企业资质,由国务院住房城乡建设主管部门许可:

(一)施工总承包资质序列特级资质、一级资质及铁路工程施工总承包二级资质;

(二)专业承包资质序列公路、水运、水利、铁路、民航方面的专业承包一级资质及铁路、民航方面的专业承包二级资质;涉及多个专业的专业承包一级资质。

第十条 下列建筑业企业资质,由企业工商注册所在地省、自治区、直辖市人民政府住房城乡建设主管部门许可:

(一)施工总承包资质序列二级资质及铁路、通信工程施工总承包三级资质;

(二)专业承包资质序列一级资质(不含公路、水运、水利、铁路、民航方面的专业承包一级资质及涉及多个专业的专业承包一级资质);

(三)专业承包资质序列二级资质(不含铁路、民航方面的专业承包二级资质);铁路方面专业承包三级资质;特种工程专业承包资质。

第十一条 下列建筑业企业资质,由企业工商注册所在地设区的市人民政府住房城乡建设主管部门许可:

(一)施工总承包资质序列三级资质(不含铁路、通信工程施工总承包三级资质);

(二)专业承包资质序列三级资质(不含铁路方面专业承包资质)及预拌混凝土、模板脚手架专业承包资质;

(三)施工劳务资质;

(四)燃气燃烧器具安装、维修企业资质。

第十二条 申请本规定第九条所列资质的,应当向企业工商注册所在地省、自治区、直辖市人民政府住房城乡建设主管部门提出申请。其中,国务院国有资产管理部门直接监管的建筑企业及其下属一层级的企业,可以由国务院国有资产管理部门直接监管的建筑企业向国务院住房城乡建设主管部门提出申请。

省、自治区、直辖市人民政府住房城乡建设主管部门应当自受理申请之日起20个工作日内初审完毕,并将初审意见和申请材料报国务院住房城乡建设主管部门。

国务院住房城乡建设主管部门应当自省、自治区、直辖市人民政府住房城乡建设主管部门受理申请材料之日起60个工作日内完成审查,公示审查意见,公示时间为10个工作日。其中,涉及公路、水运、水利、通信、铁路、民航等方面资质的,由国务院住房城乡建设主管部门会同国务院有关部门审查。

第十三条 本规定第十条规定的资质许可程序分别由省、自治区、直辖市人民政府住房城乡建设主管部门依法确定,并向社会公布。

本规定第十一条规定的资质许可程序由设区的市级人民政府住房城乡建设主管部门依法确定,并向社会公布。

第十四条 企业申请建筑业企业资质,应当提交以下材料:

(一)建筑业企业资质申请表及相应的电子文档;

(二)企业营业执照正副本复印件;

(三)企业章程复印件;

(四)企业资产证明文件复印件;

(五)企业主要人员证明文件复印件;

（六）企业资质标准要求的技术装备的相应证明文件复印件；

（七）企业安全生产条件有关材料复印件；

（八）按照国家有关规定应提交的其他材料。

第十五条 企业申请建筑业企业资质，应当如实提交有关申请材料。资质许可机关收到申请材料后，应当按照《中华人民共和国行政许可法》的规定办理受理手续。

第十六条 资质许可机关应当及时将资质许可决定向社会公告，并为公众查询提供便利。

第十七条 建筑业企业资质证书分为正本和副本，由国务院住房城乡建设主管部门统一印制，正、副本具备同等法律效力。资质证书有效期为5年。

第三章 延续与变更

第十八条 建筑业企业资质证书有效期届满，企业继续从事建筑施工活动的，应当于资质证书有效期届满3个月前，向原资质许可机关提出延续申请。

资质许可机关应当在建筑业企业资质证书有效期届满前做出是否准予延续的决定；逾期未做出决定的，视为准予延续。

第十九条 企业在建筑业企业资质证书有效期内名称、地址、注册资本、法定代表人等发生变更的，应当在工商部门办理变更手续后1个月内办理资质证书变更手续。

第二十条 由国务院住房城乡建设主管部门颁发的建筑业企业资质证书的变更，企业应当向企业工商注册所在地省、自治区、直辖市人民政府住房城乡建设主管部门提出变更申请，省、自治区、直辖市人民政府住房城乡建设主管部门应当自受理申请之日起2日内将有关变更证明材料报国务院住房城乡建设主管部门，由国务院住房城乡建设主管部门在2日内办理变更手续。

前款规定以外的资质证书的变更，由企业工商注册所在地的省、自治区、直辖市人民政府住房城乡建设主管部门或者设区的市人民政府住房城乡建设主管部门依法另行规定。变更结果应当在资质证书变更后15日内，报国务院住房城乡建设主管部门备案。

涉及公路、水运、水利、通信、铁路、民航等方面的建筑业企业资质证书的变更，办理变更手续的住房城乡建设主管部门应当将建筑业企业资质证书变更情况告知同级有关部门。

第二十一条 企业发生合并、分立、重组以及改制等事项，需承继原建筑业企业资质的，应当申请重新核定建筑业企业资质等级。

第二十二条 企业需更换、遗失补办建筑业企业资质证书的，应当持建筑业企业资质证书更换、遗失补办申请等材料向资质许可机关申请办理。资质许可机关应当在2个工作日内办理完毕。

企业遗失建筑业企业资质证书的，在申请补办前应当在公众媒体上刊登遗失声明。

第二十三条 企业申请建筑业企业资质升级、资质增项，在申请之日起前一年至资质许可决定作出前，有下列情形之一的，资质许可机关不予批准其建筑业企业资质升级申请和增项申请：

（一）超越本企业资质等级或以其他企业的名义承揽工程，或允许其他企业或个人以本企业的名义承揽工程的；

（二）与建设单位或企业之间相互串通投标，或以行贿等不正当手段谋取中标的；

（三）未取得施工许可证擅自施工的；

（四）将承包的工程转包或违法分包的；

（五）违反国家工程建设强制性标准施工的；

（六）恶意拖欠分包企业工程款或者劳务人员工资的；

（七）隐瞒或谎报、拖延报告工程质量安全事故，破坏事故现场、阻碍对事故调查的；

（八）按照国家法律、法规和标准规定需要持证上岗的现场管理人员和技术工种作业人员未取得证书上岗的；

（九）未依法履行工程质量保修义务或拖延履行保修义务的；

（十）伪造、变造、倒卖、出租、出借或者以其他形式非法转让建筑业企业资质证书的；

（十一）发生过较大以上质量安全事故或者发生过两起以上一般质量安全事故的；

（十二）其他违反法律、法规的行为。

第四章 监 督 管 理

第二十四条 县级以上人民政府住房城乡建设主管部门和其他有关部门应当依照有关法律、法规和本规定，加强对企业取得建筑业企业资质后是否满足资质标准和市场行为的监督管理。

上级住房城乡建设主管部门应当加强对下级住房城乡建设主管部门资质管理工作的监督检查，及时纠正建筑业企业资质管理中的违法行为。

第二十五条 住房城乡建设主管部门、其他有关部门的监督检查人员履行监督检查职责时，有权采取下列措施：

（一）要求被检查企业提供建筑业企业资质证书、企业有关人员的注册执业证书、职称证书、岗位证书和考核或者培训合格证书，有关施工业务的文档，有关质量管理、安全生产管理、合同管理、档案管理、财务管理等企业内部管理制度的文件；

（二）进入被检查企业进行检查，查阅相关资料；

（三）纠正违反有关法律、法规和本规定及有关规范和标准的行为。

监督检查人员应当将监督检查情况和处理结果予以记录，由监督检查人员和被检查企业的有关人员签字确认后归档。

第二十六条 住房城乡建设主管部门、其他有关部门的监督检查人员在实施监督检查时，应当出示证件，并要有两名以上人员参加。

监督检查人员应当为被检查企业保守商业秘密，不得索取或者收受企业的财物，不得谋取其他利益。

有关企业和个人对依法进行的监督检查应当协助与配合，不得拒绝或者阻挠。

监督检查机关应当将监督检查的处理结果向社会公布。

第二十七条 企业违法从事建筑活动的，违法行为发生地的县级以上地方人民政府住房城乡建设主管部门或者其他有关部门应当依法查处，并将违法事实、处理结果或者处理建议及时告知该建筑业企业资质的许可机关。

对取得国务院住房城乡建设主管部门颁发的建筑业企业资质证书的企业需要处以停业整顿、降低资质等级、吊销资质证书行政处罚的，县级以上地方人民政府住房城乡建设主管部门或者其他有关部门，应当通过省、自治区、直辖市人民政府住房城乡建设主管部门或者国务院有关部门，将违法事实、处理建议及时报送国务院住房城乡建设主管部门。

第二十八条 取得建筑业企业资质证书的企业，应当保持资产、主要人员、技术装备等方面满足相应建筑业企业资质标准要求的条件。

企业不再符合相应建筑业企业资质标准要求条件的，县级以上地方人民政府住房城乡建设主管部门、其他有关部门，应当责令其限期改正并向社会公告，整改期限最长不超过3个月；企业整改期间不得申请建筑业企业资质的升级、增项，不能承揽新的工程；逾期仍未达到建筑业企业资质标准要求条件的，资质许可机关可以撤回其建筑业企业资质证书。

被撤回建筑业企业资质证书的企业，可以在资质被撤回后3个月内，向资质许可机关提出核定低于原等级同类别资质的申请。

第二十九条 有下列情形之一的，资质许可机关应当撤销建筑业企业资质：

（一）资质许可机关工作人员滥用职权、玩忽职守准予资质许可的；

（二）超越法定职权准予资质许可的；

（三）违反法定程序准予资质许可的；

（四）对不符合资质标准条件的申请企业准予资质许可的；

（五）依法可以撤销资质许可的其他情形。

以欺骗、贿赂等不正当手段取得资质许可的，应当予以撤销。

第三十条 有下列情形之一的，资质许可机关应当依法注销建筑业企业资质，并向社会公布其建筑业企业资质证书作废，企业应当及时将建筑业企业资质证书交回资质许可机关：

（一）资质证书有效期届满，未依法申请延续的；

（二）企业依法终止的；

（三）资质证书依法被撤回、撤销或吊销的；

（四）企业提出注销申请的；

（五）法律、法规规定的应当注销建筑业企业资质的其他情形。

第三十一条 有关部门应当将监督检查情况和处理意见及时告知资质许可机关。资质许可机关应当将涉及有关公路、水运、水利、通信、铁路、民航等方面的建筑业企业资质许可被撤回、撤销、吊销和注销的情况告知同级有关部门。

第三十二条 资质许可机关应当建立、健全建筑业企业信用档案管理制度。建筑业企业信用档案应当包括企业基本情况、资质、业绩、工程质量和安全、合同履约、社会投诉和违法行为等情况。

企业的信用档案信息按照有关规定向社会公开。

取得建筑业企业资质的企业应当按照有关规定，向资质许可机关提供真实、准确、完整的企业信用档案信息。

第三十三条 县级以上地方人民政府住房城乡建设主管部门或其他有关部门依法给予

企业行政处罚的,应当将行政处罚决定以及给予行政处罚的事实、理由和依据,通过省、自治区、直辖市人民政府住房城乡建设主管部门或者国务院有关部门报国务院住房城乡建设主管部门备案。

第三十四条 资质许可机关应当推行建筑业企业资质许可电子化,建立建筑业企业资质管理信息系统。

第五章 法 律 责 任

第三十五条 申请企业隐瞒有关真实情况或者提供虚假材料申请建筑业企业资质的,资质许可机关不予许可,并给予警告,申请企业在1年内不得再次申请建筑业企业资质。

第三十六条 企业以欺骗、贿赂等不正当手段取得建筑业企业资质的,由原资质许可机关予以撤销;由县级以上地方人民政府住房城乡建设主管部门或者其他有关部门给予警告,并处3万元的罚款;申请企业3年内不得再次申请建筑业企业资质。

第三十七条 企业有本规定第二十三条行为之一,《中华人民共和国建筑法》《建设工程质量管理条例》和其他有关法律、法规对处罚机关和处罚方式有规定的,依照法律、法规的规定执行;法律、法规未作规定的,由县级以上地方人民政府住房城乡建设主管部门或者其他有关部门给予警告,责令改正,并处1万元以上3万元以下的罚款。

第三十八条 企业未按照本规定及时办理建筑业企业资质证书变更手续的,由县级以上地方人民政府住房城乡建设主管部门责令限期办理;逾期不办理的,可处以1000元以上1万元以下的罚款。

第三十九条 企业在接受监督检查时,不如实提供有关材料,或者拒绝、阻碍监督检查的,由县级以上地方人民政府住房城乡建设主管部门责令限期改正,并可以处3万元以下罚款。

第四十条 企业未按照本规定要求提供企业信用档案信息的,由县级以上地方人民政府住房城乡建设主管部门或者其他有关部门给予警告,责令限期改正;逾期未改正的,可处以1000元以上1万元以下的罚款。

第四十一条 县级以上人民政府住房城乡建设主管部门及其工作人员,违反本规定,有下列情形之一的,由其上级行政机关或者监察机关责令改正;对直接负责的主管人员和其他直接责任人员,依法给予行政处分;直接负责的主管人员和其他直接责任人员构成犯罪的,依法追究刑事责任:

(一)对不符合资质标准规定条件的申请企业准予资质许可的;

(二)对符合受理条件的申请企业不予受理或者未在法定期限内初审完毕的;

(三)对符合资质标准规定条件的申请企业不予许可或者不在法定期限内准予资质许可的;

(四)发现违反本规定规定的行为不予查处;或者接到举报后不依法处理的;

(五)在企业资质许可和监督管理中,利用职务上的便利,收受他人财物或者其他好处,以及有其他违法行为的。

第六章 附 则

第四十二条 本规定自2015年3月1日起施行。2007年6月26日建设部颁布的《建筑业企业资质管理规定》(建设部令第159号)同时废止。

附录 2

住房城乡建设部关于印发《建筑业企业资质管理规定和资质标准实施意见》的通知

(建市〔2015〕20号)

各省、自治区住房城乡建设厅，直辖市建委，新疆生产建设兵团建设局，国务院有关部门建设司（局），总后基建营房部工程管理局，国资委管理的有关企业：

根据《建筑业企业资质管理规定》（住房城乡建设部令第 22 号）、《建筑业企业资质标准》（建市〔2014〕159 号），我部组织制定了《建筑业企业资质管理规定和资质标准实施意见》，现印发你们，请遵照执行。执行中有何问题，请与我部建筑市场监管司联系。

住房城乡建设部

2015 年 1 月 31 日

建筑业企业资质管理规定和资质标准实施意见

为规范建筑业企业资质管理,依据《建筑业企业资质管理规定》(住房城乡建设部令第22号,以下简称《规定》)和《建筑业企业资质标准》(建市〔2014〕159号,以下简称《标准》)及相关法律法规,制定本实施意见。

一、资质申请和许可程序

(一)申请建筑业企业资质的,应依法取得工商行政管理部门颁发的公司法人《营业执照》。

(二)企业申请住房城乡建设部许可的建筑业企业资质应按照《规定》第十二条规定的申请程序提出申请。军队所属企业可由总后基建营房部工程管理局向住房城乡建设部提出申请。

(三)企业申请省、自治区、直辖市人民政府住房城乡建设主管部门(以下简称省级住房城乡建设主管部门)许可的建筑业企业资质,按照省级住房城乡建设主管部门规定的程序提出申请。省级住房城乡建设主管部门应在其门户网站公布有关审批程序。

(四)企业申请设区的市人民政府住房城乡建设主管部门许可的建筑业企业资质,按照设区的市人民政府住房城乡建设主管部门规定的程序提出申请。设区的市人民政府住房城乡建设主管部门应在其门户网站公布有关审批程序。

(五)企业首次申请或增项申请建筑业企业资质,其资质按照最低等级资质核定。

企业可以申请施工总承包、专业承包、施工劳务资质三个序列的各类别资质,申请资质数量不受限制。

(六)企业申请资质升级(含一级升特级)、资质增项的,资质许可机关应当核查其申请之日起前一年至资质许可决定作出前有无《规定》第二十三条所列违法违规行为,并将核查结果作为资质许可的依据。

(七)企业申请资质升级不受年限限制。

(八)资质许可机关应当在其门户网站公布企业资质许可结果。

(九)资质许可机关对建筑业企业的所有申请、审查等书面材料应当至少保存5年。

(十)《标准》中特种工程专业承包资质包含的建筑物纠偏和平移、结构补强、特殊设备起重吊装、特种防雷等工程内容,可由省级住房城乡建设主管部门根据企业拥有的专业技术人员和技术负责人个人业绩情况,批准相应的资质内容。

省级住房城乡建设主管部门根据本地区特殊情况,需要增加特种工程专业承包资质标准的,可参照"特种工程专业承包资质标准"的条件提出申请,报住房城乡建设部批准后,由提出申请的省级住房城乡建设主管部门予以颁布,并限在本省级行政区域内实施。

已取得工程设计综合资质、行业甲级资质,但未取得建筑业企业资质的企业,可以直接申请相应类别施工总承包一级资质,企业完成的相应规模工程总承包业绩可以作为其工程业绩申报。工程设计资质与施工总承包资质类别对照表见附件4-1。

其他工程设计企业申请建筑业企业资质按照首次申请的要求办理。

（十一）住房城乡建设部负责许可的建筑业企业资质的中级及以上职称人员（涉及公路、水运、水利、通信、铁路、民航等方面资质除外）、现场管理人员、技术工人、企业资产的审核，由企业工商注册地省级住房城乡建设主管部门负责，其中通过国务院国有资产管理部门直接监管的建筑企业（以下简称"中央建筑企业"）直接申报的，由中央建筑企业审核；省级住房城乡建设主管部门以及中央建筑企业将审核结果与企业申报材料一并上报，住房城乡建设部将审核结果与企业基本信息一并在住房城乡建设部网站公示，并组织抽查。

（十二）企业发生合并、分立、改制、重组以及跨省变更等事项，企业性质由内资变为外商投资或由外商投资变为内资的，承继原资质的企业应当同时申请重新核定，并按照《住房城乡建设部关于建设工程企业发生重组、合并、分立等情况资质核定有关问题的通知》（建市〔2014〕79号）有关规定办理。

二、申报材料有关要求

（十三）企业首次申请资质，申请资质升级、增项、延续、简单变更、遗失补办证书，以及发生合并、分立、改制、重组、跨省变更等事项后申请资质的，分别按照以下有关要求和《建筑业企业资质申报材料清单》（附件2-2）要求，提交相应材料：

1. 不具有建筑业企业资质的企业，申请建筑业企业资质的，按照首次申请要求提交材料。

2. 已具有建筑业企业资质的企业，申请同类别高一等级资质的，以及具有工程设计综合资质、行业甲级资质的企业直接申请一级施工总承包资质的，按照升级要求提交材料。

3. 已具有建筑业企业资质的企业，申请增加其他类别的建筑业企业资质的，按照增项要求提交材料。

4. 资质证书有效期届满的企业，申请延续证书有效期的，按照延续要求提交材料。

5. 企业发生合并、分立、改制、重组、跨省变更等事项，企业性质由内资变为外商投资或由外商投资变为内资的，按《住房城乡建设部关于建设工程企业发生重组、合并、分立等情况资质核定有关问题的通知》（建市〔2014〕79号）中所列情形提交材料。

6. 企业因企业名称、注册资本、法定代表人、注册地址（本省级区域内）等发生变化需变更资质证书内容的，按简单变更要求提交材料。

7. 企业遗失资质证书，需补办资质证书，按照遗失补办要求提交材料。

（十四）企业应提交《建筑业企业资质申请表》（附件2-1-2）一式一份，附件材料一套。其中涉及公路、水运、水利、通信、铁路、民航等方面专业资质的，每涉及一个方面专业，须另增加《建筑业企业资质申请表》一份、附件材料一套。

（十五）资质受理机关负责核对企业提供的材料原件，核对后退还企业。资质受理机关受理后，申报材料不得修改更换。

（十六）资质许可机关对企业申报材料存疑的，企业应当提供相关材料原件和证明材料，必要时须配合相关部门进行实地核查。

（十七）附件材料应按"综合资料、人员资料、工程业绩资料"的顺序装订，规格为A4（210mm×297mm）型纸，并有标明页码的总目录及申报说明，采用软封面封底，逐页编写页码。

（十八）企业的申报材料必须使用中文，材料原文是其他文字的，须同时附翻译准确的中文译本。申报材料必须数据齐全、填表规范、印鉴齐全、字迹清晰，附件材料必须清晰、可辨。

（十九）实行电子化申报资质的具体要求另行制定。

三、资质证书

（二十）建筑业企业资质证书分为正本和副本，由住房城乡建设部统一印制。新版建筑业企业资质证书正本规格为 297mm×420mm（A3）；副本规格为 210mm×297mm（A4）。资质证书增加二维码标识，公众可通过二维码查询企业资质情况。资质证书实行全国统一编码，由资质证书管理系统自动生成，新版建筑业企业资质证书编码规则见附件5。

（二十一）每套建筑业企业资质证书包括1个正本和1个副本。同一资质许可机关许可的资质打印在一套资质证书上；不同资质许可机关做出许可决定后，分别打印资质证书。各级资质许可机关不得增加证书副本数量。

（二十二）企业名称、注册资本、法定代表人、注册地址（本省级区域内）等发生变化的，企业应向资质许可机关提出变更申请。

（二十三）企业遗失资质证书，应向资质许可机关申请补办。

（二十四）企业因变更、升级、注销等原因需要换发或交回资质证书的，企业应将资质证书交原资质许可机关收回并销毁。

（二十五）建筑业企业资质证书有效期为5年。证书有效期是指自企业取得本套证书的首个建筑业企业资质时起算，期间企业除延续、重新核定外，证书有效期不变；重新核定资质的，有效期自核定之日起重新计算（按简化审批手续办理的除外）。

（二十六）资质证书的延续

1. 企业应于资质证书有效期届满3个月前，按原资质申报途径申请资质证书有效期延续。企业净资产和主要人员满足现有资质标准要求的，经资质许可机关核准，更换有效期5年的资质证书，有效期自批准延续之日起计算。

2. 企业在资质证书有效期届满前3个月内申请资质延续的，资质受理部门应受理其申请；资质证书有效期届满之日至批准延续之日内，企业不得承接相应资质范围内的工程。

3. 企业不再满足资质标准要求的，资质许可机关不批准其相应资质延续，企业可在资质许可结果公布后3个月内申请重新核定低于原资质等级的同类别资质。超过3个月仍未提出申请，从最低等级资质申请。

4. 资质证书有效期届满，企业仍未提出延续申请的，其资质证书自动失效。如需继续开展建筑施工活动，企业应从最低等级资质重新申请。

四、监督管理

（二十七）各级住房城乡建设主管部门及其他有关部门应对从事建筑施工活动的建筑业企业建立信用档案，制定动态监管办法，按照企业诚信情况实行差别化管理，积极运用信息化手段对建筑业企业实施监督管理。

县级以上人民政府住房城乡建设主管部门和其他有关部门应当对企业取得建筑业企业

资质后，资产和主要人员是否满足资质标准条件和市场行为进行定期或不定期核查。

（二十八）企业申请资质升级（含一级升特级）、资质增项的，资质许可机关应对其既有全部建筑业企业资质要求的资产和主要人员是否满足标准要求进行检查。

（二十九）企业应当接受资质许可机关，以及企业注册所在地、承接工程项目所在地住房城乡建设主管部门和其他有关部门的监督管理。

（三十）对于发生违法违规行为的企业，违法行为发生地县级以上住房城乡建设主管部门应当依法查处，将违法事实、处罚结果或处理建议告知资质许可机关，并逐级上报至住房城乡建设部，同时将处罚结果记入建筑业企业信用档案，在全国建筑市场监管与诚信平台公布。企业工商注册地不在本省区域的，违法行为发生地县级以上住房城乡建设主管部门应通过省级住房城乡建设主管部门告知该企业的资质许可机关。

（三十一）对住房城乡建设部许可资质的建筑业企业，需处以停业整顿、降低资质等级、吊销资质证书等行政处罚的，省级及以下地方人民政府住房城乡建设主管部门或者其他有关部门，在违法事实查实认定后30个工作日内，应通过省级住房城乡建设主管部门或国务院有关部门，将违法事实、处理建议报送住房城乡建设部；住房城乡建设部依法作出相应行政处罚。

（三十二）各级住房城乡建设主管部门应及时将有关处罚信息向社会公布，并报上一级住房城乡建设主管部门备案。

五、有关说明和指标解释

（三十三）对于原《建筑业企业资质等级标准》（建建〔2001〕82号，以下简称原标准）中被取消的土石方、混凝土预制构件、电梯安装、金属门窗、预应力、无损检测、体育场地设施工程等7个专业承包资质，在相应专业工程承发包过程中，不再作资质要求。施工总承包企业进行专业工程分包时，应将上述专业工程分包给具有一定技术实力和管理能力且取得公司法人《营业执照》的企业。

拆除作业按工程性质由具有相应资质类别的企业承担。

专业承包资质修订情况对照表见附件4-3。

（三十四）对于原标准中并入了相应施工总承包资质的高耸构筑物、电信、水工建筑物基础处理、堤防、水工大坝、水工隧洞、火电设备安装、炉窑、冶炼机电设备安装、化工石油设备管道安装、管道、城市轨道交通工程等12个专业承包资质，在相应工程承发包过程中，可按工程性质和规模由具有相应类别和等级的施工总承包资质的企业承担。其中，城市轨道交通工程由具有市政公用工程施工总承包特级、一级资质的企业承担；城市轨道交通工程中车站建筑由具有建筑工程施工总承包特级、一级资质的企业承担。

（三十五）涉及公路、水运、水利、通信、铁路、民航等方面资质及涉及多个专业资质情况如下：

1. 涉及公路方面的资质：公路工程施工总承包资质、公路路面工程专业承包资质、公路路基工程专业承包资质、公路交通工程专业承包资质。

2. 涉及水运方面的资质：港口与航道工程施工总承包资质、港口与海岸工程专业承包资质、航道工程专业承包资质、通航建筑物工程专业承包资质、港航设备安装及水上交管工程专业承包资质。

3. 涉及水利方面的资质：水利水电工程施工总承包资质、水工金属结构制作与安装工程专业承包资质、河湖整治工程专业承包资质、水利水电机电安装工程专业承包资质。

4. 涉及通信方面的资质：通信工程施工总承包资质。

5. 涉及铁路方面的资质：铁路工程施工总承包资质、铁路电务工程专业承包资质、铁路铺轨架梁工程专业承包资质、铁路电气化工程专业承包资质。

6. 涉及民航方面的资质：机场场道工程专业承包资质、民航空管工程及机场弱电系统工程专业承包资质、机场目视助航工程专业承包资质。

7. 涉及多个专业资质：桥梁工程专业承包资质、隧道工程专业承包资质、核工程专业承包资质、海洋石油工程专业承包资质、输变电工程专业承包资质、钢结构工程专业承包资质。

（三十六）中央建筑企业是指国务院国有资产管理部门直接监管的，主业为建筑业或下属一层级企业中建筑业企业数量较多的企业，具体名单见附件4-2。

中央建筑企业下属一层级企业是指中央建筑企业全资或绝对控股的建筑业企业。

（三十七）企业资产

1. 企业净资产以企业申请资质前一年度或当期经审计的财务报表中净资产指标为准考核。首次申请资质的，以企业《营业执照》所载注册资本为准考核；申请多项资质的，企业净资产不累加计算考核，按企业所申请资质和已拥有资质标准要求的净资产指标最高值考核。

2. 厂房包括企业自有或租赁的厂房。

（三十八）企业主要人员

1. 企业主要人员包括：注册执业人员、技术职称人员（包括技术负责人）、现场管理人员和技术工人4类人员。

2. 《标准》中所称中级及以上技术职称，是指设区的市级及以上人事主管部门或其授权的单位评审的工程系列专业技术职称。

3. 现场管理人员是指与企业依法签订1年以上劳动合同，由企业依法为其缴纳社会保险，并按规定取得省级住房城乡建设主管部门或有关部门颁发的相应岗位证书的人员，以及住房城乡建设部或国务院有关部门认可的行业协会颁发的相应岗位证书的人员。

相应岗位证书包括：岗位培训考核合格证书、安全生产考核合格证书、职业资格证书等。

4. 技术工人是指与企业依法签订1年以上劳动合同，由企业依法为其缴纳社会保险，并取得住房城乡建设部、国务院有关部门、省级住房城乡建设主管部门或有关部门认可的机构或建筑业企业颁发的职业培训合格证书或职业技能等级证书的人员。

企业以其全资或控股的劳务企业技术工人作为企业主要人员申请施工总承包资质的，技术工人社会保险应由其全资或绝对控股的劳务企业缴纳。

5. 企业主要人员应满足60周岁及以下且由企业为其缴纳社会保险的要求。

6. 企业主要人员在两家及以上企业受聘或注册的，不作为资质标准要求的有效人员考核。

7. 技术负责人的资历、专业职称、业绩等方面按企业所申请资质的相应标准要求进行考核。企业应按所申请资质类别明确对应的1名专业技术负责人。

8. 中级及以上职称人员的"相关专业"按职称证书的岗位专业或毕业证书中所学专

业进行考核。

其中，结构专业包括：土木工程、工民建、结构、建筑施工、建筑工程等专业。

9. 企业申请某一类别资质，企业主要人员中每类人员数量、专业、工种均应满足《标准》要求。一个人同时具有注册证书、技术职称、岗位证书、技术工人培训合格证书或职业技能等级证书中两个及以上的，只能作为一人考核；但一个人同时拥有注册证书和技术职称的，可同时作为注册人员和技术职称人员考核。

10. 企业申请多个类别资质，企业主要人员中每类人员数量、专业、工种等应分别满足《标准》要求，每类人员数量不累加考核。如：企业同时申请建筑工程和市政公用工程施工总承包一级资质，企业只要拥有150名中级工以上技术工人即可分别满足两个类别的技术工人指标要求。

一个人具有两个及以上技术职称（注册资格）或专业工种的，可分别考核。如：一个人同时具有建筑工程职称证书和道路工程毕业证书，可分别作为企业申请建筑工程和市政公用工程施工总承包资质要求的职称人员考核。

11. 社会保险证明是指社会统筹保险基金管理部门出具的基本养老保险对账单或加盖社会统筹保险基金管理部门公章的单位缴费明细，以及企业缴费凭证（社会保险缴费发票或银行转账凭证等证明）；社会保险证明应至少体现以下内容：缴纳保险单位名称、人员姓名、社会保障号（或身份证号）、险种、缴费期限等。社会保险证明中缴费单位应与申报单位一致，上级公司、子公司、事业单位、人力资源服务机构等其他单位缴纳或个人缴纳社会保险均不予认定，分公司缴纳的社会保险可以予以认定。

12. 《标准》中要求×××专业、×××专业注册建造师合计不少于××人，不要求所列专业必须齐全。

13. 《标准》中对职称人员专业作了限定，且要求专业齐全的，是指申报人员应由具有相应专业的技术职称人员组成，且每个专业至少有1人。如：建筑工程施工总承包一级资质标准中要求"建筑工程相关专业中级以上职称人员不少于30人，且结构、给水排水、暖通、电气等专业齐全"，是指30人应当由结构、给水排水、暖通、电气等4个专业中级以上有职称人员组成，且结构、给水排水、暖通、电气各专业至少有1人，其他专业人员不予认可。

14. 《标准》未对技术职称人员专业作限定，但要求部分专业齐全的，是指要求齐全的专业至少有1人，其余申报人员专业不作限定。如：防水防腐保温工程专业承包一级资质标准中要求"工程序列中级以上职称和注册建造师合计不少于15人，且结构、材料或化工等专业齐全"，是指具有工程序列中级以上技术职称人员或注册建造师数量或两者之和的数量为15人，但其中至少应有1名结构专业、1名材料或化工专业人员，其他人员专业不作要求。

15. 《标准》中对技术职称人员专业作了限定，且未要求专业齐全的，是指相应专业的申报人员数量达到标准要求即可，每一类专业人员数量不作要求。如：水利水电工程施工总承包一级资质标准中要求"水利水电工程相关专业中级以上职称不少于60人"，指具有水利水电工程相关专业人员总数满足60人即可，每个专业人数不限，也不要求所有专业齐全。

16. 《标准》中现场管理人员岗位证书齐全是指企业申报人员中所要求岗位证书人员

至少有1人，其他岗位证书人员数量不作要求。如：机场场道专业承包一级资质标准中要求"持有岗位证书的施工现场管理人员不少于30人，且施工员、质量员、安全员、材料员、资料员等人员齐全"，是指持有岗位证书的施工现场管理人员30人中至少有施工员、质量员、安全员、材料员、资料员各1人，其余人员可以是施工员、质量员、安全员、材料员、资料员、劳务员、造价员、测量员、试验员、标准员、机械员等任意一种人员。

17.《标准》中未对技术工人的工种作出要求的，不对技术工人的工种进行考核。

18.《标准》中技术负责人（或注册建造师）主持完成的业绩是指作为施工项目经理或项目技术负责人主持完成的工程项目。其中，《标准》中考核指标为累计指标的，技术负责人（或注册建造师）主持完成的业绩不做累计考核。如：公路工程施工总承包二级资质标准中要求"近10年承担过下列3类工程施工，工程质量合格。（1）累计修建三级以上公路路基200公里以上……"，企业申请公路工程施工总承包三级资质时，技术负责人（或注册建造师）提供的主持完成的个人业绩应当是三级以上公路的路基工程项目即可，长度不作考核。

（三十九）技术装备

《标准》中明确要求的设备应为企业自有设备，以企业设备购置发票为准进行考核；其中，申请港口与航道施工总承包资质的，应提供设备主要性能指标证明、所属权证明和检验合格证明。

（四十）企业工程业绩和承包范围

1. 一项单位工程业绩同时满足多项技术指标的，只作为一项指标考核。《标准》中分别考核累计和单项技术指标的，同一工程业绩可同时考核，但铁路方面资质除外。

2. 业绩中要求的"×类中的×类"必须分别满足，不能相互替代。如：建筑工程一级资质标准，要求企业完成"4类中的2类以上工程"，是指企业完成的工程中，高度、层数、单体面积、跨度等4类考核指标中至少应满足2类，否则即为业绩不达标。

3. 企业申请多个类别资质的，工程业绩应当分别满足各类别资质标准条件。

4. 申请建筑工程施工总承包资质的，单位工程竣工验收合格后，方可作为施工总承包业绩考核。

5. 企业以施工总承包方式承接的工程，不论该工程是否实行分包，均可作为其施工总承包业绩考核。

6. 申请专业承包资质的，以企业依法单独承接的专业工程业绩考核。

7. 施工总承包工程范围包括主体工程和配套工程。配套工程不得单独作为企业申报施工总承包资质工程业绩考核。

8.《标准》中要求的"近5年"或"近10年"的业绩是指自申请资质年度起逆推5年或10年期间竣工的工程业绩。如：申报年度为2015年，"近5年"的业绩是指2010年1月1日之后竣工（交工）验收合格的项目。超过时限的代表工程业绩不予认可。

9. 超越本企业资质承包工程范围的代表工程业绩不予认可。企业以境外承包工程作为代表工程业绩申报的，不考核其是否超越资质承包工程范围。

10. 企业申报的工程业绩中项目负责人在项目实施时存在非本企业注册建造师、不具备注册建造师资格、超越注册建造师执业范围执业，或违反有关规定同时在两个及以上项目担任项目负责人的，企业该项工程业绩不予认可。

11. 保密工程不得作为企业代表工程业绩申报。

12. 单项合同额是指一个承包合同所载合同价。

13. 建筑工程高度应为从标高正负零算起至檐口的高度。

14. 建筑工程层数是指正负零到檐口之间的楼层数，其中，设备层不计算在内，跃层按单层计算。

15. 群体建筑（无论基础是否相连）不作为单体建筑面积业绩考核。

16. 轻钢、网架结构跨度业绩不作为建筑工程施工总承包跨度业绩考核。

17. 企业因负有工程质量、生产安全事故责任被降级、吊销资质，或因工程业绩弄虚作假申报资质被通报批评或撤销资质的，其相应工程业绩不得作为代表工程业绩申报。

六、过渡期

（四十一）自《规定》施行之日至2016年12月31日为过渡期。

（四十二）按原标准取得建筑业企业资质的企业应于2016年12月31日前，按照《规定》和《标准》及本实施意见的要求换发新版建筑业企业资质证书（以下简称换证）。对企业资产、主要人员、技术装备符合《标准》要求的，资质许可机关颁发新版建筑业企业资质证书，资质证书有效期为5年。自2017年1月1日起，旧版建筑业企业资质证书自行失效。

对企业资产、主要人员、技术装备不满足《标准》要求的，资质许可机关不批准其相应资质换证，企业可在换证结果公布后3个月内提出低于原资质等级的同类别资质换证。超过3个月仍未提出申请，从最低等级资质申请。

企业应按照《规定》的许可程序一次性提出全部建筑业企业资质换证申请，并按照《建筑业企业资质申报材料清单》中换证要求提交相应材料。

企业最多只能选择5个类别的专业承包资质换证，超过5个类别的其他专业承包资质按资质增项要求提出申请。

（四十三）按原标准取得建筑业企业资质的企业，申请资质升级（含一级升特级）、资质增项的，既有全部建筑业企业资质应当按第四十二条规定同时申请资质换证。

（四十四）按原标准取得建筑业企业资质的企业原则上可申请《标准》中同类别同等级资质换证，其中：

1. 按原标准取得预拌商品混凝土、园林古建筑、机电设备安装、机场空管工程及航站楼弱电系统、附着升降脚手架、送变电工程等专业承包资质的企业，可申请《标准》中名称变更后的相应专业承包资质换证。

2. 按原标准取得建筑防水、防腐保温、建筑智能化、电子、港口装卸设备安装、通航设备安装、水上交通管制工程等专业承包资质的企业，可申请《标准》中合并后的专业承包资质换证。

3. 按原标准取得高耸构筑物、电信工程、水工建筑物基础处理、堤防、水工大坝、水工隧洞、火电设备安装、炉窑、冶炼机电设备安装、化工石油设备管道安装、管道工程等专业承包资质的企业，可申请《标准》中1项低于原资质等级并入的相应类别施工总承包资质换证；其中，按原标准取得堤防工程专业承包资质的企业也可申请不高于原资质等级的河湖整治工程专业承包资质换证。

4. 按原标准取得轨道交通工程专业承包资质的企业，可以申请一级及以下市政公用工程施工总承包资质换证。

5. 按原标准取得建筑防水、防腐保温、建筑智能化、电子、建筑装修装饰工程等三级专业承包资质的企业，可申请《标准》中相应二级专业承包资质换证；按原标准取得建筑防水工程二级专业承包资质的企业，可申请防水防腐保温工程一级专业承包资质换证。

6. 按原标准取得公路交通工程、水上交通管制工程等不分等级专业承包资质的企业，可申请《标准》中相应一级专业承包资质换证。

7. 按原标准取得模板作业分包、脚手架作业分包资质的企业，可申请《标准》中模板脚手架专业承包资质换证。

（四十五）过渡期内，按原标准取得建筑业企业资质的企业原则上按照《标准》对应的资质类别及等级的承包工程范围承接工程，其中：

1. 按原标准取得被合并专业承包资质的企业，按照《标准》中合并后的专业承包资质承包范围承接工程。

2. 按原标准取得被并入相应施工总承包资质的专业承包资质企业，仍可在其专业承包资质许可范围内承接工程。

3. 按原标准取得爆破与拆除工程专业承包资质的，仍可在其专业承包资质许可范围内承接相应工程。

4. 按原标准取得建筑防水工程二级、三级专业承包资质的企业，分别按《标准》中防水防腐保温工程一级、二级专业承包资质承包范围承接工程。

5. 按原标准取得劳务分包资质的企业，按《标准》中施工劳务资质承包范围承接劳务作业，不再划分类别和等级。按原标准取得模板作业分包、脚手架作业分包资质的企业，在承接业务时只能签订劳务分包合同。

（四十六）住房城乡建设主管部门及其他有关主管部门实施建筑业企业资质动态监管时，对按原标准取得建筑业企业资质的企业，按《规定》和原标准进行动态监管；对按《标准》取得建筑业企业资质的企业，按《规定》和《标准》进行动态监管。

七、其他

（四十七）企业申请施工总承包特级资质，仍按《施工总承包企业特级资质标准》（建市〔2007〕72号）和《施工总承包企业特级资质标准实施办法》（建市〔2010〕210号）有关规定执行，其中，《施工总承包企业特级资质标准》承包范围第4条改为"取得特级资质的企业，限承担施工单项合同额6000万元以上的建筑工程"；《施工总承包企业特级资质标准》中"房屋建筑"改为"建筑"，"冶炼"改为"冶金"，"化工石油"改为"石油化工"。

（四十八）企业申请燃气燃烧器具安装、维修企业资质，仍按《关于燃气燃烧器具安装、维修企业资质管理有关事项的通知》（建城〔2007〕250号）有关规定执行。

（四十九）本实施意见自2015年3月1日起施行。2007年10月18日原建设部颁发的《建筑业企业资质管理规定实施意见》（建市〔2007〕241号）同时废止。

附录2 住房城乡建设部关于印发《建筑业企业资质管理规定和资质标准实施意见》的通知

附件 2-1-1

建筑业企业资质申请表

申报企业：××××××××××（公章）

填报日期：×××× 年 ×× 月 ×× 日

附录 2　住房城乡建设部关于印发《建筑业企业资质管理规定和资质标准实施意见》的通知

填 表 须 知

一、本表适用于建筑业企业申请资质及核定、换证、增项、升级和资质延续。

二、本表要求用计算机打印，不得涂改。

三、本表第一至第十一部分由企业填写。企业应如实逐项填写，不得有空项。

四、本表数字均使用阿拉伯数字；除万元、百分数保留一位小数外，其余均为整数。

五、本表中带□的位置，用√选择填写。

六、本表在填写时如需加页，一律使用 A4（210mm×297mm）型纸。

七、本表须附有关附件材料。附件材料按"企业法人营业执照、现有资质证书正副本、企业章程、法定代表人、技术负责人资料、财务资料、代表性工程的合同及质量验收、安全评估资料、中级及以上职称人员、现场管理人员和技术工人资料及其他资料"的顺序分册装订。

附录2 住房城乡建设部关于印发《建筑业企业资质管理规定和资质标准实施意见》的通知

企业申请资质类别和等级

资质等级：

<table>
<tr><td rowspan="3">现有资质等级</td><td>住房城乡建设部颁发资质证书编号：
有效期至：
资质类别及批准时间：
1.××××施工总承包资质（取得时间：××××年××月××日）
2.
3.</td></tr>
<tr><td>省级住房城乡建设主管部门颁发资质证书编号：
有效期至：
资质类别及批准时间：
1.××××施工总承包资质（取得时间：××××年××月××日）
2.
3.</td></tr>
<tr><td>设区的市级住房城乡建设主管部门颁发资质证书编号：
有效期至：
资质类别及批准时间：
1.××××施工总承包资质（取得时间：××××年××月××日）
2.
3.</td></tr>
<tr><td>申请类型</td><td>首次申请□　　增项□　　升级□　　重新核定□　　延续□
跨省变更□　　吸收合并、企业合并（吸收合并及新设合并）□
企业全资子公司间重组分立□　　国有企业改制重组、分立□
企业外资退出□　资质换证□</td></tr>
<tr><td colspan="2">

本企业申请建筑业企业资质		
1.×××× 类别 × 级	2.×××× 类别 × 级	3.×××× 类别 × 级
4.×××× 类别 × 级	5.×××× 类别 × 级	6.×××× 类别 × 级

</td></tr>
<tr><td colspan="2">法定代表人签字：　　　　　　（公章）
　　　　　　　　　　　　××××年××月××日</td></tr>
</table>

附录2 住房城乡建设部关于印发《建筑业企业资质管理规定和资质标准实施意见》的通知

资质类别：

指标类别	序号	考核指标		审查标准	审查认定值	达标情况
资产与技术装备	1	净资产				
	2	机械设备				
	3	其他申请条件（是否越级申请等）				
主要人员	4	技术负责人				
	5	注册建造师	××××专业			
			××××专业			
			××××专业			
			××××专业			
	6	中级及以上职称人员				
		现场管理人员				
		技术工人				
业绩指标	7	代表工程业绩	代表工程1			
			代表工程2			
			代表工程3			
			代表工程4			
			累计完成数			
诚信记录		是否存在违反《建筑业企业资质管理规定》第二十三条的行为		□是 □否		
复印件与原件核对一致			□是 □否	核对人签字		

（此栏内应填写明确意见）　　　　　　　　　　　负责人签字：
　　　　　　　　　　　　　　　　　　　　　　　单位盖章：
　　　　　　　　　　　　　　　　　　　　　　　　年　月　日

注：1. 单位的印章应为本单位公章或行政许可专用章，单位内设机构印章无效；
　　2. 申报住房城乡建设部许可资质的，每项资质填写一张审核表。

附录2 住房城乡建设部关于印发《建筑业企业资质管理规定和资质标准实施意见》的通知

企业法定代表人声明

本人×××（法定代表人）××××××××××（身份证号码）郑重声明：

本企业此次填报的《建筑业企业资质申请表》及附件材料的全部数据、内容是真实的，本企业申请前一年内不存在《建筑业企业资质管理规定》第二十三条所列违法行为，同样我在此所做的声明也是真实有效的。我知道隐瞒有关真实情况和填报虚假资料是严重的违法行为，此次资质申请提供的资料如有虚假，本企业及本人愿接受住房城乡建设行政主管部门及其他有关部门依据有关法律法规给予的处罚。

企业法定代表人：（签字）×××　（公章）

××××年××月××日

一、企业基本情况

企业名称	××××××××				
企业注册地址	××省（自治区、直辖市）××（市、州、盟）××（区、市、旗）				
	××（路、道、巷、乡、镇）××号（村）		邮政编码	××××	
企业详细地址	××省（自治区、直辖市）××地区（市、州、盟）××县（区、市、旗）				
	××街(路、道、巷、乡、镇)××号(村)		邮政编码	×××××	
营业执照注册号	×××××××		组织机构代码	××××××××	
企业类型	××××		建立时间	××××年××月××日	
联系电话	××××××××		传　　真	××××××××	
企业网址	××××××××		电子信箱	××××××××	
法定代表人	×××	职务	×××	职称	×××
企业经理	×××	职务	×××	职称	×××
总工程师	×××	职务	×××	职称	×××
施工安全生产许可证编号			有效期至		

附录2 住房城乡建设部关于印发《建筑业企业资质管理规定和资质标准实施意见》的通知

企业主要人员状况	从业人员年末人数×××人；年末离退休人员×××人				
	从业人员年平均人数×××人；其中：管理人员×××人				
	注册人员				
	总数××人				
	其中	一级注册建造师　××人		二级注册建造师　××人	
		其他注册人员　　××人			
	中级及以上职称人员				
	总数××人				
	其中	高级职称　××人		中级职称　××人	
	现场管理人员				
	总数××人				
	其中	施工员　××　人		造价员　××　人	
		质量员　××　人		劳务员　××　人	
		安全员　××　人		测量员　××　人	
		机械员　××　人		试验员　××　人	
		资料员　××　人		标准员　××　人	
		材料员　××　人			
	技术工人				
	总数××人				
	其中	自有技术工人　××　人		全资或控股劳务企业技术工人　××　人	
		中级工及以上　××　人			
企业财务状况	注册资本	×××万元	其中：		
	资产总额	×××万元	国有资本	×××万元	
	固定资产	×××万元	法人资本	×××万元	
	流动资产	×××万元	个人资本	×××万元	
	负债总额	×××万元	港澳台商资本	×××万元	
	净资产	×××万元	外商资本	×××万元	
	港澳台投资方	□香港　□澳门　□台湾	外商投资方	×××国	
设备	机械设备总台数	×××台（件）	机械设备总功率	×××千瓦	
	机械设备原值	×××万元	技术装备净值	×××万元	
	动力装备率	×××千瓦/人	技术装备率	××万元/人	
厂房	企业自有厂房面积	×××平方米	企业租赁厂房面积	×××平方米	

注：1. 企业类型按营业执照相关内容填写；
　　2. 本表所有数据项不得有空项，如无数据填写，应该在数据项填空处用"无"表示；
　　3. 港澳台投资方、外商投资方、港澳台商资本、外商资本等栏内资企业不需要填写。

附录2 住房城乡建设部关于印发《建筑业企业资质管理规定和资质标准实施意见》的通知

二、企 业 简 介

注：本简介可复制加页。

三、技术负责人名单

序号	姓名	学历	职称	身份证号码	职称专业/学历专业	负责资质类别
1	×××	××	×××	×××××××	×××××/×××××	×××
2	×××	××	×××	×××××××	×××××/×××××	×××
3	×××	××	×××	×××××××	×××××/×××××	×××
4	×××	××	×××	×××××××	××××××××××	×××
5	×××	××	×××	×××××××	××××××××××	×××
6	×××	××	×××	×××××××	××××××××××	×××
	…					
	…					
	…					

四、技术负责人简历

姓名	×××	性别	×	出生年月	××/××	照片
职称	××××	职称专业	×××××	执业资格	×××	
身份证	××××××××××	注册证书编号	×××××			
何时/何校/何专业毕业		××/××/××		最高学历	×××	
工程管理资历		××年	负责资质类别	××××××		

<table>
<tr><th rowspan="11">工作简历</th><th>由何年何月至何年何月</th><th colspan="3">在何单位、从事何工作、任何职</th></tr>
<tr><td>××年×月至××年×月</td><td>××××××××</td><td>××××</td><td>××××</td></tr>
<tr><td>××年×月至××年×月</td><td>××××××××</td><td>××××</td><td>××××</td></tr>
<tr><td>××年×月至××年×月</td><td>××××××××</td><td>××××</td><td>××××</td></tr>
<tr><td>…</td><td colspan="3"></td></tr>
<tr><td>…</td><td colspan="3"></td></tr>
<tr><td></td><td colspan="3"></td></tr>
<tr><td></td><td colspan="3"></td></tr>
<tr><td></td><td colspan="3"></td></tr>
<tr><td></td><td colspan="3"></td></tr>
<tr><td></td><td colspan="3"></td></tr>
</table>

本人签字：
××××年××月××日

注：1. 工作简历从参加工作开始连续填写；
2. 每名技术负责人1页。

五、企业注册建造师名单

序号	姓名	身份证号码	专业	级别	注册证书编号
1	××	××××××××××	××× ×××	××	×××
2	×××	××××××××××	××× ×××	××	×××
3	××	××××××××××	×××	××	×××
4	×××	××××××××××	×××	××	×××
5	×××	××××××××××	×××	××	×××
6	×××	××××××××××	×××	××	×××
	…				
	…				
	…				
	…				
	…				
	…				

六、中级及以上职称人员名单

序号	姓名	学历	职称	身份证号码	职称专业/学历专业	申报资质类别
1	×××	××	×××	×××××××	××××/××××	×××
2	×××	××	×××	×××××××	××××/××××	×××
3	×××	××	×××	×××××××	××××/××××	×××
4	×××	××	×××	×××××××	××××/××××	×××
5	×××	××	×××	×××××××	××××/××××	×××
6	×××	××	×××	×××××××	××××/××××	×××
	…					
	…					
	…					

七、现场管理人员名单

序号	姓名	身份证号码	岗位类别	岗位证书编号	发证单位
1	×××	××××××	×××××	×××××	×××
2	×××	××××××	×××××	×××××	×××
3	×××	××××××	×××××	×××××	×××
4	×××	××××××	×××××	×××××	×××
5	×××	××××××	×××××	×××××	×××
6	×××	××××××	×××××	×××××	×××
	…				
	…				
	…				

八、技术工人人员名单

序号	姓名	身份证号码	技能等级	专业工种	证书编号	发证单位	是否自有
1	×××	×××	×××	××××	××××	××××	是/否
2	×××	×××	×××	××××	××××	××××	是/否
3	×××	×××	×××	×××××	××××	××××	是/否
4	×××	×××	×××	×××××	××××	××××	是/否
5	×××	×××	×××	×××××	××××	××××	是/否
6	×××	×××	×××	×××××	××××	××××	是/否
	…						
	…						
	…						

九、企业自有的主要机械设备

序号	设备及仪器名称	型号/产地/出厂日期	数量（台）	功率（千瓦）	价值（万元）		备注
					原值	净值	
1	×××	××××××	×	××	×××	×××	
2	×××	××××××	×	××	×××	×××	
3	×××	××××××	×	××	×××	×××	
4	×××	××××××	×	××	×××	×××	
5	×××	××××××	×	××	×××	×××	
6	×××	××××××	×	××	×××	×××	
	…						
	…						
	…						
	…						
	…						

十、企业代表工程业绩一览表

序号	工程名称	工程类别	工程规模					开工时间	竣工时间
			技术指标	单位	数量	合同价（万元）	结算价格（万元）		
1	×××	×××	×××	××	×××	×××	×××	×××	××
2	×××	×××	×××	××	×××	×××	×××	×××	××
3	×××	×××	×××	××	×××	×××	×××	×××	××
4	×××	×××	×××	××	×××	×××	×××	×××	××
	…								
	…								
	…								
	…								
	…								

十一、企业代表工程业绩情况

<table>
<tr><td rowspan="19">项目之一</td><td>工程名称</td><td colspan="4">××××××××××</td></tr>
<tr><td>工程地址</td><td colspan="4">××省××市××县×××街道×××号</td></tr>
<tr><td rowspan="2">或工程起始地址
（线性工程填写）</td><td colspan="4">自　××省××市××县　××××××××　　　　　起</td></tr>
<tr><td colspan="4">至　××省××市××县　××××××××　　　　　止</td></tr>
<tr><td>合同编号</td><td colspan="2">××××　施工许可证号或开工报告批准文号</td><td colspan="2">××××××××</td></tr>
<tr><td>项目经理</td><td>×××</td><td>建造师注册证书编号</td><td colspan="2">××××××××</td></tr>
<tr><td rowspan="2">工程规模</td><td>工程类别</td><td>技术指标</td><td>单位</td><td>数量</td></tr>
<tr><td>×××××</td><td>×××××</td><td>×</td><td>×××××</td></tr>
<tr><td>合同价</td><td colspan="2">××××万元</td><td>结算价</td><td>×××××万元</td></tr>
<tr><td>工程承包方式</td><td colspan="4">施工总承包□　专业承包□　工程总承包□　其他□（需说明）：</td></tr>
<tr><td>施工组织方式</td><td colspan="4">自行施工□　　专业分包□　　劳务分包□</td></tr>
<tr><td>开工时间</td><td colspan="2">××××年××月××日</td><td>竣工时间</td><td>××××年××月××日</td></tr>
<tr><td>计划工期</td><td>×××</td><td>实际工期</td><td>×××</td><td>延误原因　××</td></tr>
<tr><td>质量评定</td><td>××</td><td>安全评价</td><td>××</td><td>获奖情况　×××</td></tr>
<tr><td>建设单位</td><td>×××××</td><td>联系人　×××</td><td colspan="2">联系电话　×××××</td></tr>
<tr><td>验收单位</td><td>×××××</td><td>联系人　×××</td><td colspan="2">联系电话　×××××</td></tr>
<tr><td colspan="5">其他说明：</td></tr>
</table>

<table>
<tr><td rowspan="17">项目之二</td><td>工程名称</td><td colspan="4">××××××</td></tr>
<tr><td>工程地址</td><td colspan="4">××省××市××县×××街道×××号</td></tr>
<tr><td rowspan="2">或工程起始地址
（线性工程填写）</td><td colspan="4">自　××省××市××县　××××××××　　　　　起</td></tr>
<tr><td colspan="4">至　××省××市××县　××××××××　　　　　止</td></tr>
<tr><td>合同编号</td><td colspan="2">××××　施工许可证号或开工报告批准文号</td><td colspan="2">××××××</td></tr>
<tr><td>项目经理</td><td>×××</td><td>建造师注册证书编号</td><td colspan="2">××××××××</td></tr>
<tr><td rowspan="2">工程规模</td><td>工程类别</td><td>技术指标</td><td>单位</td><td>数量</td></tr>
<tr><td>××××</td><td>×××××</td><td>×</td><td>×××××</td></tr>
<tr><td>合同价</td><td colspan="2">××××××万元</td><td>结算价</td><td>××××××万元</td></tr>
<tr><td>工程承包方式</td><td colspan="4">施工总承包□　专业施工承包□　工程总承包□　其他□（需说明）：</td></tr>
<tr><td>施工组织方式</td><td colspan="4">自行施工□　专业分包□　劳务分包□</td></tr>
<tr><td>开工时间</td><td colspan="2">××××年××月××日</td><td>竣工时间</td><td>××××年××月××日</td></tr>
<tr><td>计划工期</td><td>×××</td><td>实际工期</td><td>×××</td><td>延误原因　×××</td></tr>
<tr><td>质量评定</td><td>×××</td><td>安全评价</td><td>×××</td><td>获奖情况　×××</td></tr>
<tr><td>建设单位</td><td>×××××</td><td>联系人　×××</td><td colspan="2">联系电话　×××××</td></tr>
<tr><td>验收单位</td><td>×××××</td><td>联系人　×××</td><td colspan="2">联系电话　×××××</td></tr>
<tr><td colspan="5">其他说明：</td></tr>
</table>

附录2 住房城乡建设部关于印发《建筑业企业资质管理规定和资质标准实施意见》的通知

续表

项目之三	工程名称	××××××××××				
	工程地址	×× 省 ××市××县×××街道×××号				
	或工程起始地址（线性工程填写）	自　××省××市××县　××××××××　起				
		至　××省××市××县　××××××××　止				
	合同编号	××××	施工许可证号或开工报告批准文号		××××××	
	项目经理	×××	建造师注册证书编号		××××××××	
	工程规模	工程类别	技术指标		单位	数量
		×××××	×××××		×	×××××
	合同价	×××× 万元		结算价	×××××× 万元	
	工程承包方式	施工总承包□　专业承包□　工程总承包□　其他□（需说明）：				
	施工组织方式	自行施工□　　专业分包□　　劳务分包□				
	开工时间	××××年××月××日	竣工时间		××××年××月××日	
	计划工期	×××	实际工期	×××	延误原因	××
	质量评定	××	安全评价	××	获奖情况	×××
	建设单位	×××××		联系人	×××	联系电话 ×××××
	验收单位	×××××		联系人	×××	联系电话 ×××××
	其他说明：					
项目之四	工程名称	××××××				
	工程地址	×× 省 ××市××县×××街道×××号				
	或工程起始地址（线性工程填写）	自　××省××市××县　××××××××　起				
		至　××省××市××县　××××××××　止				
	合同编号	××××	施工许可证号或开工报告批准文号		××××××	
	项目经理	×××	建造师注册证书编号		××××××××	
	工程规模	工程类别	技术指标		单位	数量
		×××××	×××××		×	××××
	合同价	××××××万元		结算价	××××××万元	
	工程承包方式	施工总承包□　专业施工承包□　工程总承包□　其他□（需说明）：				
	施工组织方式	自行施工□　　专业分包□　　劳务分包□				
	开工时间	××××年××月××日	竣工时间		××××年××月××日	
	计划工期	×××	实际工期	×××	延误原因	××
	质量评定	×××	安全评价	×××	获奖情况	×××
	建设单位	×××××		联系人	×××	联系电话 ××××
	验收单位	×××××		联系人	×××	联系电话 ××××
	其他说明：					

注：企业代表工程情况表可复制加页。

《建筑业企业资质申请表》填写说明

一、封面

1. 申报企业名称：按工商营业执照内容填写全称，并加盖企业公章。

2. 填报日期：按本表报送时间填写。

二、企业申请资质类别和等级

1. 现有资质等级：指本企业此次申请资质前的原资质等级。首次申请企业不填写。

2. 批准时间：指本企业此次申请资质前每一项原资质等级所批准的时间，首次申请企业不填写。

3. 现有资质证书编号：指本企业此次申请资质前的现有资质证书号码。首次申请企业不填写。

4. 企业申请资质类别和等级：填写企业本次申请资质情况。

三、企业法定代表人声明

请企业法定代表人签名并加盖企业公章。

四、企业基本情况

1. 企业名称：按工商营业执照内容填写全称。

2. 企业注册地址：按工商营业执照内容填写。

3. 企业详细地址：填写本企业经营常驻地的地址，用全称或规范简称填写。

4. 营业执照注册号：按工商营业执照的内容填写。

5. 企业组织机构代码：按企业组织机构代码证填写，含校验码。

6. 企业类型：或称经济性质，按工商营业执照内容填写。

7. 建立时间：或称成立时间，按工商营业执照内容填写。

8. 联系电话：填写本企业经营常驻地行政办公室电话号码。

9. 传真：填写本企业经营常驻地的传真号码。

10. 企业网址：按本企业在互联网上注册的网络地址全称填写。

11. 电子邮箱：按本企业在互联网上注册的常用电子邮箱全称填写。

12. 法定代表人：按工商营业执照内容填写。

五、企业从业人员状况

1. 注册人员人数：按本企业申报前拥有的各类注册人数填写。

2. 中级及以上职称人员人数：按企业申报前拥有的工程序列中级以上人数填写。

3. 现场管理人员：按本企业申报前拥有的取得岗位证书的现场管理人员数量填写。

4. 技术工人：按企业申报前拥有的自有技术工人数和全资或控股公司技术工人数量填写。

六、企业财务状况

1. 注册资本：按工商营业执照内容填写。

2. 资产总额：指本企业拥有或控制的能以货币计量的经济资源，包括各种财产、债权和其他权利。按本报告期期末财务报告数据填写。

3. 固定资产：指本企业使用期超过一年的房屋及建筑物、机器、机械、运输工具以及其他与生产经营有关的设备、器具、工具等。按本报告期期末财务报告数据填写。

4. 流动资产：指本企业可以在一年或超过一年的一个营业周期内变现或耗用的资产。按本报告期期末财务报告数据填写。

5. 负债总额：指本企业全部资产总额中，所承担的能以货币计量、将以资产或劳务偿付的债务。按本报告期期末财务报告数据填写。

6. 净资产：又称所有者权益，指投资人对企业净资产的所有权。企业净资产等于企业全部资产减去全部负债后的余额。按本报告期期末财务报告数据填写。

7. 国有资本：指有权代表国家投资的政府部门或者机构以国有资产投入企业形成的资本金。按本企业经工商行政管理部门备案的章程有关内容填写。

8. 法人资本：指其他法人单位以其依法可以支配的资产投入企业形成的资本金。按本企业经工商行政管理部门备案的章程有关内容填写。

9. 个人资本：指社会个人或者企业内部职工以个人合法财产投入企业形成的资本金。按本企业经工商行政管理部门备案的章程有关内容填写。

10. 港澳台商资本：指我国香港、澳门和台湾地区投资者投入企业形成的资本金。按本企业经工商行政管理部门备案的章程有关内容填写。须注明港澳台资本出资方所在地区。

11. 外商资本：指外国投资者投入企业形成的资本金。按本企业经工商行政管理部门备案的章程有关内容填写。须注明外资方所在国家或地区。

七、设备

1. 机械设备总台数：指归本企业所有，属于本企业固定资产的生产性机械设备年末总台数。它包括施工机械、生产设备、运输设备以及其他设备。按本企业报告期末"固定资产"台账据实填写。

2. 机械设备总功率：指本企业自有施工机械、生产设备、运输设备以及其他设备等列为在册固定资产的生产性机械设备年末总功率，按能力或查定能力计算，包括机械本身的动力和为该机械服务的单独动力设备，如电动机等。计量单位用千瓦，动力换算按1马力＝0.735千瓦折合成千瓦数。电焊机、变压器、锅炉不计算动力。

3. 机械设备原值：指企业自有机械设备的购置价。按本企业报告期末"固定资产"台账据实填写。

4. 机械设备净值：指企业自有机械设备经过使用、磨损后实际存在的价值，即原值减去累计折旧后的净值。按本企业报告期末"固定资产"台账据实填写。

5. 动力装备率：又称动力装备系数或动力装备程度。

动力装备率＝机械设备总功率÷从业人员年平均人数×（千瓦/人）

6. 技术装备率：又称技术装备系数或技术装备程度。

技术装备率＝机械设备净值÷从业人员年平均人数×（元/人）

八、企业简介

填写企业的基本情况、发展演变过程（含企业名称变更、分立合并等情况）、主要工程业绩等。

九、技术负责人名单

按照企业所申报资质填写，其中负责资质类别是指该技术负责人作为该项资质的技术负责人申报。

十、技术负责人简历

按照实际情况填写，并由本人签名。

十一、注册建造师名单

只填报申报所需注册建造师，按照一、二级顺序填写。

十二、中级及以上职称人员名单

只填写申报所需有职称人员，由高级到中级依次填写。

十三、现场管理人员名单

只填报申报所需现场管理人员，按照施工员、质量员、安全员、机械员、资料员、造价员、劳务员、测量员、试验员、标准员顺序填写。

十四、技术工人人员名单

填写申报资质所需技术工人名单，注明是否为企业自有技术工人，其中全资或控股企业拥有的技术工人填写"否"，非本企业自有、全资或控股企业拥有的技术工人不得填在本表之中。

十五、企业自有的主要机械设备

填写企业自有技术设备情况。

十六、企业代表工程业绩一览表

填写企业完成的主要工程业绩。

十七、企业代表工程业绩情况

1. 工程名称：按工程承包合同名称填写。
2. 工程类别：按建筑业企业资质等级标准的有关规定分类后填写。
3. 工程地址：详细填写工程地址，须明确工程所在街道及门牌号；其中线性工程须填写工程起始和终点详细地址。

附件 2-1-2

建筑业企业资质证书变更、遗失补办申请审核表

变更□　　　　遗失补办□　　　　更换□

企业名称（单位公章）：

变更内容	变更前	变更后
资质证书编号		
初审部门 审核意见	审核人：（签字）　　　　　　　　　　年　月　日 业务部门负责人：（签字）　　　　　　年　月　日 单位负责人：（签字）　　　　　　　　年　月　日 　　　　　　　　　　　　　　　　　（公章）	
资质许可机关 审查意见	审查人：（签字）　　　　　　　　　　年　月　日 负责人：（签字）　　　　　　　　　　年　月　日 主管领导：（签字）　　　　　　　　　年　月　日 　　　　　　　　　　　　　　　　　（公章）	

（此表不够可另续表）

注：初审部门的审核意见在表中注明，不再另行出具其他文件；盖章为本单位公章或行政许可专用章，单位内设机构印章无效。

附录2 住房城乡建设部关于印发《建筑业企业资质管理规定和资质标准实施意见》的通知

附件 2-2

建筑业企业资质申报材料清单

序号	申报材料	首次申请	增项	升级	延续	换证	简单变更	遗失补办	重新核定					
									不符合简化审批手续情况的	符合简化审批手续情况的				
										跨省变更	企业合并（吸收合并及新设合并）	企业全资子公司间重组分立	国有企业改制重组分立	企业外资退出
1	《建筑业企业资质申请表》一式一份及电子文档	✓	✓	✓	✓	✓			✓	✓	✓	✓	✓	✓
2	建筑业企业资质证书变更、遗失补办申请审核表						✓	✓		✓	✓	✓	✓	✓
3	企业组织机构代码证书副本复印件	✓			✓	✓			✓	✓	✓	✓	✓	✓
4	《营业执照》副本复印件	✓	✓	✓	✓	✓			✓	✓	✓	✓	✓	✓
5	原企业《营业执照》副本复印件						✓			✓	✓	✓	✓	✓
6	建筑业企业资质证书正本复印件		✓	✓	✓			✓						
7	建筑业企业资质证书副本（含变更页）复印件						✓							
8	原建筑业企业资质证书原件及复印件							✓	✓	✓	✓	✓	✓	✓

附录2 住房城乡建设部关于印发《建筑业企业资质管理规定和资质标准实施意见》的通知

续表

序号	申报材料	申请事项											
		首次申请	增项	升级	延续	换证	简单变更	遗失补办	重新核定					
									不符合简化审批手续情况的	符合简化审批手续情况的				
										跨省变更	企业合并（吸收合并及新设合并）	企业全资子公司间重组分立	国有企业改制重组分立	企业外资退出
9	企业章程复印件（含原企业和新企业）	√					√		√	√	√	√	√	√
10	原企业法人营业执照注销证明或跨省迁出证明									√	√			
11	在省级或行业报纸，或者在资质许可机关网站发布的遗失声明							√						
12	申报资质上一年度或当期的财务审计报告复印件	√	√	√	√				√					
13	办公场所证明，属于自有产权的出具产权证复印件；属于租用或借用的，出具出租（借）方产权证和双方租赁合同或借用协议的复印件	√							√					

续表

序号	申报材料	申请事项											
		首次申请	增项	升级	延续	换证	简单变更	遗失补办	重新核定				
									不符合简化审批手续情况的	符合简化审批手续情况的				
										跨省变更	企业合并（吸收合并及新设合并）	企业全资子公司间重组分立	国有企业改制重组分立	企业外资退出
14	标准要求的厂房证明，属于自有产权的出具产权证复印件；属于租用或借用的，出具出租（借）方产权证和双方租赁合同或借用协议的复印件			✓	✓	✓			✓					
15	标准要求的主要设备购置发票	✓	✓	✓	✓	✓			✓					
16	安全生产许可证复印件		✓	✓	✓				✓					
17	经省级注册管理部门批准的注册建造师初始注册或变更注册材料（新企业无资质的）	✓									✓	✓	✓	✓	
18	中级及以上职称人员的身份证明、职称证（学历证明）复印件	✓	✓	✓	✓				✓					
19	现场管理人员的身份证明、岗位证书复印件	✓	✓	✓	✓				✓					

附录2 住房城乡建设部关于印发《建筑业企业资质管理规定和资质标准实施意见》的通知

续表

序号	申报材料	申请事项											
		首次申请	增项	升级	延续	换证	简单变更	遗失补办	重新核定				
									不符合简化审批手续情况的	符合简化审批手续情况的				
										跨省变更	企业合并(吸收合并及新设合并)	企业全资子公司间重组分立	国有企业改制重组分立	企业外资退出
20	技术负责人身份证明、执业资格证书、职称证书或技能证书	✓	✓	✓	✓	✓			✓					
21	技术工人的身份证明、职业培训合格证书或职业技能证书复印件	✓	✓	✓	✓	✓			✓					
22	企业主要人员申报前1个月的社会保险证明	✓							✓					
23	企业主要人员申报前3个月的社会保险证明		✓	✓	✓	✓								
24	技术负责人(或注册建造师)基本情况及业绩表	✓	✓											
25	工程中标通知书复印件			✓										
26	工程合同(合同协议书和专用条款)复印件			✓										

附录2 住房城乡建设部关于印发《建筑业企业资质管理规定和资质标准实施意见》的通知

续表

序号	申报材料	申请事项											
		首次申请	增项	升级	延续	换证	简单变更	遗失补办	重新核定					
									不符合简化审批手续情况的	符合简化审批手续情况的				
										跨省变更	企业合并（吸收合并及新设合并）	企业全资子公司间重组分立	国有企业改制重组分立	企业外资退出
27	工程竣工（交工）验收文件或有关部门出具的工程质量鉴定书复印件(需包含参与验收的单位及人员、验收的内容、验收的结论、验收的时间等内容)；境外工程还应提供驻外使领馆经商部门出具的工程真实性证明文件			√										
28	涉及层数、单体建筑面积、跨度、长度、高度、结构类型等方面指标,应提供反映该项技术指标的图纸复印件			√										
29	涉及单项合同额、造价等指标的,应提供工程结算单复印件			√										
30	企业迁出地工商注册所在地省级建设主管部门同意资质变更的书面意见									√				

226

续表

序号	申报材料	申请事项											
		首次申请	增项	升级	延续	换证	简单变更	遗失补办	重新核定				
									不符合简化审批手续情况的	符合简化审批手续情况的				
										跨省变更	企业合并（吸收合并及新设合并）	企业全资子公司间重组分立	国有企业改制重组分立	企业外资退出
31	企业上级行政主管部门（或母公司）或国有资产监管部门的批复文件复印件												✓	
32	改制、重组、分立等方案复印件								✓	✓	✓	✓		
33	企业股东（代表）大会、董事会的决议复印件；国有企业职工代表大会的决议								✓	✓	✓	✓	✓	✓
34	企业法律继承或分割情况的说明材料								✓	✓	✓	✓		

注：1. 军队企业主要人员不需提供社会保险证明，但需提供所在单位上级人事主管部门的人事证明材料；

2. 企业申报人员中技术工人为全资或控股劳务企业人员的，应提供其全资或控股劳务企业的章程复印件；

3. 企业技术负责人变更的，不需要提供工商变更证明文件；

4. 依法可以不进行招标的项目可不提供工程中标通知书复印件；

5. 企业合并、企业全资子公司间重组分立、国有企业改制重组分立中，涉及企业跨省的，还应提供第30项；

6. 企业合并、企业全资子公司间重组分立、企业外资退出中，涉及企业有上级行政主管部门（或母公司）的，还应提供第31项；

7. 企业性质由内资变为外资的或由外资变为内资的，还应提供外商投资批准证书或该证书注销证明；

8. 首次申请劳务资质的，可以不提供第24项。

附件 2-3

技术负责人（或注册人员）基本情况及业绩表

企业名称：（盖章）

填表日期：

姓　　名		性别		技术职称	
身份证号		学历		所学专业	
从业简历					
本人完成施工项目概况					
序号	项目名称	项目规模指标	项目地址	起止时间	本人在工程项目所担任职务	完成项目的建筑业企业及资质等级

（注：最后一列"完成项目的建筑业企业及资质等级"）

本人承诺以上填写内容真实有效。我知道隐瞒有关真实情况和填报虚假信息是严重的违法行为，以上关于我本人的基本信息及其业绩如有虚假，本人愿接受住房城乡建设主管部门或其他有关部门依法给予的行政处罚。

本人签字：

年　月　日

注：申报企业须对此材料真实性负责。

附件 2-4-1

工程设计资质与施工总承包资质类别对照表

序号	工程设计资质	施工总承包资质
1	综合资质	建筑工程、公路工程、铁路工程、港口与航道、水利水电工程、电力工程、通信工程、矿山工程、冶金工程、石油化工工程、市政公用工程、机电工程
2	建筑行业	建筑工程
3	公路行业	公路工程
4	铁道行业	铁路工程
5	水运行业	港口与航道工程
6	水利行业	水利水电工程
	电力行业	
7	电力行业	电力工程
8	煤炭行业	矿山工程
	冶金行业	
	建材行业	
	核工业行业	
	化工石化医药行业	
9	冶金行业	冶金工程
	建材行业	
10	化工石化医药行业	石油化工工程
	石油天然气（海洋石油）行业	
11	市政公用行业	市政公用工程
12	电子通信广电行业（通信）	通信工程
13	机械行业	机电工程
	电子通信广电行业（电子）	

附件 2-4-2

国务院国有资产管理部门直接监管的建筑企业名单

序号	企 业 名 称
1	中国建筑工程总公司（中国建筑股份有限公司）
2	中国铁路工程总公司（中国中铁股份有限公司）
3	中国铁道建筑总公司（中国铁建股份有限公司）
4	中国交通建设集团有限公司（中国交通建设股份有限公司）
5	中国电力建设集团有限公司（中国电力建设股份有限公司）
6	中国能源建设集团有限公司
7	中国冶金科工集团有限公司（中国冶金科工股份有限公司）
8	中国有色矿业集团有限公司
9	中国核工业建设集团公司
10	中国化学工程集团公司（中国化学工程股份有限公司）
11	中国石油天然气集团公司
12	中国石油化工集团公司

附件 2-5

新版建筑业企业资质证书编码规则

新版建筑业企业资质证书编码按类别统一编码，证书编码由 10 位字母和数字组成，编码规则如下：

1. 第 1 位为证书类别码："D"表示"建筑业企业资质证书"；另外，外商投资企业在第一字母后加"W"，"DW"代表外商投资建筑业企业。

2. 第 2 位代表资质许可机关："1"代表住房城乡建设部，"2"代表省、直辖市、自治区住房城乡建设主管部门，"3"代表设区的市人民政府住房城乡建设主管部门。

3. 第 3、4 位为企业工商注册所在省、直辖市、自治区地区代码：11 北京市，12 天津市，13 河北省，14 山西省，15 内蒙古自治区，21 辽宁省，22 吉林省，23 黑龙江省，31 上海市，32 江苏省，33 浙江省，34 安徽省，35 福建省，36 江西省，37 山东省，41 河南省，42 湖北省，43 湖南省，44 广东省，45 广西壮族自治区，46 海南省，50 重庆市，51 四川省，52 贵州省，53 云南省，54 西藏自治区，61 陕西省，62 甘肃省，63 青海省，64 宁夏回族自治区，65 新疆维吾尔自治区。

4. 第 5 至 9 位为顺序码。

5. 第 10 位为校验码，由电脑根据设定的逻辑规则生成。

例 1："D132000058"，表示建筑业企业资质证书，企业注册江苏省，资质由住房城乡建设部审批，在住房城乡建设部审批的建筑业企业的顺序号为"00005"，校验码为 8。

例 2："D232000057"，表示建筑业企业资质证书，企业注册江苏省，资质由江苏省住房城乡建设厅审批，该企业在江苏省（包括设区的市住房城乡建设主管部门）审批的建筑业企业的顺序号为"00005"，校验码为 7。

附录3

住房城乡建设部办公厅关于换发新版建筑业企业资质证书的通知

(建办市函〔2015〕870号)

各省、自治区住房城乡建设厅，直辖市建委，北京市规委，新疆生产建设兵团建设局，国务院有关部门建设司（局），总后营房部工程管理局，国资委管理的有关企业：

按照《住房城乡建设部关于建筑业企业资质管理有关问题的通知》（建市〔2015〕154号）要求，为做好换发新版建筑业企业资质证书（以下简称换证）工作，现将有关事项通知如下：

一、换证范围

（一）各级住房城乡建设主管部门按原《建筑业企业资质等级标准》（建建〔2001〕82号，以下简称原标准）核发的旧版建筑业企业资质证书（脚手架作业分包和模板作业分包以外的劳务分包企业资质暂不换证）。

（二）我部按照《施工总承包特级资质标准》（建市〔2007〕72号）核发的施工总承包特级资质证书以及同时核发的工程设计资质证书。

二、换证程序

（一）我部审批的建筑业企业资质换证程序。

1. 申请换证的企业通过我部网站（www.mohurd.gov.cn）下载安装"企业资质申请受理信息填报软件"，填写《建筑业企业资质换证申请表》和《建设工程企业资质申请受理信息采集表》（以下分别简称《申请表》《采集表》），点击"上报"，同时打印《申请表》和《采集表》并加盖企业公章后，按《建筑业企业资质管理规定》（住房城乡建设部令第22号）第十二条规定的管理权限，分别报企业注册所在地省（自治区、直辖市）住房城乡建设主管部门、国务院国有资产管理部门直接监管的建筑业企业、总后基建营房部工程管理局（以下简称省级主管部门）。

国务院国有资产管理部门直接监管的建筑业企业应将其全资或绝对控股的企业名单及企业章程，总后基建营房部工程管理局应将其所属单位名单在2015年10月30日前报我部建筑市场监管司。

2. 各省级主管部门分批填写《建筑业企业资质换证情况汇总表》（见附件），并附汇总表中全部企业的《申请表》《采集表》、旧版建筑业资质证书副本复印件（包括施工总承包特级资质证书、相应工程设计资质证书副本复印件）一并报我部行政审批集中受理办公室。对于《申请表》《采集表》与全国建筑市场监管与诚信信息平台资质信息不符的企业，其换证申请我部不予受理。

3. 我部受理企业换证申请20日后，省级主管部门可到我部行政审批集中受理办公室统一领取企业的新版建筑业企业资质证书（按要求提交工程设计资质证书副本复印件的特级资质企业，同时换发有效期与新版建筑业企业资质证书一致的工程设计资质证书），有效期5年（取得有效期1年旧版资质证书的，新版资质证书有效期与原有效期相同）。各省级主管部门在发放新版建筑业企业资质证书后，应收回企业全部原资质证书，并依法予以销毁。

4. 2016年6月30日起，我部停止受理企业换证申请。

5. 我部将定期公布已换发新版资质证书的企业名单。

（二）各省级住房城乡建设主管部门、设区的市住房城乡建设主管部门负责资质许可的建筑业企业，其资质证书换证工作的有关具体实施程序可参照本通知制定。

三、有关要求

1. 企业应按照《申请表》要求的内容如实填报换证申请，企业法定代表人应在《申请表》上签字承诺对所申报材料的真实性负责。对存在弄虚作假等违法违规行为的企业，将不予换证，并按有关规定依法进行处理。

2. 按原标准取得主项资质为高耸构筑物、电信工程、水工建筑物基础处理、堤防、水工大坝、水工隧洞、火电设备安装、炉窑、冶炼机电设备安装、化工石油设备管道安装、管道工程等专业承包资质的企业，按规定简单换证后一年内，企业申请原资质并入同等级相应类别施工总承包资质的，资质许可机关不考核其业绩指标。

3. 按原标准取得主项资质为水工隧洞工程专业承包资质的企业可申请不高于原资质等级的隧道工程专业承包资质换证。

4. 申请资质升级、增项的企业，资质许可机关应在为其换发新版建筑业企业资质后，再按《建筑业企业资质标准》（建市〔2014〕159号）核准其资质申请。企业发生重组、合并、分立等情形的，可在换领新版证书后，申请办理资质变更手续。

5. 换证后企业申请特级资质的，仍使用原《建筑业企业资质管理规定实施意见》（建市〔2007〕241号）中的《建筑业企业资质申请表》。其中，《初审部门审查意见（总承包特级企业）》中的国家级工法、发明专利、国家级科技进步奖项、工程建设国家或行业标准等考核指标项无需填写初审意见。

6. 新版企业资质证书应使用新版建设工程企业证书打印管理信息系统（下载地址：www.mohurd.gov.cn/docmaap）进行打印。使用自行开发证书打证系统的省（区、市）应按照我部新版建设工程企业证书打印管理信息系统的数据交换接口标准，与我部信息系统进行数据对接，即时向我部信息系统进行信息更新。

建筑业企业资质换证工作时间紧，任务重，请各地住房城乡建设主管部门高度重视，提出具体工作安排及要求，认真组织实施，保证工作的顺利进行。在工作执行中如有任何问题，请及时与我部建筑市场监管司联系。

本通知自印发之日起执行。原《住房城乡建设部办公厅关于换发新版建筑业企业资质证书的通知》（建办市函〔2015〕385号）同时废止。

附件：建筑业企业资质换证情况汇总表

住房和城乡建设部办公厅
2015年10月8日

附录 4

住房城乡建设部关于建筑业企业资质管理有关问题的通知

(建市〔2015〕154号)

各省、自治区住房城乡建设厅，直辖市建委，新疆生产建设兵团建设局，国务院有关部门建设司，总后基建营房部工程管理局：

为充分发挥市场配置资源的决定性作用，进一步简政放权，促进建筑业发展，现就建筑业企业资质有关问题通知如下：

一、取消《施工总承包企业特级资质标准》（建市〔2007〕72号）中关于国家级工法、专利、国家级科技进步奖项、工程建设国家或行业标准等考核指标要求。对于申请施工总承包特级资质的企业，不再考核上述指标。

二、取消《建筑业企业资质标准》（建市〔2014〕159号）中建筑工程施工总承包一级资质企业可承担单项合同额3000万元以上建筑工程的限制。取消《建筑业企业资质管理规定和资质标准实施意见》（建市〔2015〕20号）特级资质企业限承担施工单项合同额6000万元以上建筑工程的限制以及《施工总承包企业特级资质标准》（建市〔2007〕72号）特级资质企业限承担施工单项合同额3000万元以上房屋建筑工程的限制。

三、将《建筑业企业资质标准》（建市〔2014〕159号）中钢结构工程专业承包一级资质承包工程范围修改为：可承担各类钢结构工程的施工。

四、将《建筑业企业资质管理规定和资质标准实施意见》（建市〔2015〕20号）规定的资质换证调整为简单换证，资质许可机关取消对企业资产、主要人员、技术装备指标的考核，企业按照《建筑业企业资质管理规定》（住房城乡建设部令第22号）确定的审批权限以及建市〔2015〕20号文件规定的对应换证类别和等级要求，持旧版建筑业企业资质证书到资质许可机关直接申请换发新版建筑业企业资质证书（具体换证要求另行通知）。将过渡期调整至2016年6月30日，2016年7月1日起，旧版建筑业企业资质证书失效。

五、取消《建筑业企业资质管理规定和资质标准实施意见》（建市〔2015〕20号）第二十八条"企业申请资质升级（含一级升特级）、资质增项的，资质许可机关应对其既有全部建筑业企业资质要求的资产和主要人员是否满足标准要求进行检查"的规定；取消第四十二条关于"企业最多只能选择5个类别的专业承包资质换证，超过5个类别的其他专业承包资质按资质增项要求提出申请"的规定。

六、劳务分包（脚手架作业分包和模板作业分包除外）企业资质暂不换证。

各地要认真组织好建筑业企业资质换证工作，加强事中事后监管，适时对本地区取得建筑业企业资质的企业是否满足资质标准条件进行动态核查。

本通知自发布之日起施行。

住房和城乡建设部
2015年10月9日

附录 5

关于印发建设工程企业资质申报弄虚作假行为处理办法的通知

(建市〔2011〕200号)

各省、自治区住房城乡建设厅，直辖市建委（建交委），北京市规委，山东省建管局，新疆生产建设兵团建设局，国务院有关部门建设司（局），总后基建营房部工程管理局：

为加强建筑市场的准入清出管理，严肃查处建设工程企业资质申报中弄虚作假行为，依据《中华人民共和国建筑法》《中华人民共和国行政许可法》等法律法规，我部制定了《建设工程企业资质申报弄虚作假行为处理办法》，现印发给你们，请遵照执行。

附件 11-1：建设工程企业资质申报弄虚作假行为处理办法

住房和城乡建设部
二〇一一年十二月八日

附件　建设工程企业资质申报弄虚作假行为处理办法

建设工程企业资质申报弄虚作假行为处理办法

第一条　为建立和维护公平竞争、规范有序的建筑市场秩序，加强建筑市场的准入清出管理，严肃查处建设工程企业资质申报中弄虚作假行为，依据《中华人民共和国建筑法》《中华人民共和国行政许可法》等法律法规，制定本办法。

第二条　本办法所称企业资质申报，是指工程勘察资质、工程设计资质、建筑业企业资质、工程监理企业资质、工程建设项目招标代理机构资格、工程设计与施工一体化资质的首次申请、升级、增项、延续（就位）等。

第三条　企业申报资质，必须按照规定如实提供有关申报材料，凡与实际情况不符，有伪造、虚报相关数据或证明材料行为的，可认定为弄虚作假。

第四条　对涉嫌在企业资质申报中弄虚作假行为的核查、认定和处理，应当坚持实事求是、责任追究与教育防范相结合的原则。

第五条　各级住房城乡建设主管部门应当依法按照行政审批权限，对涉嫌在资质申报中弄虚作假企业进行核查处理，不在行政审批权限范围内的，应当及时将相关情况逐级上报至有权限的住房城乡建设主管部门研究处理。涉嫌在资质申报中弄虚作假的企业应配合接受核查，并在规定时限内按要求提供证明材料。

铁路、交通、水利、信息产业等部门在资质审查中发现弄虚作假行为的，应将有关情况告知同级住房城乡建设主管部门，并配合核查。

第六条　住房和城乡建设部可委托省级住房城乡建设主管部门对涉嫌在资质申报中弄虚作假的企业进行核查。受委托部门应在规定时限内将核查的有关情况、原始材料和处理建议上报。

第七条　省级住房城乡建设主管部门应当每半年将资质申报中对弄虚作假行为的处理结果汇总上报住房和城乡建设部备案。

第八条　任何单位和个人有权向住房城乡建设主管部门举报企业在申报资质中弄虚作假的行为。对能提供基本事实线索或相关证明材料的举报，住房城乡建设主管部门应予受理，并为举报单位或个人保密。

第九条　住房城乡建设主管部门之间应当建立资质申报中弄虚作假行为的协查机制。协助核查的主管部门应当予以配合，并在规定时限内书面反馈核查情况。

第十条　住房城乡建设主管部门应在 20 个工作日内完成对涉嫌申报资质中弄虚作假企业的核查，可要求被核查企业提供相关材料；核查期间，暂不予做出该申报行政许可决定，核查时间不计入审批时限。

第十一条　因涉嫌在资质申报过程中弄虚作假被核查的企业，应积极配合相关部门核查。

第十二条　对资质申报中弄虚作假的企业，住房城乡建设主管部门按照行政审批权限依法给予警告，并作如下处理：

（一）企业新申请资质时弄虚作假的，不批准其资质申请，企业在一年内不得再次申请该项资质；

（二）企业在资质升级、增项申请中弄虚作假的，不批准其资质申请，企业在一年内不得再次申请该项资质升级、增项；

（三）企业在资质延续申请中弄虚作假的，不予延续；企业按低一等级资质或缩小原资质范围重新申请核定资质，并一年内不得申请该项资质升级、增项。

第十三条 对弄虚作假取得资质的企业，住房城乡建设主管部门依法给予行政处罚并撤销其相应资质，且自撤销资质之日起三年内不得申请该项资质。

第十四条 被核查企业拒绝配合调查，或未在规定时限内提供相应反映真实情况说明材料的，不批准其资质申报。

第十五条 受住房城乡建设部委托进行核查的省级住房城乡建设主管部门，逾期未上报核查结果的，住房城乡建设部给予通报批评，且不批准被核查企业的资质申请。

第十六条 对参与企业资质申报弄虚作假或为企业提供虚假证明的有关单位或个人，住房城乡建设主管部门给予通报批评或抄报有关部门依法进行处理。

第十七条 对参与企业资质申报弄虚作假的住房城乡建设主管部门及其工作人员，依法由其上级行政机关或者监察机关责令改正，对直接负责的主管人员和其他直接责任人员依法给予行政处分。

第十八条 住房城乡建设主管部门将企业资质申报中的弄虚作假行为作为企业或个人不良行为在全国诚信信息平台予以发布。

第十九条 本办法自发布之日起施行，原《对工程勘察、设计、施工、监理和招标代理企业资质申报中弄虚作假行为的处理办法》（建市〔2002〕40号）同时废止。

附录 6

住房和城乡建设部关于印发建设工程企业资质管理制度改革方案的通知

(建市〔2020〕94 号)

附件：建设工程企业资质管理制度改革方案

各省、自治区住房和城乡建设厅，直辖市住房和城乡建设（管）委，北京市规划和自然资源委，新疆生产建设兵团住房和城乡建设局，国务院有关部门：

《建设工程企业资质管理制度改革方案》已经 2020 年 11 月 11 日国务院常务会议审议通过，现印发给你们，请认真贯彻落实，进一步放宽建筑市场准入限制，优化审批服务，激发市场主体活力。同时，坚持放管结合，加大事中事后监管力度，切实保障建设工程质量安全。

住房和城乡建设部

2020 年 11 月 30 日

附件 建设工程企业资质管理制度改革方案

建设工程企业资质管理制度改革方案

为贯彻落实 2019 年全国深化"放管服"改革优化营商环境电视电话会议精神和李克强总理重要讲话精神，按照《国务院办公厅关于印发全国深化"放管服"改革优化营商环境电视电话会议重点任务分工方案的通知》（国办发〔2019〕39 号）要求，深化建筑业"放管服"改革，做好建设工程企业资质（包括工程勘察、设计、施工、监理企业资质，以下统称企业资质）认定事项压减工作，现制定以下改革方案。

一、指导思想

以习近平新时代中国特色社会主义思想为指导，贯彻落实党的十九大和十九届二中、三中、四中、五中全会精神，充分发挥市场在资源配置中的决定性作用，更好发挥政府作用，坚持以推进建筑业供给侧结构性改革为主线，按照国务院深化"放管服"改革部署要求，持续优化营商环境，大力精简企业资质类别，归并等级设置，简化资质标准，优化审批方式，进一步放宽建筑市场准入限制，降低制度性交易成本，破除制约企业发展的不合理束缚，持续激发市场主体活力，促进就业创业，加快推动建筑业转型升级，实现高质量发展。

二、主要内容

（一）精简资质类别，归并等级设置。为在疫情防控常态化条件下做好"六稳"工作、落实"六保"任务，进一步优化建筑市场营商环境，确保新旧资质平稳过渡，保障工程质量安全，按照稳中求进的原则，积极稳妥推进建设工程企业资质管理制度改革。对部分专业划分过细、业务范围相近、市场需求较小的企业资质类别予以合并，对层级过多的资质等级进行归并。改革后，工程勘察资质分为综合资质和专业资质，工程设计资质分为综合资质、行业资质、专业和事务所资质，施工资质分为综合资质、施工总承包资质、专业承包资质和专业作业资质，工程监理资质分为综合资质和专业资质。资质等级原则上压减为甲、乙两级（部分资质只设甲级或不分等级），资质等级压减后，中小企业承揽业务范围将进一步放宽，有利于促进中小企业发展。具体压减情况如下：

1. 工程勘察资质。保留综合资质；将 4 类专业资质及劳务资质整合为岩土工程、工程测量、勘探测试等 3 类专业资质。综合资质不分等级，专业资质等级压减为甲、乙两级。

2. 工程设计资质。保留综合资质；将 21 类行业资质整合为 14 类行业资质；将 151 类专业资质、8 类专项资质、3 类事务所资质整合为 70 类专业和事务所资质。综合资质、事务所资质不分等级；行业资质、专业资质等级原则上压减为甲、乙两级（部分资质只设甲级）。

3. 施工资质。将 10 类施工总承包企业特级资质调整为施工综合资质，可承担各行业、各等级施工总承包业务；保留 12 类施工总承包资质，将民航工程的专业承包资质整合为施工总承包资质；将36类专业承包资质整合为18类；将施工劳务企业资质改为专业作业资质，由审批制改为备案制。综合资质和专业作业资质不分等级；施工总承包资质、专业承包资质等级原则上压减为甲、乙两级（部分专业承包资质不分等级），其中，施工总承包甲级资质在本行业内承揽业务规模不受限制。

4. 工程监理资质。保留综合资质；取消专业资质中的水利水电工程、公路工程、港口与航道工程、农林工程资质，保留其余10类专业资质；取消事务所资质。综合资质不分等级，专业资质等级压减为甲、乙两级。

（二）放宽准入限制，激发企业活力。住房和城乡建设部会同国务院有关主管部门制定统一的企业资质标准，大幅精简审批条件，放宽对企业资金、主要人员、工程业绩和技术装备等的考核要求。适当放宽部分资质承揽业务规模上限，多个资质合并的，新资质承揽业务范围相应扩大至整合前各资质许可范围内的业务，尽量减少政府对建筑市场微观活动的直接干预，充分发挥市场在资源配置中的决定性作用。

（三）下放审批权限，方便企业办事。进一步加大放权力度，选择工作基础较好的地方和部分资质类别，开展企业资质审批权下放试点，将除综合资质外的其他等级资质，下放至省级及以下有关主管部门审批（其中，涉及公路、水运、水利、通信、铁路、民航等资质的审批权限由国务院住房和城乡建设主管部门会同国务院有关部门根据实际情况决定），方便企业就近办理。试点地方要明确专门机构、专业人员负责企业资质审批工作，并制定企业资质审批相关管理规定，确保资质审批权下放后地方能够接得住、管得好。企业资质全国通用，严禁各行业、各地区设置限制性措施，严厉查处变相设置市场准入壁垒、违规限制企业跨地区、跨行业承揽业务等行为，维护统一规范的建筑市场。

（四）优化审批服务，推行告知承诺制。深化"互联网＋政务服务"，加快推动企业资质审批事项线上办理，实行全程网上申报和审批，逐步推行电子资质证书，实现企业资质审批"一网通办"，并在全国建筑市场监管公共服务平台公开发布企业资质信息。简化各类证明事项，凡是通过政府部门间信息共享可以获取的证明材料，一律不再要求企业提供。加快推行企业资质审批告知承诺制，进一步扩大告知承诺制使用范围，明确审批标准，逐步提升企业资质审批的规范化和便利化水平。

（五）加强事中事后监管，保障工程质量安全。坚持放管结合，加大资质审批后的动态监管力度，创新监管方式和手段，全面推行"双随机、一公开"监管方式和"互联网＋监管"模式，强化工程建设各方主体责任落实，加大对转包、违法分包、资质挂靠等违法违规行为查处力度，强化事后责任追究，对负有工程质量安全事故责任的企业、人员依法严厉追究法律责任。

三、保障措施

（一）完善工程招标投标制度，引导建设单位合理选择企业。持续深化工程招标投标制度改革，完善工程招标资格审查制度，优化调整工程项目招标条件设置，引导建设单位更多从企业实力、技术力量、管理经验等方面进行综合考察，自主选择符合工程建设要求的企业。积极培育全过程工程咨询服务机构，为业主选择合格企业提供专业化服务。大力推行工程总承包，引导企业依法自主分包。

（二）完善职业资格管理制度，落实注册人员责任。加快修订完善注册人员职业资格管理制度，进一步明确注册人员在工程建设活动中的权利、义务和责任，推动建立个人执业责任保险制度，持续规范执业行为，落实工程质量终身责任制，为提升工程品质、保障安全生产提供有力支撑。

（三）加强监督指导，确保改革措施落地。制定建设工程企业资质标准指标说明，进一步细化审批标准和要求，加强对地方审批人员的培训，提升资质审批服务能力和水平。不定期对地方资质审批工作进行抽查，对违规审批行为严肃处理，公开曝光，情节严重的，取消企业资质审批权下放试点资格。

（四）健全信用体系，发挥市场机制作用。进一步完善建筑市场信用体系，强化信用信息在工程建设各环节的应用，完善"黑名单"制度，加大对失信行为的惩戒力度。加快推行工程担保和保险制度，进一步发挥市场机制作用，规范工程建设各方主体行为，有效控制工程风险。

（五）做好资质标准修订和换证工作，确保平稳过渡。开展建设工程企业资质管理规定、标准等修订工作，合理调整企业资质考核指标。设置1年过渡期，到期后实行简单换证，即按照新旧资质对应关系直接换发新资质证书，不再重新核定资质。

（六）加强政策宣传解读，合理引导公众预期。加大改革政策宣传解读力度，及时释疑解惑，让市场主体全面了解压减资质类别和等级的各项改革措施，提高政策透明度。加强舆论引导，主动回应市场主体反映的热点问题，营造良好舆论环境。

附件 6-1 建设工程企业资质改革措施表

建设工程企业资质改革措施表

1. 工程勘察资质			
资质类别	序号	勘察资质类型	改革措施
综合资质	1	综合资质	保留，不分等级
专业资质	1	岩土工程	合并为岩土工程专业，设甲、乙两级
	2	岩土工程勘察分项	
	3	岩土工程设计分项	
	4	岩土工程物探测试检测监测分项	
	5	水文地质勘察	
	6	海洋工程勘察	
	7	海洋岩土勘察分专业	
	8	海洋工程环境调查分专业	
	9	工程测量	合并为工程测量专业，设甲、乙两级
	10	海洋工程测量分专业	
劳务资质	1	工程钻探	与岩土工程物探测试检测监测分项部分内容合并为勘探测试专业，设甲、乙两级
	2	凿井	

2. 工程设计资质				
资质类别	序号	行业	设计资质类型	改革措施
综合资质	1	综合	综合资质	保留，不分等级
行业资质及其包含专业资质	1	建筑	建筑行业资质	保留，设甲、乙两级
			建筑工程专业	保留，设甲、乙两级
			人防工程专业	保留，设甲、乙两级
	2	市政	市政行业资质	保留，设甲、乙两级
			行业资质（燃气工程、轨道交通工程除外）	保留，设甲、乙两级
			给水工程专业	保留，设甲、乙两级
			排水工程专业	保留，设甲、乙两级
			城镇燃气工程专业	保留，设甲、乙两级
			热力工程专业	保留，设甲、乙两级
			道路工程专业	合并为道路与公共交通工程专业，设甲、乙两级
			公共交通工程专业	
			桥梁工程专业	保留，设甲、乙两级
			城市隧道工程专业	保留，只设甲级
			载人索道专业	并入机械军工行业机械工程专业
			轨道交通工程专业	保留，只设甲级
			环境卫生工程专业	并入环境工程通用专业

附录6 住房和城乡建设部关于印发建设工程企业资质管理制度改革方案的通知

续表

资质类别	序号	行业	设计资质类型	改革措施
行业资质及其包含专业资质	3	公路	公路行业资质	保留，只设甲级
			公路专业	保留，设甲、乙两级
			特大桥梁专业	保留，只设甲级
			特长隧道专业	保留，只设甲级
			交通工程专业	保留，设甲、乙两级
	4	铁道	铁道行业资质	调整为铁路行业，设甲、乙两级
			桥梁专业	保留，只设甲级
			隧道专业	保留，只设甲级
			轨道专业	保留，只设甲级
			电气化专业	保留，只设甲级
			通信信号专业	保留，只设甲级
	5	水运	水运行业资质	调整为港口与航道行业，设甲、乙两级
			港口工程专业	合并为港口工程专业，设甲、乙两级
			港口装卸工艺专业	
			修造船厂水工工程专业	
			航道工程专业	合并为航道工程专业，设甲、乙两级
			通航建筑工程专业	
			水上交通管制工程专业	
	6	民航	民航行业资质	保留，设甲、乙两级
	7	水利	水利行业资质	保留，设甲、乙两级
			水库枢纽专业	保留，设甲、乙两级
			引调水专业	保留，设甲、乙两级
			灌溉排涝专业	保留，设甲、乙两级
			围垦专业	保留，设甲、乙两级
			河道整治专业	合并为河道整治与城市防洪专业，设甲、乙两级
			城市防洪专业	
			水土保持专业	合并为水土保持与水文设施专业，设甲、乙两级
			水文设施专业	
	8	电力	电力行业资质	保留，设甲、乙两级
			火力发电专业（含核电站常规岛设计）	调整为火力发电工程专业，设甲、乙两级
			水力发电专业（含抽水蓄能、潮汐）	调整为水力发电工程专业，设甲、乙两级
			风力发电专业	合并为新能源发电工程专业，设甲、乙两级
			新能源发电专业	
			送电工程专业	合并为送变电工程专业，设甲、乙两级
			变电工程专业	
	9	核工业	核工业行业资质	并入电力行业
			反应堆工程设计（含核电站反应堆工程）专业	合并为核工业工程专业，设甲、乙两级
			核燃料加工制造及处理工程专业	
			铀矿山及选冶工程专业	
			核设施退役及放射性三废处理处置工程专业	
			核技术及同位素应用工程专业	

附录6 住房和城乡建设部关于印发建设工程企业资质管理制度改革方案的通知

续表

资质类别	序号	行业	设计资质类型	改革措施
行业资质及其包含专业资质	10	煤炭	煤炭行业资质	保留,设甲、乙两级
			矿井专业	保留,设甲、乙两级
			露天矿专业	保留,设甲、乙两级
			选煤厂专业	保留,设甲、乙两级
	11	冶金	冶金行业资质	与建材行业合并为冶金建材行业,设甲、乙两级
			金属冶炼工程专业	合并为冶金工程专业,设甲、乙两级
			金属材料工程专业	
			焦化和耐火材料工程专业	
			冶金矿山工程专业	调整为冶金建材矿山工程专业,设甲、乙两级
	12	建材	建材行业资质	与冶金行业合并为冶金建材行业,设甲、乙两级
			水泥工程专业	合并为建材工程专业,设甲、乙两级
			玻璃、陶瓷、耐火材料工程专业	
			新型建筑材料工程专业	
			无机非金属材料及制品工程专业	
			非金属矿及原料制备工程专业	调整为冶金建材矿山工程专业,设甲、乙两级
	13	化工石化医药	化工石化医药行业资质	保留,设甲、乙两级
			炼油工程专业	合并为化工工程专业,设甲、乙两级
			化工工程专业	
			化工矿山专业	保留,设甲、乙两级
			石油及化工产品储运专业	保留,设甲、乙两级
			生化、生物药专业	合并为原料药专业,设甲、乙两级
			化学原料药专业	
			中成药专业	合并为医药工程专业,设甲、乙两级
			药物制剂专业	
			医疗器械专业(含药品内包装)	
	14	石油天然气	石油天然气行业资质	并入化工石化医药行业,设甲、乙两级
			油田地面专业	合并为油气开采专业,设甲、乙两级
			气田地面专业	
			海洋石油专业	保留,设甲、乙两级
			管道输送专业	并入石油及化工产品储运专业,设甲、乙两级
			油气库专业	
			油气加工专业	并入化工工程专业,设甲、乙两级
			石油机械制造与修理专业	
	15	电子通信广电	电子工程行业资质	与通信、广电行业合并为电子通信广电行业,设甲、乙两级
			电子整机产品项目工程专业	合并为电子工业工程专业,设甲、乙两级
			电子基础产品项目工程专业	

245

续表

资质类别	序号	行业	设计资质类型	改革措施
行业资质及其包含专业资质	15	电子通信广电	显示器件项目工程专业	合并为电子工业工程专业，设甲、乙两级
			微电子产品项目工程专业	
			电子特种环境工程专业	
			电子系统工程专业	保留，设甲、乙两级
			通信工程行业资质	与电子、广电行业合并为电子通信广电行业，设甲、乙两级
			有线通信专业	保留，设甲、乙两级
			邮政工程专业	取消，已取得邮政工程专业资质的企业，可直接换发相应等级的建筑工程专业资质
			无线通信专业	合并为无线通信专业，设甲、乙两级
			通信铁塔专业	
			广电工程行业资质	与电子、通信行业合并为电子通信广电行业，设甲、乙两级
			广播电视中心专业	合并为广播电视制播与电影工程专业，设甲、乙两级
			电影工程专业	
			广播电视发射专业	合并为传输发射工程专业，设甲、乙两级
			广播电视传输专业	
	16	机械	机械行业资质	与军工合并为机械军工行业，设甲、乙两级
			通用设备制造业工程专业	合并为机械工程专业，设甲、乙两级
			专用设备制造业工程专业	
			交通运输设备制造业工程专业	
			电气机械设备制造业工程专业	
			金属制品业工程专业	
			仪器仪表及文化办公机械制造业工程专业	
			机械加工专业	
			热加工专业	
			表面处理专业	
			检测专业	
			物料搬运及仓储专业	
	17	军工	军工行业资质	与机械合并为机械军工行业，设甲、乙两级
			导弹及火箭弹工程专业	合并为军工工程专业，设甲、乙两级
			弹、火工品及固体发动机工程专业	
			燃机、动力装置及航天发动机工程专业	
			控制系统、光学、光电、电子、仪表工程专业	
			科研、靶场、试验、教育培训工程专业	
			地面设备工程专业	
			航天空间飞行器工程专业	

续表

资质类别	序号	行业	设计资质类型	改革措施
行业资质及其包含专业资质	17	军工	运载火箭制造工程专业	合并为军工工程专业,设甲、乙两级
			地面制导站工程专业	
			航空飞行器工程专业	
			机场工程专业	
			船舶制造工程专业	
			船舶机械工程专业	
			船舶水工工程专业	
			坦克、装甲车辆工程专业	
			枪、炮工程专业	
			火、炸药工程专业	
			防化、民爆器材工程专业	
	18	轻纺	轻纺行业资质	与农林、商物粮行业合并为轻纺农林商物粮行业,设甲、乙两级
			轻工工程行业资质	
			纺织工程行业资质	
			制浆造纸工程专业	合并为轻工工程专业,设甲、乙两级
			食品发酵烟草工程专业	
			制糖工程专业	
			日化及塑料工程专业	
			日用硅酸盐工程专业	
			制盐及盐化工程专业	
			皮革毛皮及制品专业	
			家电电子及日用机械专业	
			纺织工程专业	合并为纺织工程专业,设甲、乙两级
			印染工程专业	
			服装工程专业	
			化纤原料工程专业	
			化纤工程专业	
	19	农林	农林行业资质	与轻纺、商物粮行业合并为轻纺农林商物粮行业,设甲、乙两级
			农业工程行业资质	
			林业工程行业资质	
			农业综合开发生态工程专业	合并为农业工程专业,设甲、乙两级
			种植业工程专业	
			兽医/畜牧工程专业	
			渔港/渔业工程专业	
			设施农业工程专业	
			林产工业工程专业	合并为林业工程专业,设甲、乙两级
			林产化学工程专业	
			营造林工程专业	
			林业资源环境工程专业	
			森林工业工程专业	

附录6 住房和城乡建设部关于印发建设工程企业资质管理制度改革方案的通知

续表

资质类别	序号	行业	设计资质类型	改革措施
行业资质及其包含专业资质	20	商物粮	商物粮行业资质	与轻纺、农林行业合并为轻纺农林商物粮行业，设甲、乙两级
			冷冻冷藏工程专业	合并为商物粮专业，设甲、乙两级
			肉食品加工工程专业	
			批发配送与物流仓储工程专业	
			成品油储运工程专业	
			粮食工程专业	
			油脂工程专业	
	21	海洋	海洋行业资质	取消，已取得海洋行业和专业资质的企业，可直接换发水利、电力等相近行业的相应资质
			沿岸工程专业	
			离岸工程专业	
			海水利用专业	
			海洋能利用专业	
事务所资质	1		建筑设计事务所	保留，不分等级
	2		结构设计事务所	
	3		机电设计事务所	
专项资质	1		建筑装饰工程设计专项	调整为建筑装饰工程通用专业，设甲、乙两级
	2		建筑智能化工程设计专项	调整为建筑智能化工程通用专业，设甲、乙两级
	3		照明工程设计专项	调整为照明工程通用专业，设甲、乙两级
	4		建筑幕墙工程设计专项	调整为建筑幕墙工程通用专业，设甲、乙两级
	5		轻型钢结构工程设计专项	调整为轻型钢结构工程通用专业，设甲、乙两级
	6		风景园林工程设计专项	调整为风景园林工程通用专业，设甲、乙两级
	7		消防设施工程设计专项	调整为消防设施工程通用专业，设甲、乙两级
	8		环境工程设计专项（分为5个分项资质）	取消5个分项，合并为环境工程通用专业，设甲、乙两级

3. 施工资质

资质类别	序号	施工资质类型	改革措施
施工总承包资质	1	施工总承包企业特级资质	调整为施工综合资质，不分行业，不分等级
	2	建筑工程施工总承包	保留，设甲、乙两级
	3	公路工程施工总承包	保留，设甲、乙两级
	4	铁路工程施工总承包	保留，设甲、乙两级
	5	港口与航道工程施工总承包	保留，设甲、乙两级

附录6 住房和城乡建设部关于印发建设工程企业资质管理制度改革方案的通知

续表

资质类别	序号	施工资质类型	改革措施
施工总承包资质	6	水利水电工程施工总承包	保留，设甲、乙两级
	7	市政公用工程施工总承包	保留，设甲、乙两级
	8	电力工程施工总承包	保留，设甲、乙两级
	9	矿山工程施工总承包	保留，设甲、乙两级
	10	冶金工程施工总承包	保留，设甲、乙两级
	11	石油化工工程施工总承包	保留，设甲、乙两级
	12	通信工程施工总承包	保留，设甲、乙两级
	13	机电工程施工总承包	保留，设甲、乙两级
专业承包资质	1	地基基础工程专业承包	保留，设甲、乙两级
	2	起重设备安装工程专业承包	保留，设甲、乙两级
	3	预拌混凝土专业承包	保留，不分等级
	4	模板脚手架专业承包	保留，不分等级
	5	桥梁工程专业承包	保留，设甲、乙两级
	6	隧道工程专业承包	保留，设甲、乙两级
	7	钢结构工程专业承包	并入建筑工程施工总承包
	8	环保工程专业承包	合并为通用专业承包，不分等级
	9	特种专业工程专业承包	
	10	建筑装修装饰工程专业承包	合并为建筑装修装饰工程专业承包，设甲、乙两级
	11	建筑幕墙工程专业承包	
	12	防水防腐保温工程专业承包	保留，设甲、乙两级
	13	电子与智能化工程专业承包	合并为建筑机电工程专业承包，设甲、乙两级
	14	建筑机电安装工程专业承包	
	15	城市及道路照明工程专业承包	
	16	消防设施工程专业承包	保留，设甲、乙两级
	17	古建筑工程专业承包	保留，设甲、乙两级
	18	公路路面工程专业承包	合并为公路工程类专业承包或公路工程施工总承包，设甲、乙两级
	19	公路路基工程专业承包	
	20	公路交通工程专业承包	
	21	铁路铺轨架梁工程专业承包	并入铁路工程施工总承包
	22	铁路电务工程专业承包	合并为铁路电务电气化工程专业承包，设甲、乙两级
	23	铁路电气化工程专业承包	
	24	机场场道工程专业承包	合并为民航工程施工总承包，设甲、乙两级
	25	民航空管工程及机场弱电系统工程专业承包	
	26	机场目视助航工程专业承包	
	27	港口与海岸工程专业承包	合并为港口与航道工程类专业承包，设甲、乙两级
	28	航道工程专业承包	
	29	通航建筑物工程专业承包	
	30	港航设备安装及水上交管工程专业承包	
	31	水工金属结构制作与安装工程专业承包	合并为水利水电工程类专业承包，设甲、乙两级
	32	水利水电机电安装工程专业承包	

续表

资质类别	序号	施工资质类型	改革措施
专业承包资质	33	河湖整治工程专业承包	并入水利水电工程施工总承包
	34	输变电工程专业承包	保留，设甲、乙两级
	35	核工程专业承包	保留，设甲、乙两级
	36	海洋石油工程专业承包	并入石油化工工程施工总承包
施工劳务企业资质	1	不分等级	调整为专业作业资质，由审批制改为备案制，不分等级

4. 工程监理资质

资质类别	序号	监理资质类型	改革措施
综合资质	1	综合资质	保留，不分等级
专业资质	1	房屋建筑工程专业	调整为建筑工程专业，设甲、乙两级
	2	铁路工程专业	保留，设甲、乙两级
	3	航天航空工程专业	调整为民航工程专业，设甲、乙两级
	4	水利水电工程专业	取消，其资质要求执行有关行业主管部门规定，已取得资质企业可换发同等级电力工程或市政公用工程专业资质
	5	公路工程专业	取消，其资质要求执行有关行业主管部门规定，已取得资质企业可换发同等级市政公用工程或机电工程专业资质
	6	港口与航道工程专业	取消，其资质要求执行有关行业主管部门规定，已取得资质企业可换发同等级市政公用工程或机电工程专业资质
	7	通信工程专业	保留，设甲、乙两级
	8	市政公用工程专业	保留，设甲、乙两级
	9	冶炼工程专业	调整为冶金工程专业，设甲、乙两级
	10	农林工程专业	取消，不再设置资质准入限制，已取得资质企业可换发同等级市政公用工程或机电工程专业资质
	11	矿山工程专业	保留，设甲、乙两级
	12	化工石油工程专业	调整为石油化工工程专业，设甲、乙两级
	13	电力工程专业	保留，设甲、乙两级
	14	机电安装工程专业	调整为机电工程专业，设甲、乙两级
事务所资质	1	不分专业、等级	取消

附件 6-2 改革后建设工程企业资质分类分级表

改革后建设工程企业资质分类分级表

1. 工程勘察资质			
资质类别	序号	勘察资质类型	等级
综合资质	1	综合资质	不分等级
专业资质	1	岩土工程	甲、乙级
	2	工程测量	甲、乙级
	3	勘探测试	甲、乙级
2. 工程设计资质			
资质类别	序号	设计资质类型	等级
综合资质	1	综合资质	不分等级
行业资质	1	建筑行业	甲、乙级
	2	市政行业	甲、乙级
	3	公路行业	甲级
	4	铁路行业	甲、乙级
	5	港口与航道行业	甲、乙级
	6	民航行业	甲、乙级
	7	水利行业	甲、乙级
	8	电力行业	甲、乙级
	9	煤炭行业	甲、乙级
	10	冶金建材行业	甲、乙级
	11	化工石化医药行业	甲、乙级
	12	电子通信广电行业	甲、乙级
	13	机械军工行业	甲、乙级
	14	轻纺农林商物粮行业	甲、乙级
专业和事务所资质	1	建筑行业建筑工程专业	甲、乙级
	2	建筑行业人防工程专业	甲、乙级
	3	市政行业（燃气工程、轨道交通工程除外）	甲、乙级
	4	市政行业给水工程专业	甲、乙级
	5	市政行业排水工程专业	甲、乙级
	6	市政行业燃气工程专业	甲、乙级
	7	市政行业热力工程专业	甲、乙级
	8	市政行业道路与公共交通工程专业	甲、乙级
	9	市政行业桥梁工程专业	甲、乙级

附录6 住房和城乡建设部关于印发建设工程企业资质管理制度改革方案的通知

续表

资质类别	序号	设计资质类型	等级
专业和事务所资质	10	市政行业隧道工程专业	甲级
	11	市政行业轨道交通工程专业	甲级
	12	公路行业公路专业	甲、乙级
	13	公路行业特大桥梁专业	甲级
	14	公路行业特长隧道专业	甲级
	15	公路行业交通工程专业	甲、乙级
	16	铁路行业桥梁专业	甲级
	17	铁路行业隧道专业	甲级
	18	铁路行业轨道专业	甲级
	19	铁路行业电气化专业	甲级
	20	铁路行业通信信号专业	甲级
	21	港口与航道行业港口工程专业	甲、乙级
	22	港口与航道行业航道工程专业	甲、乙级
	23	水利行业水库枢纽专业	甲、乙级
	24	水利行业引调水专业	甲、乙级
	25	水利行业灌溉排涝专业	甲、乙级
	26	水利行业围垦专业	甲、乙级
	27	水利行业河道整治与城市防洪专业	甲、乙级
	28	水利行业水土保持与水文设施专业	甲、乙级
	29	电力行业火力发电工程专业	甲、乙级
	30	电力行业水力发电工程专业	甲、乙级
	31	电力行业新能源发电工程专业	甲、乙级
	32	电力行业核工业工程专业	甲、乙级
	33	电力行业送变电工程专业	甲、乙级
	34	煤炭行业矿井工程专业	甲、乙级
	35	煤炭行业露天矿工程专业	甲、乙级
	36	煤炭行业选煤厂工程专业	甲、乙级
	37	冶金建材行业冶金工程专业	甲、乙级
	38	冶金建材行业建材工程专业	甲、乙级
	39	冶金建材行业冶金建材矿山工程专业	甲、乙级
	40	化工石化医药行业化工工程专业	甲、乙级
	41	化工石化医药行业化工矿山专业	甲、乙级
	42	化工石化医药行业石油及化工产品储运专业	甲、乙级
	43	化工石化医药行业油气开采专业	甲、乙级
	44	化工石化医药行业海洋石油专业	甲、乙级
	45	化工石化医药行业原料药专业	甲、乙级

续表

资质类别	序号	设计资质类型	等级
专业和事务所资质	46	化工石化医药行业医药工程专业	甲、乙级
	47	电子通信广电行业电子工业工程专业	甲、乙级
	48	电子通信广电行业电子系统工程专业	甲、乙级
	49	电子通信广电行业有线通信专业	甲、乙级
	50	电子通信广电行业无线通信专业	甲、乙级
	51	电子通信广电行业广播电视制播与电影工程专业	甲、乙级
	52	电子通信广电行业传输发射工程专业	甲、乙级
	53	机械军工行业机械工程专业	甲、乙级
	54	机械军工行业军工工程专业	甲、乙级
	55	轻纺农林商物粮行业轻工工程专业	甲、乙级
	56	轻纺农林商物粮行业纺织工程专业	甲、乙级
	57	轻纺农林商物粮行业农业工程专业	甲、乙级
	58	轻纺农林商物粮行业林业工程专业	甲、乙级
	59	轻纺农林商物粮行业商物粮专业	甲、乙级
	60	建筑设计事务所	不分等级
	61	结构设计事务所	不分等级
	62	机电设计事务所	不分等级
	63	建筑装饰工程通用专业	甲、乙级
	64	建筑智能化工程通用专业	甲、乙级
	65	照明工程通用专业	甲、乙级
	66	建筑幕墙工程通用专业	甲、乙级
	67	轻型钢结构工程通用专业	甲、乙级
	68	风景园林工程通用专业	甲、乙级
	69	消防设施工程通用专业	甲、乙级
	70	环境工程通用专业	甲、乙级

3. 施工资质

资质类别	序号	施工资质类型	等级
综合资质	1	综合资质	不分等级
施工总承包资质	1	建筑工程施工总承包	甲、乙级
	2	公路工程施工总承包	甲、乙级
	3	铁路工程施工总承包	甲、乙级
	4	港口与航道工程施工总承包	甲、乙级
	5	水利水电工程施工总承包	甲、乙级
	6	市政公用工程施工总承包	甲、乙级
	7	电力工程施工总承包	甲、乙级
	8	矿山工程施工总承包	甲、乙级

续表

资质类别	序号	施工资质类型	等级
施工总承包资质	9	冶金工程施工总承包	甲、乙级
	10	石油化工工程施工总承包	甲、乙级
	11	通信工程施工总承包	甲、乙级
	12	机电工程施工总承包	甲、乙级
	13	民航工程施工总承包	甲、乙级
专业承包资质	1	建筑装修装饰工程专业承包	甲、乙级
	2	建筑机电工程专业承包	甲、乙级
	3	公路工程类专业承包	甲、乙级
	4	港口与航道工程类专业承包	甲、乙级
	5	铁路电务电气化工程专业承包	甲、乙级
	6	水利水电工程类专业承包	甲、乙级
	7	通用专业承包	不分等级
	8	地基基础工程专业承包	甲、乙级
	9	起重设备安装工程专业承包	甲、乙级
	10	预拌混凝土专业承包	不分等级
	11	模板脚手架专业承包	不分等级
	12	防水防腐保温工程专业承包	甲、乙级
	13	桥梁工程专业承包	甲、乙级
	14	隧道工程专业承包	甲、乙级
	15	消防设施工程专业承包	甲、乙级
	16	古建筑工程专业承包	甲、乙级
	17	输变电工程专业承包	甲、乙级
	18	核工程专业承包	甲、乙级
专业作业资质	1	专业作业资质	不分等级

4. 工程监理资质

资质类别	序号	监理资质类型	等级
综合资质	1	综合资质	不分等级
专业资质	1	建筑工程专业	甲、乙级
	2	铁路工程专业	甲、乙级
	3	市政公用工程专业	甲、乙级
	4	电力工程专业	甲、乙级
	5	矿山工程专业	甲、乙级
	6	冶金工程专业	甲、乙级
	7	石油化工工程专业	甲、乙级
	8	通信工程专业	甲、乙级
	9	机电工程专业	甲、乙级
	10	民航工程专业	甲、乙级

附录7

住房和城乡建设部关于进一步加强建设工程企业资质审批管理工作的通知

(建市规〔2023〕3号)

各省、自治区住房城乡建设厅，直辖市住房城乡建设（管）委，北京市规划和自然资源委，新疆生产建设兵团住房城乡建设局，国务院有关部门，有关中央企业：

为深入贯彻落实党的二十大精神，扎实推进建筑业高质量发展，切实保证工程质量安全和人民生命财产安全，规范市场秩序，激发企业活力，现就进一步加强建设工程企业资质审批管理工作通知如下。

一、提高资质审批效率。住房城乡建设主管部门和有关专业部门要积极完善企业资质审批机制，提高企业资质审查信息化水平，提升审批效率，确保按时作出审批决定。住房和城乡建设部负责审批的企业资质，2个月内完成专家评审、公示审查结果，企业可登录住房和城乡建设部政务服务门户，点击"申请事项办理进度查询（受理发证信息查询）"栏目查询审批进度和结果。

二、统一全国资质审批权限。自本通知施行之日起，企业资质审批权限下放试点地区不再受理试点资质申请事项，统一由住房和城乡建设部实施。试点地区已受理的申请事项应在规定时间内审批办结。试点期间颁发的资质，在资质证书有效期届满前继续有效，对企业依法处以停业整顿、降低资质等级、吊销或撤销资质证书的，由试点地区住房城乡建设主管部门实施。

三、加强企业重组分立及合并资质核定。企业因发生重组分立申请资质核定的，需对原企业和资质承继企业按资质标准进行考核。企业因发生合并申请资质核定的，需对企业资产、人员及相关法律关系等情况进行考核。

四、完善业绩认定方式。申请由住房和城乡建设部负责审批的企业资质，其企业业绩应当是在全国建筑市场监管公共服务平台（以下简称全国建筑市场平台）上满足资质标准要求的A级工程项目，专业技术人员个人业绩应当是在全国建筑市场平台上满足资质标准要求的A级或B级工程项目。业绩未录入全国建筑市场平台的，申请企业需在提交资质申请前由业绩项目所在地省级住房城乡建设主管部门确认业绩指标真实性。自2024年1月1日起，申请资质企业的业绩应当录入全国建筑市场平台。申请由有关专业部门配合实施审查的企业资质，相关业绩由有关专业部门负责确认。

五、加大企业资质动态核查力度。住房城乡建设主管部门要完善信息化手段，对企业注册人员等开展动态核查，及时公开核查信息。经核查，企业不满足资质标准要求的，在全国建筑市场平台上标注资质异常，并限期整改。企业整改后满足资质标准要求的，取消标注。标注期间，企业不得申请办理企业资质许可事项。

六、强化建筑业企业资质注册人员考核要求。申请施工总承包一级资质、专业承包一级资质的企业，应当满足《建筑业企业资质标准》（建市〔2014〕159号）要求的注册建造师人数等指标要求。

七、加强信用管理。 对存在资质申请弄虚作假行为、发生工程质量安全责任事故、拖欠农民工工资等违反法律法规和工程建设强制性标准的企业和从业人员，住房城乡建设主管部门要加大惩戒力度，依法依规限制或禁止从业，并列入信用记录。企业在申请资质时，应当对法定代表人、实际控制人、技术负责人、项目负责人、注册人员等申报材料的真实性进行承诺，并授权住房城乡建设主管部门核查社保、纳税等信息。

八、建立函询制度。 住房城乡建设主管部门可就资质申请相关投诉举报、申报材料等问题向企业发函问询，被函询的企业应如实对有关问题进行说明。经函询，企业承认在资质申请中填报内容不实的，按不予许可办结。

九、强化平台数据监管责任。 住房城乡建设主管部门要加强对全国建筑市场平台数据的监管，落实平台数据录入审核人员责任，加强对项目和人员业绩信息的核实。全国建筑市场平台项目信息数据不得擅自变更、删除，数据变化记录永久保存。住房和城乡建设部将以实地核查、遥感卫星监测等方式抽查复核项目信息，加大对虚假信息的处理力度，并按有关规定追究责任。

十、加强党风廉政建设。 住房城乡建设主管部门要完善企业资质审批权力运行和制约监督机制，严格审批程序，强化对审批工作人员、资质审查专家的廉政教育和监督管理，建立健全追责机制。推进企业资质智能化审批，实现审批工作全程留痕，切实防止发生企业资质审批违法违纪违规行为。

本通知自2023年9月15日起施行。《住房和城乡建设部关于建设工程企业发生重组、合并、分立等情况资质核定有关问题的通知》（建市〔2014〕79号）、《住房和城乡建设部办公厅关于开展建设工程企业资质审批权限下放试点的通知》（建办市函〔2020〕654号）和《住房和城乡建设部办公厅关于扩大建设工程企业资质审批权限下放试点范围的通知》（建办市函〔2021〕93号）同时废止。《住房和城乡建设部关于简化建筑业企业资质标准部分指标的通知》（建市〔2016〕226号）、《住房和城乡建设部办公厅关于做好建筑业"证照分离"改革衔接有关工作的通知》（建办市〔2021〕30号）与本通知规定不一致的，以本通知为准。

执行中的情况和问题，请及时反馈住房和城乡建设部。

住房和城乡建设部
2023年9月6日

参 考 文 献

[1] 关柯,李小冬,李忠富. 关于我国建筑企业资质标准及其管理的几点建议[J]. 建筑经济,2002(3):12-14.
[2] 骆峰. 对建筑企业资质改革方向的探讨[J]. 建筑,2002(10):4-6.
[3] 周慧红. 浅议建筑施工企业的资质管理[J]. 科技创业月刊,2010(12):69-70.
[4] 王华瑞. 探讨建筑业企业资质管理改革的现状与未来[J]. 企业导报,2011(21):60-61.
[5] 白帆. 谈建筑施工企业资质的管理[J]. 山西建筑,2012.38:273-274.
[6] 钟剑昆. 建筑业企业资质管理规定及其实施[J]. 商情,2014(1):191.
[7] 尤完. 建筑业企业商业模式与创新解构[M]. 北京:经济管理出版社,2016.
[8] 邓小英. 浅析资质变革对建筑业企业的影响及应对策[J]. 工程建设与设计,2018(13):21-23.
[9] 尤完,徐贡全. 建筑业企业资质申报指南(第二版)[M]. 北京:中国建筑工业出版社,2018.
[10] 郭中华. 建筑施工生产安全事故应急管理指南[M]. 北京:中国建筑工业出版社,2019.
[11] 郭中华. 工程质量与安全生产管理导引[M]. 北京:中国建筑工业出版社,2020.
[12] 卢彬彬,郭中华. 中国建筑业高质量发展研究——现状、问题与未来[M]. 北京:中国建筑工业出版社,2021.
[13] 尤完,赵金煜,郭中华. 现代工程项目风险管理[M]. 北京:中国建筑工业出版社,2021.
[14] 刘亦南,张瑛. 建设工程资质改革背景下电力设计企业应对策略[J]. 电力勘测设计,2022(4):20-24.
[15] 肖绪文. 建筑业绿色发展与项目治理体系创新研究[M]. 北京:中国建筑工业出版社,2022.
[16] 中华人民共和国住房和城乡建设部. 建筑业企业资质管理文件汇编(第三版)[M]. 北京:中国建筑工业出版社,2022.
[17] 尤完,袁正刚,郭中华. 精益建造管理理论与实践[M]. 北京:中国建筑工业出版社,2023.
[18] 袁正刚,尤完,郭中华. 数字建筑理论与实践[M]. 北京:中国建筑工业出版社,2023.
[19] 中国建筑业协会,2023年建筑业发展统计分析[J]. 中国建筑业.2024(3):20-29.
[20] 国家统计局,2023年农民工监测调查报告[R].2024-04-28. 统计局官网 https://www.stats.gov.cn/.
[21] 中华人民共和国住房和城乡建设部官网. https://www.mohurd.gov.cn/.